Astrologie der Planetentransite

Daniela Weise

Astrologie der Planetentransite

Lebenschancen nutzen – Krisen meistern
Für Ihre persönliche Prognose

FALKEN
Taschenbuch

Im FALKEN Verlag sind weitere astrologische Ratgeber erschienen.
Sie sind überall dort erhältlich, wo es Bücher gibt.

Sie finden uns im Internet unter: **www.falken.de**

Der Text dieses Buches entspricht den Regeln
der neuen deutschen Rechtschreibung.

Dieses Buch wurde auf chlorfrei gebleichtem
und säurefreiem Papier gedruckt.

Originalausgabe
ISBN 3 635 60507 7

Umschlaggestaltung: Zembsch' Werkstatt, München
Gestaltung: Beate Müller-Behrens
Redaktion: Dr. Peter Schlapp, Frankfurt/M./Susanne Janschitz
Herstellung: Michael Feuerer, Bad Aibling/Bettina Christ
Produktion: Buch-Werkstatt GmbH, Bad Aibling
Druck: Freiburger Graphische Betriebe, Freiburg

817 2635 4453 6271

Inhalt

Jeder Mensch hat sein eigenes ihm angeborenes Temperament, und seine individuellen kreativen Möglichkeiten entfalten sich nach dem ihm eigenen Rhythmus. Jeder Mensch besitzt auch seine eigene und natürliche Wachstumsstruktur und hat sozusagen einen eigenen Fahrplan für seine Entwicklung. ... Manche Frauen sind mit einundzwanzig psychologisch bereit zum Kinderkriegen, andere nicht vor ihrem fünfunddreißigsten Lebensjahr, noch andere Frauen sind es nie; manche Männer wissen bereits mit achtzehn, was sie in der Welt erreichen wollen, andere erst mit fünfundvierzig Jahren. ... Doch die Welt lacht über den Menschen, der im Alter von vierzig Jahren einen neuen Beruf ergreifen will; er wird als ein Narr betrachtet, der alles wegwirft, was er sich bis dahin aufgebaut hat. ... Wir machen uns durch die blinde Annahme kollektiver Meinungen zu Krüppeln und schaden unserem eigenen Potenzial zu bedeutungsvoller Entwicklung und Veränderung. Und wir verstehen nur selten, wie eng solche Beeinträchtigungen einhergehen mit Depressionen, physischer Krankheit, Neurose und Tod.

Liz Greene, Kosmos und Seele (1983)

Vorwort

Der Wunsch, einen „Blick in die Zukunft“ zu werfen, gehört nach meiner Erfahrung zu den Hauptmotiven, weshalb Menschen eine Astrologin oder einen Astrologen konsultieren. Sie wollen wissen, was sie in der nächsten Zeit zu erwarten haben. Meist geht es ihnen aus irgendeinem Grund schlecht, sei es weil sie krank sind, weil sie eine unglückliche Beziehung führen oder nicht genügend Anerkennung in der Arbeit finden, und sie erhoffen sich, dass sie einen Termin genannt bekommen, wann es denn endlich besser wird. „Im Herbst werden Sie die Liebe Ihres Lebens kennen lernen!“ oder: „Sie können bald mit einer Beförderung rechnen.“ Das ist es, was man landläufig unter Prognose versteht. Doch darum geht es nicht in der modernen psychologischen Astrologie, der Astrologie der Jahrtausendwende. Die Fragen, die sie beantworten kann, lauten: Wer bin ich? Wozu bin ich hier? Was ist meine Aufgabe? Diese Art von Astrologie zielt vor allem auf Selbsterkenntnis ab, darauf, im Geburtshoroskop Anlagen und Prägungen zu erkennen und verborgene Potenziale auszumachen. Die Transitdeutung nun ist *das* klassische Instrument für astrologische Prognosen. Doch auch für die moderne Astrologie hat sie eine Menge zu bieten, denn mit ihrer Hilfe kann man erkennen, welche Themen zu einem bestimmten Zeitpunkt im Leben eines Menschen in den Vordergrund rücken und welche Aufgaben sie oder er zu lernen hat. Vor allem aber kann man die Transitdeutung als Chance nutzen, um im Einklang mit den individuellen Zeitrhythmen zu handeln und zu leben.

Dieses Buch macht die professionelle Methode der Transitdeutung auch Menschen zugänglich, die gerade erst beginnen, sich mit Astrologie zu beschäftigen. Es wendet sich an Leserinnen und Leser, die in das Thema einsteigen wollen oder bereits ein wenig Vorwissen mitbringen. Sie benötigen dazu keine zusätzlichen Werke.

Ab Seite 87 finden Sie Planetentabellen, denen Sie den genauen Stand von Sonne und Mond zum Zeitpunkt Ihrer Geburt entnehmen können sowie die Stellung der fünf wichtigen Transitplaneten von 1990 bis 2010. Damit sind auch einige zurückliegende Jahre erfasst, sodass Sie Ihr Wissen anhand bereits gemachter Erfahrungen und Erlebnisse überprüfen und sich in der Deutung üben können. Wie Sie bei der Deutung vorgehen, erfahren Sie ab Seite 24. Dabei werden zunächst die charakteristischen Eigenschaften der Transitplaneten beschrieben. Außerdem gibt es viele Ratschläge, auch nach den einzelnen Tierkreiszeichen aufgeschlüsselt, worauf Sie in einem bestimmten Zeitraum achten sollten und was Sie konkret tun können.

Nicht zuletzt vermag die Beschäftigung mit Transiten auch zu einem vertieften Verständnis astrologischer Prinzipien zu führen. Ich wünsche Ihnen dabei viel Freude sowie aufschlussreiche Erkenntnisse!

Daniela Weise

Einleitung

Manchmal machen wir wie aus heiterem Himmel eine beglückende Erfahrung und können kaum fassen, was uns widerfährt. Dann wieder geraten wir in schmerzhafte, scheinbar ausweglose Krisen. Wenn man solche Umschwünge und Wendepunkte im Leben verstehen und einordnen will, kann einem die Astrologie enorme Dienste leisten. Ja, viel mehr noch: Sie vermag auch wertvolle Hinweise zu geben, was man in solchen Zeiten sinnvollerweise tun kann.

Das Geburtshoroskop eines Menschen sagt etwas über dessen seelische Prägungen aus. Es ist eine Landkarte der Seele. Daher ist es ein hervorragendes Mittel zur Selbsterkenntnis. Es ermöglicht erstaunlich vielschichtige und differenzierte Aussagen über einen Menschen. Jedes Geburtshoroskop ist so individuell wie ein Fingerabdruck. Die Astrologie als Menschenkunde ist ein überaus wertvolles Instrument, um Aussagen über die Charaktereigenschaften eines Menschen zu machen. Das Horoskop zeigt nicht nur, in welchen Lebensbereichen sich jemand leicht oder schwer tut, was seine speziellen Lernaufgaben sind, wo er aufgefordert ist, es zur Meisterschaft zu bringen, sondern auch, welches Potenzial in ihm steckt, was an ungelebten Möglichkeiten in ihm wachgerüttelt werden kann, überhaupt über welche Fähigkeiten er verfügt, auch wenn er selbst sich darüber gar nicht im Klaren ist. In jedem von uns schlummern verborgene Möglichkeiten und Talente.

Psychologen haben längst herausgefunden, dass diejenigen Anteile unserer Persönlichkeit, die uns nicht bewusst sind, uns dennoch sehr stark prägen. Und je unbewusster wir sind, desto mehr empfinden wir uns als Spielball äußerer Umstände und sehen uns in der Opferrolle. Man kann dem Horoskop sehr gut entnehmen, wie das, was man als von außen kommendes Schicksal erlebt, mit dem Innenleben zusammenhängt. Auch über den so genannten Schatten – unbewusste Persönlichkeitsanteile, die untrennbar mit der eigenen Person verwoben sind, wenngleich wir sie nicht als zu uns gehörig empfinden – kann das Horoskop Aussagen machen. Es leistet somit wertvolle Dienste beim Bewusstwerdungsprozess.

Das Horoskop bildet gewissermaßen einen Samen ab. Dieser Samen enthält im Keim alles, was an Möglichkeiten in einem Menschen steckt. Die Blüten und Früchte dieses Samens zur Entfaltung zu bringen ist unsere Lebensaufgabe. Mit anderen Worten: Wir haben das, was in unserem Horoskop angelegt ist, nicht automatisch zur Verfügung. Natürlich gibt es auch Dinge, die uns in den Schoß fallen, doch müssen wir uns vieles erst im Lauf der Jahre und Jahrzehnte unseres Lebens erarbeiten.

Nun gibt es zeitliche Auslöser, die den Menschen in Richtung dessen, was er werden soll, was also in ihm in Form des Samens angelegt ist, „stupsen“ (gelegentlich stoßen sie ihn auch). Diese zeitlichen Auslöser sind ebenfalls im individuellen Geburtshoroskop enthalten. Gemeint ist damit, dass ein bestimmter Punkt des Horoskops zu einem bestimmten Zeitpunkt im Leben in den Vordergrund gerückt wird. Man ist dann mit den Themen, für die dieser Punkt steht, in verstärktem Maße konfrontiert. Darauf basiert astrologische Prognose, deren bekanntestes Instrument die Transite sind.

Richtig gedeutet, können individuelle Prognosen zu wichtigen Hilfestellungen im Leben werden: Sie können uns zeigen, welche Aufgaben gerade in unserem Leben anstehen. Wo wir bestimmte Grenzen akzeptieren müssen. Wo wir aufgefordert sind, uns etwas Größerem, außerhalb unserer Persönlichkeit Liegendem unterzuordnen. Wo wir Überlebtes und Überholtes hinter uns lassen müssen. Wo ein Neuanfang erforderlich ist. Wo wir etwas wagen können. Wo wir uns auf unsere Ahnungen oder auf unsere Intuition verlassen können. Und: worin der Sinn bestimmter Ereignisse besteht. Besonders in Krisenzeiten sind solche Erkenntnisse von unschätzbarer Bedeutung.

Man würde mit Transiten jedoch völlig falsch umgehen, wenn man sie nur im Sinne eines von außen einwirkenden Schicksals betrachten würde. Schon gar nicht deuten sie darauf hin, dass uns bestimmte Ereignisse zwingend widerfahren. Vielmehr beschreiben sie die *Qualität* eines bestimmten Zeitabschnitts: Wie erleben wir diese Phase? Auf welche Weise begegnen wir den Menschen und Dingen jetzt? Man kann Schwierigkeiten, Krankheiten, Phasen der Hoffnungslosigkeit oder auch Schicksalsschläge im Leben nicht vermeiden (und es ist auch gar nicht sinnvoll, das zu wollen). Aber man kann sich auf die besagte Zeitqualität einstellen und im richtigen

Rhythmus mitschwingen, mit anderen Worten: das Bestmögliche daraus zu machen versuchen. Das kann durchaus ein aktives Mitmachen sein, oft hilft es aber schon, wenn man versteht, worum es in einem bestimmten Zeitraum überhaupt geht. Jedenfalls bewirkt ein solches Mitschwingen, dass man das Beste aus sich herausholt und zu einer runderen, authentischeren Persönlichkeit wird.

Damit wird auch klar, dass wir im Zusammenhang mit Prognosen die Fragen anders stellen müssen, nämlich: Was kann ich dazu beitragen, meine Zukunft positiv zu gestalten? Wann ist der günstigste Zeitpunkt dafür? Welche Persönlichkeitsanteile in mir verlangen nun nach Ausdruck? Was in mir möchte jetzt entwickelt werden?

Sonne und Mond im Geburtshoroskop

Wir greifen uns hier aus den vielen Deutungsfaktoren eines Geburtshoroskops zwei heraus: Sonne und Mond, die beiden großen Lichter. Neben dem Aszendenten spielen diese beiden die bedeutsamste Rolle. Nahezu jeder weiß heute, in welchem Tierkreiszeichen seine Sonne steht, denn das ist nichts anderes als das so genannte Sternzeichen. Durch den Trend der Mondastrologie in den letzten Jahren wissen inzwischen auch viele Menschen, in welchem Tierkreiszeichen ihr Mond steht. Doch was bedeuten eigentlich Sonne und Mond im Geburtshoroskop?

Die Sonne ist das Zentralgestirn am Himmel, um das alle Planeten kreisen. Auf die Persönlichkeit des Menschen übertragen steht sie für seinen zentralen Wesenskern und ist Sinnbild seiner Identität schlechthin. Sie verkörpert das aktive Prinzip, das Bewusstsein, den Willen und den Geist. Das Tierkreiszeichen, in dem sich die Sonne befindet, sagt etwas über die dazugehörigen Eigenschaften aus. Außerdem ist die Sonne auch das Symbol für den Vater und das männliche Prinzip.

Das Sonnenhafte in sich zu verwirklichen heißt, sich selbst zu entfalten, bewusster zu werden, Selbstbewusstsein und Ausstrahlung zu entwickeln, Zugang zur eigenen Lebenskraft zu finden.

Der Mond empfängt das Licht von der Sonne. Uns Menschen stellt er sich in immer wechselnder Gestalt dar: vom gar nicht sichtbaren Neumond zunehmend bis zum Vollmond, wieder abnehmend bis zum nächsten Neumond. Auf die Persönlichkeit des Menschen übertragen, steht der Mond für dessen Gefühlswelt, für sein Gemüt, das empfangende und passive Prinzip, das Unbewusste, die Instinkte, die Bedürfnisse. Das Tierkreiszeichen, in dem sich der Mond befindet, sagt etwas über die dazugehörigen Eigenschaften aus. Außerdem ist der Mond das Symbol für die Mutter sowie für das weibliche Prinzip.

Das Mondhafte in sich zu verwirklichen heißt, auf seine Instinkte und Gefühle zu vertrauen, sich den zyklischen Prozessen hinzugeben, empfänglich und durchlässig zu sein, für Situationen zu sorgen, in denen man sich wohl fühlt.

Wie man schon aus diesen kurzen Stichworten ersieht, haben wir es hier mit einem klassischen Gegensatzpaar zu tun wie Tag und Nacht, hell und dunkel und so weiter. Diese beiden schließen einander jedoch nicht aus. Sie ergänzen einander, ja, mehr noch: Sie bedingen einander. Am besten kommt das zum Ausdruck im chinesischen Yin-Yang-Symbol, wo jeweils das eine im anderen enthalten ist. Es ist auch nicht so, dass das eine dem anderen überlegen oder einfach von größerer Bedeutung wäre. Die Astrologie nimmt als Grundlage ihrer Deutungen die Himmelserscheinungen, wie sie sich von der Erde aus darstellen, und da haben Sonne und Mond interessanterweise dieselbe Größe.

Die Tatsache, dass wir hier vom männlichen und vom weiblichen Prinzip sprechen und dass der Sonne das männliche Prinzip und dem Mond das weibliche Prinzip zugeordnet ist, bedeutet natürlich auch nicht, dass Männer die Aktiven und Frauen die Passiven sind. Jeder Mensch, ob Mann oder Frau, muss beiden Kräften in sich Ausdruck verleihen, muss das Sonnenhafte *und* das Mondhafte in sich verwirklichen.

Man kann sich dazu einen Baum vorstellen. Der Mond symbolisiert die Wurzeln, die Äste symbolisieren die Sonne. Beides gehört untrennbar zusammen. Im Lauf der Jahre wachsen die Äste zum Himmel hin. Doch auch das Wurzelwerk verästelt sich, breitet sich im Boden aus und wächst in die Tiefe. Ähnliches geht mit uns Menschen vor sich: Wir streben nach Bewusstsein (das Sonnenhafte), und zugleich ist es wichtig, dass wir dazu gut verwurzelt sind (das Mondhafte). Wenngleich der Mond auch das symbolisiert, was wir in dieses Leben mitbringen, und für die Kindheit steht, so bedeutet das nicht, dass das eine für alle Zeiten unveränderbare Basis wäre, auf der sich alles andere aufbaut, wie der Vergleich mit dem Baum zeigt.

Wenn Sie mit Ihrer Mondseite in Kontakt kommen wollen, dann nehmen Sie sich einmal Zeit und begeben Sie sich in Gedanken in Ihre Kindheit. Was haben Sie sich als Kind sehnlichst gewünscht? Welche Wünsche sind in Erfüllung gegangen? Welche nicht? Welchen Wunsch, der nicht in Erfüllung gegangen ist, würden Sie sich heute noch gerne erfüllen? Wo sehen Sie Hindernisse? Wie könnten Sie diese überwinden?

Wie steht es um Ihre Bedürfnisse? Kennen Sie sie genau? In welchem Bereich können Sie sich Ihre Bedürfnisse erfüllen? In welchem Bereich nicht? Was können Sie tun, um Ihre Bedürfnisse auf konstruktive Weise zum Ausdruck zu bringen, ohne damit anderen zu schaden? Wie ist Ihr Zugang zu Ihren Gefühlen? Können Sie Gefühle zulassen? Können Sie jemand anderen an Ihrer Gefühlswelt teilhaben lassen? Mittels welcher Kanäle geschieht das? Geschieht das beispielsweise durch Worte oder indem Sie ein Bild malen? Indem Sie ins Fußballstadion gehen und aus Leibeskräften schreien? Oder indem Sie in eine Diskothek gehen und dort „abtanzen"? Was gibt Ihnen emotionale Geborgenheit? Wo und unter welchen Bedingungen fühlen Sie sich wohl?

Die Sonne steht auch für unser Tagbewusstsein, wohingegen der Mond das Nachtbewusstsein symbolisiert. Sie können dem nachspüren, wenn Sie das, was Ihnen kurz vor dem Einschlafen oder in nächtlichen Wachphasen in den Sinn kommt, mit dem vergleichen, was Ihnen tagsüber der bewusste Wille eingibt. Unterscheidet es sich stark voneinander oder befindet es sich in harmonischem Einklang? Wie stark auch immer es voneinander abweicht – es ist wichtig, dass Sie beiden Seiten Ausdruck verleihen, denn sie sind beide Bestandteile Ihrer Persönlichkeit.

Was sind Planetentransite?

Um sich unter Planetentransiten etwas vorstellen zu können, muss man sich zunächst vor Augen halten, was ein Geburtshoroskop ist: nämlich eine Momentaufnahme der Planetenstände zum Zeitpunkt der Geburt eines Menschen. In der Horoskopzeichnung werden die Planeten (ebenso wie der Aszendent und die Häuserspitzen, die aber hier nicht weiter von Bedeutung sind) auf einem 360-Grad-Kreis eingezeichnet, der in zwölf gleich große Abschnitte unterteilt ist, die zwölf Tierkreiszeichen (siehe die Abbildung auf Seite 157). Jedes Tierkreiszeichen umfasst also 30 Grad, gezählt wird dabei immer *gegen den Uhrzeigersinn.* Die Planeten bleiben nach der Geburt nicht auf der Stelle, sondern ziehen auf ihren Bahnen weiter, jeder mit der ihm eigenen Geschwindigkeit (es gibt schnelle und langsame Planeten). Man spricht von einem Transit, wenn einer der laufenden Planeten genau an eine Stelle kommt, wo ein Planet (in unserem Fall Sonne oder Mond) zum Zeitpunkt der Geburt stand – auf dem 360-Grad-Kreis beträgt der Abstand in diesem Fall 0 Grad –, oder auch wenn er einen bestimmten Winkel zu diesem bildet, nämlich 60, 90, 120 (jeweils in beiden Richtungen möglich) oder 180 Grad. Der Fachbegriff für den 0-Grad-Winkel lautet Konjunktion, für 60 Grad Sextil, für 90 Grad Quadrat, für 120 Grad Trigon und für 180 Grad Opposition. Diese Winkelbeziehung zwischen Sonne bzw. Mond und dem Transitplaneten wird als Aspekt bezeichnet.

Wenn nun ein Geburtsplanet von einem laufenden Planeten im Transit „berührt" wird, dann bedeutet das eine Aktivierung des mit ihm verbundenen Lebensbereichs. Mit anderen Worten: Die Themen, für die dieser Planet steht, rücken nun in den Vordergrund. Etwas wird ausgelöst. *Worum* es dabei geht, hängt von dem Thema des Geburtsplaneten ab – wenn also der Mond im Transit berührt wird, dann geht es um das Gefühlsleben, ist es die Sonne, dann ist das schöpferische Prinzip des Menschen angesprochen. *Welcher Art* die Auslösung ist, kann man dem Transitplaneten entnehmen. Die fünf Transitplaneten, von denen in diesem Buch die Rede ist, sind Jupiter, Saturn, Uranus, Neptun und Pluto. Sie sind die so genannten Langsamläufer. Jeder dieser fünf Planeten hat seine eigene Art, den Horoskopfaktor,

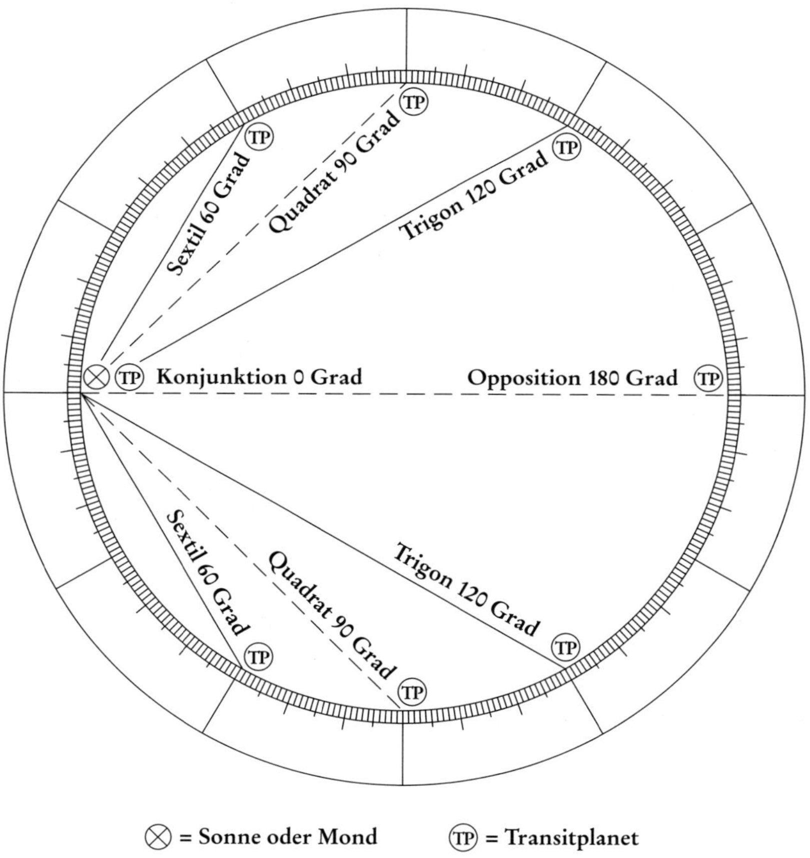

den er im Transit berührt, zu verändern. Und jeder von ihnen hat eine lichte und eine dunkle Seite, ermöglicht uns somit sowohl neue Chancen, wie er uns auch vor Gefahren stellen kann. Jupiter zeigt unseren Drang zur Expansion, kann aber auch zu Maßlosigkeit verführen. Saturn ist der große Lehrmeister, der uns zur Reife zwingt. Wenn wir zu sehr in starren Strukturen verhaftet sind, dann reißen uns Uranus, Neptun und Pluto heraus – Uranus, indem er uns Überraschungen beschert, Neptun, indem er uns unmerklich den Boden unter den Füßen wegzieht oder indem er uns ein feines Gespür verleiht, und Pluto schließlich, indem er uns von der Krise zur Heilung führt.

Doch zurück zu unserem 360-Grad-Kreis. Unsere fünf Planeten haben nicht von ungefähr die Bezeichnung „langsam laufend". Denn sie bewegen sich sehr langsam durch den Tierkreis. Jupiter benötigt dafür etwa 12 Jahre, Saturn 29 Jahre, Uranus 84 Jahre, Neptun 164 Jahre und Pluto 249 Jahre. Da der Tierkreis aus 12 Tierkreiszeichen besteht, braucht also Jupiter durchschnittlich 1 Jahr für die Reise durch ein Tierkreiszeichen, Saturn 2 1/2 Jahre, Uranus 7 Jahre, Neptun 13 1/2 Jahre und Pluto zwischen 11 und 32 Jahren (weil er sich mit unterschiedlicher Geschwindigkeit durch die einzelnen Tierkreiszeichen bewegt). Zum Vergleich: Die Sonne benötigt für den gesamten Tierkreis 1 Jahr und wechselt einmal monatlich von einem Tierkreiszeichen ins nächste, und zwar immer um den 21. eines jeden Monats herum. Um mit den Transiten der langsam laufenden Planeten zu arbeiten, genügt es nicht, nur das Tierkreiszeichen, in dem sich Sonne oder Mond zum Zeitpunkt der Geburt befanden, zu kennen. Man muss auch die Gradzahl wissen, und die muss irgendwo zwischen 0 und 30 liegen, da jedes Tierkreiszeichen, wie schon gesagt, 30 Grad auf dem 360-Grad-Kreis umfasst. Mit Hilfe der Tabelle ab Seite 128 können Sie herausfinden, in welchem Tierkreiszeichen und auf welchem Grad sich die Sonne zum Zeitpunkt Ihrer Geburt befand. Entsprechendes für den Mond ab Seite 88.

Vom richtigen Umgang mit der Transitdeutung

Es ist ein grundlegender Fehler, im Zusammenhang mit einem bestimmten Transit ein konkretes Ereignis vorherzusagen oder überhaupt zu erwarten. Überdies ist kein Transit an sich gut oder schlecht.

Ebenso falsch ist es, die Schuld für irgendetwas auf einen Transit zu schieben („Ich kann mich jetzt nicht festlegen, weil ich gerade einen Neptun-Transit habe"). Es geht um etwas anderes.

Was sagen uns die Transitplaneten?

Wie bereits gesagt, beschreiben die Transite eine bestimmte *Zeitqualität.* Jupiter steht für Wachstumsphasen, Saturn für Reifungsphasen. Die Qualitäten von Uranus, Neptun und Pluto will ich anhand folgender Geschichte näher beschreiben: Ein Mann lässt sich einen Anzug schneidern. Bei der Anprobe stellt er fest, dass der rechte Ärmel zu kurz ist. Der Schneider sagt: „Das macht gar nichts. Sie müssen nur die rechte Schulter hochziehen, dann merkt man nichts." Der Mann tut, wie ihm geheißen, doch da fällt sein Blick auf das linke Hosenbein, das auch etwas zu kurz geraten ist. Wieder wird er beschwichtigt: „Knicken Sie einfach das linke Bein etwas mehr ab." So begibt er sich schließlich auf die Straße, und als er gerade die Kreuzung überqueren will, beobachten ihn zwei Männer. „Schau mal, der arme Krüppel!", sagt der eine. Daraufhin der andere: „Aber einen guten Schneider hat er!"

Dem armen Mann in dieser Geschichte ist offensichtlich gänzlich die Fähigkeit abhanden gekommen zu beurteilen, was ihm gut tut und was nicht. Er verkrampft und verbiegt sich und bekommt auch noch Anerkennung von außen dafür. So geht es vielen Menschen. Sie handeln gegen ihre eigene Natur, nur um Lob zu bekommen, und merken dabei gar nicht, wie sehr sie sich schaden. Man denke nur an einen Workaholic, der sich körperlich und seelisch zugrunde richtet und dafür noch Beifall erntet. Ja, schlimmer noch: Um heutzutage beruflich erfolgreich zu sein, kommt man vielfach gar nicht umhin, ein Workaholic zu werden. Andere Beispiele sind der Schlankheits-, Schönheits- und Jugendlichkeitswahn, der heute viele Frauen in unsichtbarer Form mit dem umgibt, was unseren Urgroßmüttern die Luft zum Leben abgeschnürt hat und was wir heute belächeln: mit einem Korsett. Und wie oft lebt man gegen die eigene Natur, weil man einem Menschen, in den man sich verliebt hat, gefallen möchte! Vielfach sind uns die Verrenkungen, die wir uns antun, weil wir es nicht besser wissen und meinen, es müsste einfach so sein, so in Fleisch und Blut übergegangen, dass wir sie überhaupt nicht mehr als solche wahrnehmen. Ja, wir akzeptieren sie sogar als Normalzustand.

Was hat das alles mit Transiten zu tun? Sehr viel, denn die Zeiten, in denen Uranus, Neptun oder Pluto als Transitplaneten „aktiv" sind, helfen uns dabei, aus solchen Erstarrungen, Verkrampfungen oder Verrenkungen herauszukommen. Und da steht jeder der drei Planeten für eine eigene „Vorgehensweise": Uranus würde dem Mann mit dem teilweise zu kurz geratenen Anzug einen kräftigen Fußtritt verpassen. Oder er verschafft ihm die blitzhafte Einsicht, dass etwas mit seiner verkorksten Haltung nicht in Ordnung ist. Neptun könnte ihm unmerklich die Anerkennung entziehen, die der Mann für verlässlich hielt und die ihm als Stütze diente. Oder er wirft ihn ins Wasser, sodass sich der Mann zunächst völlig haltlos in einem Zustand der Schwerelosigkeit befände, bis er schließlich zu einer neuen Haltung gelangte. Pluto schließlich würde dafür sorgen, dass sich der Mann noch mehr verkrampft – so lange, bis er merkt, dass etwas mit ihm nicht in Ordnung ist.

Die Kenntnis des Transitplaneten hilft uns also, die Zeitqualität genauer zu verstehen. Und sie hilft uns dabei, das, was in uns stattfindet und was mit uns geschieht, bewusst wahrzunehmen. Jeder der fünf Planeten hat mehrere Gesichter – diese werden in den folgenden Kapiteln näher beschrieben –, und es ist wahrscheinlich, dass man während eines Transits dem Transitplaneten in mehr als einer Facette begegnet. So kann man während eines Saturn-Transits beispielsweise gleichzeitig eine arbeitsreiche Zeit haben wie auch die Früchte vergangener Bemühungen ernten. Da sich die Transite unserer fünf Planeten meist über einen längeren Zeitraum hinziehen (siehe hierzu Seite 82), kann es auch sein, dass man am Anfang eines Zeitraums eher Schwierigkeiten mit den anstehenden Themen und Veränderungen hat, während man gegen Ende des Zeitraums damit umzugehen gelernt hat und die positiven Seiten genießen kann. Je bewusster man sich der anstehenden Themen ist, desto leichter wird man es haben.

Es scheint zur menschlichen Natur zu gehören, sich gegen grundlegende Veränderungen zunächst zu wehren. Doch die Erfahrung zeigt, dass das Leben eben nicht einfach nur eine kontinuierliche Fortsetzung der Vergangenheit darstellt. Und man tut gut daran, wenn man sich nicht gegen anstehende Veränderungen stemmt, andernfalls kann es sein, dass sie durch Ereignisse „von außen" auf einen zukommen, mit denen man sich dann auseinander setzen muss. Auch hier kann die Transitdeutung wertvolle Dienste leisten: indem sie uns zeigt, um welche Veränderungen es geht, sodass man sich rechtzeitig darauf vorbereiten, sich darauf einstellen und die notwendigen Maßnahmen einleiten kann.

In den Kapiteln über die einzelnen Transitplaneten gehe ich auch darauf ein, wie Menschen, je nachdem, in welchem Tierkreiszeichen ihre Sonne bzw. ihr Mond steht, auf die Erfahrungen reagieren, die sich in Zeiten bestimmter Transite ergeben. Denn manche tun sich leichter mit den anstehenden Themen, andere hingegen weniger leicht. Und jeder wird auch gemäß seinen charakteristischen Eigenschaften andere Lehren daraus ziehen und hat andere Möglichkeiten, etwas aus dieser Zeit zu machen.

Welchen Sinn haben die praktischen Ratschläge?

Sie finden in diesem Buch neben der Charakteristik eines jeden Transits im Abschnitt „Was man … praktisch tun kann" viele Ratschläge, beispielsweise während eines Pluto-Transits die Wohnung gründlich von überflüssigem Ballast zu befreien. Das mag auf den ersten Blick befremdlich erscheinen. Bei Pluto-Transiten geht es um eine grundlegende Wandlung, darum, dass man etwas Altes aufgibt, um für etwas vollkommen Neues bereit zu sein. Wenn man nun beim Aufräumen ganz bestimmte Gegenstände aussortiert, die man nicht mehr braucht oder die kaputt gegangen sind, dann kann man auf einer sehr konkreten Ebene im Sinne Plutos aktiv werden: indem man das Alte weggibt oder wegwirft und so Platz für das Neue schafft. In derlei

Vorschlägen ist also die Essenz der jeweiligen Zeitqualität eines Transits enthalten, sozusagen in verdichteter Form. Damit wird zweierlei beabsichtigt – erstens: das, worum es in dem angesprochenen Zeitraum geht, bildhaft zu verstehen und konkret nachvollziehen zu können, und zweitens: im Sinne der Zeitqualität zu handeln, und zwar in konstruktiver Weise. Aus den verschiedenen Ratschlägen zu jedem Transit können Sie sich einen oder mehrere auswählen, die Ihnen besonders liegen. Wie oft Sie diese während des Transits durchführen, hängt natürlich auch von dem Ratschlag ab – Ihre Wohnung werden Sie kaum wöchentlich von Grund auf neu ordnen, andere Dinge hingegen können Sie fast täglich tun.

Die Ratschläge kommen übrigens nicht von ungefähr: Viele Menschen tun intuitiv auch ohne Kenntnis der Transite genau die empfohlenen Dinge zum richtigen Zeitpunkt oder verspüren zumindest ein Verlangen danach.

Die praktischen Ratschläge eignen sich umgekehrt auch dazu, das Wesen des betreffenden Transits näher zu ergründen.

Wie man einen Transit noch erleben kann

Möglicherweise kommt das, was für einen bestimmten Planeten im Transit charakteristisch ist, von außen auf Sie zu in Form von Ereignissen, auf die Sie keinen Einfluss zu haben scheinen. Wenn das der Fall ist, dann müssen Sie sich überlegen, was das mit Ihnen zu tun hat bzw. was es Ihnen sagen will.

Natürlich kann es auch sein, dass Ihnen während eines Transits ein Mensch begegnet, der über die charakteristischen Eigenschaften des Transitplaneten verfügt. Im Falle eines Jupiter-Transits wäre das ein Mensch mit Schützequalitäten (jemand, der zum Beispiel Sonne, Mond oder den Aszendenten in diesem Zeichen hat), der also beständig danach strebt, seinen Horizont zu erweitern, und für den die Sinnfrage eine wichtige Rolle spielt. Bei einem Saturn-Transit wäre das ein Mensch mit Steinbockqualitäten, jemand von zähem Durchhaltevermögen, Geduld und Verantwortungsgefühl. Bei einem Uranus-Transit wäre es ein Mensch mit Wassermannqualitäten, ein Menschenfreund also, der sich für humanitäre Ideen einsetzt und seiner Zeit voraus ist. Bei einem Neptun-Transit ein Mensch mit Fischequalitäten – also jemand, der Mitgefühl, Hingabefähigkeit und Ahnungsvermögen mitbringt. Bei einem Pluto-Transit schließlich wäre es ein Mensch mit Skorpionqualitäten, der sein Leben mit Intensität und Leidenschaft lebt und aus Krisen wie Phönix aus der Asche hervorgeht. Wenn Sie nun so einen Menschen treffen, dann dürfen Sie das ruhig als Aufforderung verstehen, dass Sie sich dessen beste Eigenschaften – und nur die sind hier genannt – nach und nach auch selbst zu Eigen machen.

Damit sind wir bei einem weiteren wesentlichen Punkt angelangt: Es ist eine der großartigsten Leistungen der Astrologie des 20. Jahrhunderts, dass sie von einem deterministischen Weltbild abgerückt ist, dass sie also den Menschen nicht auf ein bestimmtes Schicksal „festnagelt". Es ist ihre Stärke, dass sie uns zeigen kann, in welchem Rahmen wir Entwicklungsmöglichkeiten haben und welche Möglichkeiten das sind. Das gilt natürlich auch für die Transitdeutung. Bei den Transiten geht es letztlich darum, zu einem schöpferischen Ausdruck von im Grunde vorhandenen, aber oftmals nicht genutzten Kräften und Fähigkeiten zu gelangen. Daher ist es auch wichtig dafür zu sorgen, dass man das, was man sich während eines Transits erworben, erarbeitet oder erobert hat, auch danach beibehält. Auch hier können die praktischen Ratschläge wieder behilflich sein, indem man den einen oder anderen nämlich von Zeit zu Zeit in regelmäßigen Abständen erneut durchführt.

Transite von Jupiter

Jupiter galt in der klassischen Astrologie als *der* Glücksplanet schlechthin. Heute sieht man das etwas differenzierter. Jedenfalls dürfte der Lottogewinn, den immer noch so mancher Astrologiefreund mit einem Jupiter-Transit in Verbindung bringt, in den meisten Fällen ausbleiben. Die Schlüsselworte dieses Planeten lauten: Expansion (Erweiterung) und Sinn. Alles, was man sich von Jupiter-Transiten einst erhoffte, ist auf Ersteres zurückzuführen: ob es sich um die Vermehrung des Geldes, des Glücks oder der Hoffnung handelte. Nicht nur die Entwicklungen am Ausgang des 20. Jahrhunderts haben gezeigt, dass ungebrochenes Wachstum auch etwas Zerstörerisches haben kann. Auch viele alte Märchen, Mythen und Legenden aus aller Welt vermitteln die Botschaft, dass man am Ende ärmer dasteht, wenn man zu viel will. Damit sind auch die Schattenseiten Jupiters umschrieben: Er kann für Maßlosigkeit und Übertreibung stehen.

Im Prinzip sind die positiven Möglichkeiten eines Jupiter-Transits in jedem Fall vorhanden. Er kann uns das Leben sinnvoll erscheinen lassen. Das heißt, er bringt Freude und Optimismus, Hoffnung sowie Vertrauen in die Zukunft mit sich. Man möchte in irgendeiner Weise seinen Horizont erweitern, wie es beispielsweise geschieht, wenn man eine weite Reise unternimmt oder wenn man Menschen aus anderen Kulturen kennen lernt. Vielleicht macht man während eines Jupiter-Transits auch die Erfahrung eines Glücksfalles oder einer Zuwendung, mit der man nicht gerechnet hat. Es kann aber auch sein, dass man zunächst einmal über das Ziel hinausschießt. Es werden keine Grenzen wahrgenommen und man führt sich schlimmstenfalls wie der Elefant im Porzellanladen auf. In solchen Fällen muss man aufpassen, dass man nicht den Boden unter den Füßen verliert. Wenn man sich ungebremst den eigenen Größenfantasien hingibt, könnte der Aufprall hinterher umso härter sein. Auch vor Expansionsbestrebungen, die einer realistischen Grundlage entbehren, muss gewarnt werden, denn sie könnten zerplatzen wie Seifenblasen. Oder man kennt keine Grenzen mehr und gibt beispielsweise Geld in rauhen Mengen aus, um es später wieder zu bereuen. Das bedeutet jedoch nicht, dass die genannten Vorteile eines Jupiter-Transits hier nicht gegeben sind. Vielmehr gelangt man nur auf Umwegen zu ihnen, nämlich über einen Prozess des Bewusstwerdens einer solchen Problematik. Daher empfiehlt es sich, die eigene Stimmung dahin gehend zu überprüfen, ob sie eher in Richtung Euphorie oder aber in Richtung wirklicher Freude tendiert.

Jupiter-Transite sind, anders als die Transite der vier anderen Planeten, von denen in diesem Buch die Rede ist, nicht immer deutlich spürbar (Seite 84). Manchmal werden sie von gewichtigeren Erscheinungen überlagert. Umso mehr sollte man in so einem Fall die Überlagerungen im Geiste abtragen und sich auf die positiven Seiten, die Jupiter zu bieten hat, besinnen. Vielleicht hat man diese bislang schlichtweg übersehen.

Was man während eines Jupiter-Transits praktisch tun kann

Um selbst in jupiterhafter Weise aktiv zu werden, können Sie beispielsweise auf Reisen gehen. Reisen bildet nicht nur – was ein schöner Effekt ist, der auch zu Jupiter passt –, sondern es führt unweigerlich über die Begrenzung der bisherigen Perspektive hinaus. Natürlich können Sie diesen Effekt auch vom heimischen Schreibtisch aus erzielen, indem Sie sich mit philosophischen Themen befassen oder sich Religion und Spiritualität zuwenden.

Ebenso gut können Sie multikulturelle Veranstaltungen besuchen oder ganz einfach in Kontakt mit Menschen aus anderen Kulturen treten.

Überdenken Sie Ihr bisheriges Leben und versuchen Sie den Sinn bestimmter Ereignisse und Entwicklungen, die Sie bislang nicht verstanden haben, zu ergründen.

Entwickeln Sie eine Vision.

Überlegen Sie, was „Glück“ für Sie bedeutet.

Erinnern Sie sich an eine Situation, in der Sie sich zutiefst beglückt gefühlt haben. Schließen Sie dabei die Augen und vergegenwärtigen Sie sich, wie dabei in Ihnen ein Gefühl der Weite und des Wohlbehagens entsteht, das sich von dem, was außen geschieht, nicht beeinträchtigen lässt. Zaubern Sie so ein inneres Lächeln her, das auch keine dunkle Wolke am Horizont so schnell vertreiben kann.

Jupiter-Transite zur Sonne

Die Sonne ist das Herzstück unserer Persönlichkeit, und wenn Jupiter im Transit die Sonne berührt, geht einem im wahrsten Sinne des Wortes das Herz auf. Ein Jupiter-Transit über die Sonne ist der Steigerung des Selbstbewusstseins äußerst dienlich. Er stärkt das Vertrauen in die eigene Persönlichkeit und Identität und fördert den Glauben daran, dass man im Grunde schon richtig ist, so wie man ist. Das Wachstum, für das Jupiter steht, ist kein mühsam erworbenes und es führt auch nicht über Schmerzen und Krisen. Im besten Falle fällt es einem geradezu in den Schoß.

Mag sein, dass in dieser Zeit die Sinnsuche zu einem wichtigen Thema wird. Ebenso können religiöse oder spirituelle Fragen ins Zentrum des Bewusstseins rücken. Das ist natürlich insbesondere für diejenigen von Bedeutung, die das Glück ohnehin nicht so sehr in Äußerlichkeiten suchen. Wer das nicht tut, der kann jetzt die Gelegenheit beim Schopf ergreifen, diese Dimension des Lebens kennen zu lernen.

Mit der Sonne im Tierkreiszeichen **Widder** kann man sich für neue Projekte begeistern, die einen tieferen Sinn haben. Da scheint dann keine Aufgabe zu schwierig zu sein, keine Herausforderung zu groß.

Stier-Geborene können ihre ausgeprägte Sinnlichkeit um die Dimension des Sinnes bereichern. Das ist insbesondere dann von Bedeutung, wenn sie sich zu stark auf die materielle Seite des Lebens stützen: Sie lernen dessen ideelle Seite besser kennen.

Zwillinge haben nun die Chance, ihre vielfältigen Gedanken und Ideen zu bündeln und zu einer Vision zu verdichten. Sie können auch die Erfahrung machen, dass der Glaube eine intellektuell-rationale Betrachtungsweise durchaus ergänzen kann.

Diejenigen, die die Sonne im **Krebs** haben, können jetzt ihre häusliche Ader vorübergehend hintanstellen und das vertraute Umfeld für eine Weile verlassen. Es gibt so vieles in der Welt zu entdecken! Danach werden sie umso lieber wieder zurückkehren.

Löwe-Geborene können die Bewunderung, die ihnen jetzt vielleicht in verstärktem Maße von anderen zugetragen wird, dazu nutzen, sich zu fragen, inwieweit sie die in sie gesetzten Erwartungen auch erfüllen.

Jungfrauen können jetzt eine gewisse Großspurigkeit an den Tag legen und ihre Liebe zum Detail für eine Vision einsetzen. Ihre heilerischen Fähigkeiten können eine fruchtbare Verbindung mit dem Glauben eingehen, so dass sich ihnen die Verbindung von heil und heilig erschließt.

Waage-Geborene können jetzt ihren Bekanntenkreis erweitern und ihre Gespräche mehr um Religion und Philosophie kreisen lassen. Und sie können Kunstwerke mit religiösen Inhalten schaffen.

Skorpione können nun die Erfahrung machen, dass es auch so etwas wie ein Glück gibt, das nicht erst durch langwierige Transformationsprozesse erworben werden muss.

Menschen mit der Sonne im **Schützen** sind jetzt wirklich in ihrem Element, denn Jupiter wird diesem Zeichen zugeordnet. Sie können Fortbildungsmaßnahmen oder Reisen dazu nutzen, ihrem Wesen näher zu kommen.

Steinbock-Geborene können jetzt erleben, dass die Götter nicht immer vor den Erfolg die Arbeit gesetzt haben. Sie sollten es einfach genießen! Auch ihre Neigung, ein düsteres Bild von der Welt zu malen, kann jetzt einer optimistischeren Weltsicht Platz machen.

Wer die Sonne im **Wassermann** hat, dem wachsen Flügel, und er kann jetzt sein Freiheitsbedürfnis hemmungslos ausleben. Nur sollte er es nicht übertreiben.

Fische-Geborene können sich jetzt in ihrem Glauben an das Gute in der Welt bestärkt fühlen. Stets auf der Suche nach mystischen Erfahrungen, könnten ihnen diese unter einem Jupiter-Transit in so zahlreicher Weise zuteil werden, dass sie auch gewarnt werden müssen, nicht den Boden unter den Füßen zu verlieren.

Jupiter-Transite zum Mond

Wenn Jupiter den Mond im Transit berührt, dann bedeutet dies eine Bereicherung des Gefühlslebens. Im schönsten Fall gehen Wünsche in Erfüllung. Von der Gemütslage her fühlt man sich wohl. Man ist tief innerlich zufrieden mit der Welt. Dieser Transit erleichtert den Zugang zum inneren Kind. Man kann sich dem Leben auf spielerische Weise nähern.

Wer den Mond im **Widder** hat, kann seine Impulsivität und das Bedürfnis danach, Neuland zu erkunden, zugunsten einer Vision zum Einsatz bringen. Nun muss er oder sie sich nicht alles erkämpfen, sondern kann darauf vertrauen, dass es ihm schon zufällt.

Menschen mit dem Mond im **Stier** können jetzt das Leben in seiner ganzen sinnlichen Fülle, die es zu bieten hat, auskosten. Und sie haben die Chance, ihr Sicherheitsbedürfnis für eine Weile hintanzustellen und Risikobereitschaft und -freude kennen zu lernen.

Wer den Mond in den **Zwillingen** hat, kann zu einer Leidenschaftlichkeit und Feurigkeit fähig werden, die das zwillingetypische Normalmaß an Affekten weit übertreffen.

Mit dem Mond im **Krebs** kann man zu den nährenden und beschützenden Eigenschaften noch Großzügigkeit und Freigebigkeit hinzugewinnen. Und man kann so manches Stimmungstief für eine Weile durch einen alles überstrahlenden Optimismus ausgleichen.

Menschen mit dem Mond im **Löwen** können jetzt ihr sonniges Gemüt noch mehr erstrahlen lassen und sie werden höchstwahrscheinlich noch mehr Resonanz von Seiten anderer erfahren. Sie können sich selbst nun in voller Größe erleben.

Wer den Mond in der **Jungfrau** hat, kann nun Großzügigkeit im Gefühlsleben walten lassen. Die ähnlich den Zwillinge-Mond-Menschen eher vom Verstand geprägten Gefühle werden nun auch kein Hindernis darstellen, wenn man einmal fünf gerade sein lassen möchte.

Mit dem Mond in der **Waage** kann man das Bedürfnis nach Harmonie und Ausgleich mit hohen moralischen Ansprüchen in Einklang bringen. Die liebevolle Atmosphäre zu Hause, die diese Menschen für ihr Wohlbefinden so brauchen, wird ihnen jetzt ganz ohne ihr Zutun zuteil.

Wer den Mond im **Skorpion** hat, kann Vertrauen in die Tiefen und in die Krisen, die er in seinem bisherigen Leben durchlebt hat, entwickeln. Jetzt ist die faszinierende Möglichkeit gegeben, Licht und Schatten miteinander zu vereinen.

Schütze-Mond-Menschen können jetzt noch idealistischer, enthusiastischer und optimistischer werden, als sie ohnehin schon sind. Nach Möglichkeit sollten sie dabei nicht in jedes Fettnäpfchen treten, das sich auf ihrem Weg befindet – sie schießen ohnehin recht gern übers Ziel hinaus.

Menschen mit dem Mond im **Steinbock** können jetzt ihre vornehme Zurückhaltung vorübergehend aufgeben und dem Leben mit Abenteuerlust begegnen.

Wer den Mond im **Wassermann** hat, kann jetzt seinen Individualismus und seine Eigenwilligkeit voll ausleben. Gleichzeitig – und das ist bei ihm kein Widerspruch – wird er verstärkt Anklang bei Freunden und solchen, die es werden wollen, finden.

Mit dem Mond in den **Fischen** kann man Sehnsucht und Sinnfindung miteinander vereinen. Ihre Durchlässigkeit und Empfindsamkeit machen diese Menschen auch verletzlich – doch in dieser Zeit können sie sich getragen fühlen und ihr Vertrauen in das Leben als gerechtfertigt erfahren.

Transite von Saturn

Saturn ist das Gegenstück zu Jupiter. Seine Schlüsselworte lauten: Konzentration und Materie. Wo Jupiter auf Erweiterung abzielt, stößt Saturn zum Kern vor. Wo Jupiter den Sinn hinter den Dingen sucht, geht es Saturn um das konkret Greifbare. Saturn hat in der modernen Astrologie eine komplette Neudeutung erfahren: Galt er früher als Übeltäter schlechthin, so hat man inzwischen erkannt, dass das, was er uns zu bieten hat, von unschätzbarem Wert ist. Das ist jedoch nichts, was uns in den Schoß fällt, sondern es bedarf harter Arbeit, Geduld und Durchhaltevermögens. Die Früchte schmecken dafür umso besser. Saturn geht es um die Beschränkung auf das Wesentliche. Da die meisten Menschen nur das Wort „Beschränkung" wahrnehmen, erschrecken sie, wenn man jedoch die Betonung auf „das Wesentliche" legt, kommt man der Sache schon näher.

Während Saturn-Transiten scheinen sich die Dinge zu verlangsamen. Auf diese Weise wird man gewissermaßen gezwungen, sich zu überlegen, was wirklich wichtig ist. Oft sind dies auch Zeiten, in denen man mehr arbeiten muss als sonst – als wollte Saturn uns zeigen, dass uns nichts geschenkt wird. Dafür kann man sich nach Beendigung dieser Phase über die Ernte freuen. Manchmal hat man in dieser Zeit überzogene Perfektionsansprüche an sich und an andere. Wenn es darum geht, Präzisionsarbeit zu leisten, dann sind jetzt allerdings die Voraussetzungen dazu bestens.

Verantwortung und Reife sind weitere wichtige Stichworte im Zusammenhang mit Saturn. Je mehr man Eigenverantwortung ablehnt und persönlich unreif bleibt, desto eher wird man während eines Saturn-Transits in seine Grenzen verwiesen. Reife bedeutet vor allem, sich in Dinge, die man nicht ändern kann, zu fügen und diese als Gegebenheiten anzunehmen. Reif sein heißt auch, sich nicht die Probleme anderer zu Eigen zu machen, was Ursache vielen Leids ist. Umso mehr gilt es, Verantwortung für das eigene Leben zu übernehmen, und das ist ein sehr weit reichendes Unterfangen. Ereignisse zu Zeiten von Saturn-Transiten, die mit diesen Themen zusammenhängen, können hier wertvolle Hinweise geben, was man konkret tun kann. Man wird während Saturn-Transiten, ob man will oder nicht, erwachsener. Illusionen sind in diesen Zeiten meist nicht haltbar, Luftschlösser können der Wirklichkeit schon gar nicht standhalten.

Der realistischere Umgang mit dem Leben kann jedoch auch zu mehr Gelassenheit führen, und das ist eine Eigenschaft von großer Wichtigkeit. Es ist leicht, gelassen zu bleiben, wenn alles nach Wunsch läuft. Die wahre Kunst zeigt sich erst angesichts schwieriger Situationen. Und wenn sich solche während eines Saturn-Transits ergeben, dann sollte man das als Aufforderung begreifen, in dieser Hinsicht dazuzulernen, anstatt mit Verbissenheit zu reagieren.

Jetzt werden Dinge manifest. Das sollte man dahin gehend nutzen, dass man sich beispielsweise lang gehegte Träume verwirklicht oder etwas in die Tat umsetzt, was der Planungsphase entwachsen ist.

In Saturn-Zeiten wird man geprüft, und das nicht nur im übertragenen Sinn – indem man Dinge überdenkt und hinterfragt –, sondern durchaus auch konkret, indem man zum Beispiel eine Prüfung machen muss.

Versäumnisse der Vergangenheit lassen sich jetzt nicht mehr wegdrängen. Sie müssen behoben werden. Unbezahlte Rechnungen müssen beglichen werden. Oft sind daher diese Zeiten hart und mühsam. Der Vorgang gleicht dem Beschneiden eines Baums oder eines Strauches. Wenn dieses nicht stattfände, würden die Zweige vorschnell neue Triebe bilden, die der Pflanze letztlich Wasser und Nährstoffe rauben. Das regelmäßige Beschneiden hingegen gibt ihr eine solidere, tragfähigere Form und fördert damit letztlich Üppigkeit und ein kontinuierliches Wachstum!

Übertragen auf einen Saturn-Transit heißt das: Es kann durchaus weh tun, wenn man sich in eine neue Form, in der man sich noch nicht zurechtfindet, gepresst sieht. Vielleicht hat man in dieser Zeit sogar das Bild des Zurechtgestutzt-Werdens vor Augen, wie es dem Baum oder dem Strauch ergeht. Doch das dient dem Finden einer neuen, kräftigeren Form, und zwar nicht irgendeiner, sondern der ureigenen, die dem eigenen Wesen wirklich entspricht. Wir können an diesem Beispiel sehen, wozu eine astrologische Prognose gut sein kann. Wenn man beispielsweise Dinge immer wieder vor sich her geschoben hat – um im Bild zu bleiben: wenn die Triebe fröhlich vor sich hin wucherten, ohne an den Zustand der „Basis“ zu denken –, dann ist das Zurechtgestutzt-Werden etwas sehr Schmerzhaftes.

Wenn man sich hingegen rechtzeitig – also zum Beispiel aufgrund einer astrologischen Prognose – daran macht, die unbeglichenen Rechnungen zu bezahlen, dann wird es nicht so weh tun. Man sollte in sich hineinhorchen. Genau das, was man am liebsten immer wieder aufschieben möchte, was ein Gefühl des Unbehagens verursacht, ist das, was der Bearbeitung harrt! Und es wird über kurz oder lang an die Oberfläche drängen.

Man sollte umgekehrt auch bedenken, dass man unter einem Saturn-Transit die Ernte für Bemühungen einfahren kann! Das wird genau dann geschehen, wenn man in den vergangenen Jahren Anstrengungen unternommen hat, um von vornherein zu verhindern, dass sich unbewältigte Probleme ansammeln. Dies hat nichts zu tun mit einer oberflächlichen Moral, die uns einreden will, wir dürften dieses und jenes nicht tun, weil irgendeine höhere Instanz das so vorschreibt. Hier geht es um etwas anderes: Es geht zum einen um eine innere Notwendigkeit. (Man denke wieder an die Pflanze: Ihre innere Notwendigkeit gebietet es ihr, ihre Kräfte zu konzentrieren und nicht in die äußersten Spitzen zu verlagern.) Dann geht es darum, das Leben mit all seinen Schattenseiten anzunehmen. Und nicht zuletzt geht es um die Anpassung an die realen Gegebenheiten. Schließlich sind wir nicht allein auf dieser Welt.

Saturn-Zeiten sind Zeiten, in denen man etwas zu lernen hat, denn Saturn ist der große Lehrmeister. Man tut gut daran, sich von Frustrationen nicht niederdrücken zu lassen, sondern sich jedes Mal zu fragen, was man daraus lernen kann. Im besten Falle gleichen solche Zeiten dem Schleifen eines Edelsteins – das Endergebnis ist von ergreifender Schlichtheit und Schönheit!

Was man während eines Saturn-Transits praktisch tun kann

Um dem Herrn der Zeit – wie Saturn auch genannt wird – entgegenzukommen, sollten Sie sich zunächst einmal Zeit nehmen, nämlich die Zeit, um Dinge in Ruhe und wohl überlegt anzugehen. Möglicherweise ist die nächste Empfehlung, nämlich sich auf das Wesentliche zu konzentrieren, unabdingbare Voraussetzung dafür. Ebenso Prioritäten zu setzen, was dabei hilft, sich darüber klar zu werden, was wirklich zählt. Alles, was hilft, die Zeit zu strukturieren und das, was man sich vorgenommen hat, darin unterzubringen, ist jetzt angesagt: also zum Beispiel Zeitpläne und Listen erstellen, auf denen man das Erledigte abhakt. Darin sollten Sie von vornherein nur das aufnehmen, was auch realisierbar ist.

Machen Sie auch eine Aufstellung darüber, was Ihnen bei Ihren derzeitigen Vorhaben Sicherheit verschafft.

Unterziehen Sie Bereiche, in denen Sie Unbehagen oder Unzufriedenheit verspüren, einer Prüfung und ergreifen Sie gegebenenfalls Maßnahmen, um die Situation zu ändern.

Besteigen Sie einen Berg. Halten Sie sich, auf dem Gipfel angekommen, noch einmal den Aufstieg vor Augen und genießen Sie die Aussicht.

Pflegen Sie Ihren (trockenen) Humor.

Sorgen Sie für Rückzugsmöglichkeiten, um sich sammeln und konzentrieren zu können. Machen Sie Übungen, die das Konzentrationsvermögen stärken. Bei der Entdeckung der Langsamkeit helfen Yoga-Übungen. Dabei sollten Sie jedoch vermeiden, mit verbissenem Ehrgeiz die extremsten Stellungen ausführen zu wollen. Vielmehr geht es darum, den Weg als das Ziel zu betrachten: nämlich zu lernen, bei den Übungen innere Gelassenheit zu wahren, und dies unabhängig davon, ob man imstande ist, mit dem Kopf das Knie zu berühren, oder nicht. Auch andere östliche Methoden wie Tai Chi oder Qi Gong verhelfen über Körperübungen, die im Zeitlupentempo ausgeführt werden, nicht nur zu einer neuen Körpererfahrung, sondern auch zu der Erkenntnis, dass Zeit nicht nur etwas quantitativ Messbares ist, sondern auch eine Qualität besitzt. Wenn man Kinder beim Spielen beobachtet, kann man ebenfalls zu dieser Erkenntnis gelangen.

Saturn-Transite zur Sonne

Saturn-Transite zur Sonne können zunächst als sehr einschränkend erlebt werden. Eigentlich möchte man wie gewohnt auf dem Weg der Selbstentfaltung voranschreiten, da werden einem Steine in den Weg gelegt oder man rennt gegen Mauern an. Das kann zermürbend sein und bringt möglicherweise Phasen der Depression und der Niedergeschlagenheit mit sich. Vielleicht ist man einsam, bedrückt und blickt pessimistisch in die Welt.

Worin liegt der Sinn solcher Erfahrungen? Offensichtlich sind wir nicht dazu hier, um möglichst viel Geld zu verdienen, uns den bestaussehenden Partner zu angeln und andere mit unseren Erfolgen zu beeindrucken. Und: Rückschläge gehören zum Leben Sie lassen uns innehalten und uns fragen, wohin wir eigentlich wollen und ob wir überhaupt auf dem richtigen Weg sind. Unter Umständen stellen wir uns diese Fragen erst, wenn wir durch die äußeren Umstände dazu gezwungen sind. Auf welche Art auch immer das geschieht – so werden wir geformt und erwerben uns Reife, die uns sagt, wo unsere Grenzen sind. Sicherlich sind diese von Saturn symbolisierten Werte in unserer Gesellschaft nicht gerade gut angesehen. Man muss sie für sich selbst finden und das ist unbestreitbar eine einsame Angelegenheit.

Das bedeutet jedoch nicht, dass Saturn-Transite zwangsläufig die oben beschriebenen Erfahrungen wie Depression und Niedergeschlagenheit mit sich bringen. Vielleicht ist dieser Zeitraum einfach von einer besonderen Ernsthaftigkeit und Nachdenklichkeit geprägt.

Ein indianisches Sprichwort lautet: Bevor du über jemand anderen urteilst, musst du erst 30 Tage in seinen Mokassins laufen. Wenn man aus dieser Aufforderung die Konsequenzen zieht, dann hat man die Aufgabe, die einem ein Saturn-Transit über die Sonne stellt, in bester Weise erfüllt. Es hat nämlich schlicht zur Folge, dass man gleich von vornherein darauf verzichtet, über andere den Stab zu brechen. Die meisten von uns tun das ständig und begründen auf diese Weise, warum sie unglücklich sind, etwas nicht schaffen, wieder an etwas gescheitert sind usw. Verzichtet man nun darauf, ist man gänzlich auf sich selbst zurückgeworfen. Man zieht damit alle nach außen gerichteten Kräfte auf sich selbst zurück. Das ist schwierig, beinhaltet jedoch zugleich eine große Chance: Mit Hilfe der Kräftekonzentration kann man tatsächlich etwas bewirken! Und man sollte nicht vergessen, dass das, was man sich in solchen Zeiten erwirbt, Bestand hat!

Menschen mit einer **Widder**-Sonne kann ein Saturn-Transit hart angehen. Sie wollen Gas geben … und die Räder blockieren. Ja womöglich funktioniert noch nicht einmal die Initialzündung. Und da liegt doch ihre eigentliche Stärke: Dinge in Bewegung bringen, Pioniertaten leisten, Anfangsimpulse setzen. Wenn das nun alles nicht mehr funktioniert, dann mag es diesen Menschen erscheinen, als ob *sie* nicht mehr funktionierten. Sie müssen sich der Erkenntnis öffnen, dass das Leben nicht nur auf der Überholspur stattfindet, sondern dass man auch Wartezeiten mit einkalkulieren muss. Auf der anderen Seite können sie jetzt Struktur in ihr Handeln bringen und mit Geduld und Ausdauer Projekte durchführen, für die ihnen sonst der lange Atem fehlt.

Stier-Geborene brauchen diese Geduld nicht erst zu lernen. Dafür haben sie möglicherweise Probleme mit einer gewissen Askese, die ihnen in dieser Zeit abgefordert werden könnte. Darin besteht jedoch zugleich eine Chance: Denn jetzt können sie die Erfahrung machen, dass nicht nur üppige Wiesen und Wälder reizvoll sind, sondern auch karge Landschaften.

Die Leichtigkeit des Seins, die **Zwillingen** zu Eigen ist, steht wieder in argem Gegensatz zu der saturnischen Schwere. Dafür beinhaltet diese Zeit für sie die Möglichkeit, von ihren zahlreichen Plänen einen zu verwirklichen, sofern sie die anderen auch tatsächlich für eine Weile hintanstellen. Auch in ihren Kontakten mit anderen Menschen können sie sich auf einige wenige konzentrieren. Diese Kontakte haben dann aber auch Substanz.

Krebs-Geborene können Halt bekommen, wo sie sich haltlos fühlen. Auf ihrem Lebensweg, der von emotionalen Aufs und Abs gekennzeichnet ist, können sie jetzt leichter eine klare Linie durchhalten. Vielleicht macht ihnen das auch zu schaffen und sie erleben es zunächst eher von der negativen Seite: dass sie nämlich für einen bestimmten Zeitraum nicht in gewohnter Art aus ihren Gefühlen heraus handeln können. Hier ist die Einsicht wichtig, dass saturnische Eigenschaften das sind, was dem Krebs am meisten fehlt, was er aber gerade in sich integrieren muss.

Menschen mit einer **Löwe**-Sonne brauchen die Bewunderung durch andere wie die Luft zum Atmen. Sie verhalten sich daher oft in einer Weise, die den anderen die gewünschte Anerkennung geradezu abverlangt. In Zeiten eines Saturn-Transits über die Sonne könnten sie nun gezwungen sein, sich die von außen gewünschte Anerkennung selbst zuteil werden zu lassen. Das mag am Anfang schwierig sein – eigentlich ist es aber eine wirkliche Basis, um langfristig verdiente Aufmerksamkeit von anderen bekommen zu können.

Jungfrau-Geborene sind im Grunde gegen die unangenehmen Begleiterscheinungen eines Saturn-Transits relativ gut gewappnet. Sie können arbeiten und sich konzentrieren. Jetzt können sie lernen, sich nicht zu sehr im Alltäglichen zu verlieren, sondern auch das Übergeordnete zu sehen. Auch ein Weg von tausend Meilen beginnt mit dem ersten Schritt, heißt es bei Laotse, und so gilt es, die Ausdauer für tausend Meilen mitzubringen und trotzdem jeden einzelnen Schritt im Auge zu behalten.

Menschen mit einer **Waage**-Sonne macht womöglich die Schwere, die jetzt auf ihnen lastet, zu schaffen, denn sie entspricht nicht ihren Vorstellungen von einem angenehmen Leben. Auch könnten sie unter einer notwendigen Enthaltsamkeit zu leiden haben. Auf der anderen Seite können sie jetzt Stabilität und Dauerhaftigkeit in ihre Beziehungen bringen und ihren Vorstellungen von Harmonie und Schönheit Gestalt verleihen.

Skorpione kennen die Abgründe des Lebens gut genug, sodass sie eigentlich nichts wirklich schrecken kann. Ihr ohnehin beträchtliches Durchhaltevermögen kann jetzt eine Stärkung erfahren, und mit Blick auf das, was Bestand hat, können sie hinter sich lassen, was ausgedient hat. Die Grunderfahrung eines Saturn-Transits über die Sonne, nämlich auf sich selbst zurückgeworfen zu sein, mag beim Skorpion allerdings zunächst Ängste auslösen und dazu führen, dass er verstärkt an Dingen oder Menschen festhält.

Schütze-Geborene tun sich schwer mit dem, was in dieser Zeit von ihnen gefordert ist. Die Beschränkung auf das Notwendige liegt ihnen überhaupt nicht. Genau deshalb ist ein Saturn-Transit eine wichtige Erfahrung für sie, denn er verhindert Maßlosigkeit. Außerdem können sie jetzt ihren Glauben und ihre Visionen an der Wirklichkeit überprüfen. Und sie können konkret etwas dafür tun.

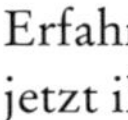
Steinböcke können jetzt das unter Beweis stellen, was sie ohnehin längst besser wissen als jede(r) andere: dass es sich lohnt, langfristig für etwas zu kämpfen, dass man Geduld aufbringen muss, wenn man etwas erreichen möchte, und dass man Ziele verfolgen soll, auch wenn sie in weiter Ferne liegen. Dies zu wissen ist wichtig, um nicht der Gefahr anheimzufallen, in gesellschaftlichen Regeln zu erstarren und dabei den eigenen Wesenskern zu vergessen.

Da **Wassermann**-Geborene gerne fortschrittlich sind, allem Neuen gegenüber aufgeschlossen, und Unabhängigkeit und Freiheit über alles stellen, werden sie wohl unter dem, was in dieser Phase auf sie zukommt, zu leiden haben, denn wo sie Grenzen überschreiten möchten, setzt Saturn Grenzen. Der Vorteil ist, dass sie jetzt ihr Leben gestalten können, ohne gleich alles auf den Kopf zu stellen. Und sie können verbindlicher werden.

Menschen mit einer **Fische**-Sonne fühlen sich vielleicht zunächst in ihren Fantasien eingeschränkt. Auch ihnen misshagt das grenzsetzende Prinzip Saturns. Bei näherem Hinsehen werden sie feststellen, dass sie jetzt etwas von diesen Fantasien in die reale Welt hinüberretten können.

Saturn-Transite zum Mond

Auf den ersten Blick steht das, was man mit Saturn assoziiert, im Widerspruch zu den klassischen Mondeigenschaften: Geht es hier um das Fließen von Gefühlen, so findet man dort Struktur und Grenzen. Darin ist der Grund zu suchen, weshalb ein Saturn-Transit über den Mond auch Niedergeschlagenheit mit sich bringen kann. Doch Saturn wäre nicht Saturn, wenn er uns nicht etwas lehren wollte. Betrachten wir also die andere Seite der Medaille: Saturn kann Klarheit in die Welt der Gefühle bringen. Sicherlich verleiht er ihr mehr Ernsthaftigkeit und er wird ein Überfließen der Gefühle zu verhindern wissen. Man kann in jedem Fall die Zeit dazu nutzen, um die eigenen Gefühle einer Prüfung zu unterziehen.

Menschen mit einem **Widder**-Mond könnten ihre spontanen Gefühlsbekundungen für eine Weile auf Eis legen müssen. Die Türen, mit denen sie sonst in die Häuser zu fallen pflegen, halten möglicherweise selbst verstärktem Druck stand. Solche Dämpfer haben zunächst etwas Frustrierendes. Andererseits beinhaltet dieser Transit auch die Chance, sich für längere Zeit auf einen Menschen oder eine Sache, die sie emotional beschäftigt, zu konzentrieren.

Wer einen **Stier**-Mond hat, kann jetzt seine bedächtige Art zum Programm erheben. Gut Ding will Weile haben – doch was dieses „gut Ding“ ist, das sollte er oder sie sich genau überlegen. Wenn in dieser Zeit nicht so viel körperliche Nähe möglich ist, wie er oder sie das gern hätte, dann kann es helfen, dies als eine Lernphase zu verstehen, in der das Bedürfnis nach sinnlichen Genüssen vorübergehend durch die Fähigkeit zu Verzicht und Selbstgenügsamkeit ersetzt werden muss.

Bist du in Eile, mach einen Umweg, sagt ein Sprichwort. Welche Vorteile aus der Beherzigung dieses Ratschlags erwachsen, können **Zwillinge**-Mond-Menschen jetzt erfahren. (Übrigens gilt das auch für diejenigen mit einem Widder-Mond!). Im Grunde wollen sie ja gerne wie eine Biene von einer Blüte zur nächsten summen, nur scheinen die Zeichen der Zeit gerade nicht danach zu stehen. Nun heißt es: Ausdauer und Geduld lernen.

Für Menschen mit einem **Krebs**-Mond ist emotionale Geborgenheit von besonderer Bedeutung. Vielleicht kommen sie nun für eine Weile nicht so in diesen Genuss. Da besteht dann die Gefahr, dass sie sich noch weiter in ihr Schneckenhaus zurückziehen. Doch der Saturn-Transit kann auch Stabilität in ihre Gefühle bringen und er kann sie dazu bringen, sich nach außen hin besser abzugrenzen.

Das sonnige Gemüt der **Löwe**-Mond-Menschen mag sich nun nicht so recht entfalten können. Und vielleicht ist ihnen auch eine Zeit lang nicht die ungeteilte Aufmerksamkeit der anderen sicher. Da können Egozentrik und Selbstüberschätzung gar nicht zum Zug kommen. So können sie aus dieser Phase als eine Persönlichkeit mit einem gereiften Selbstwertgefühl hervorgehen, die die eigene Strahlkraft kennt, aber durchaus weiß, dass sie nicht der Mittelpunkt der Welt ist.

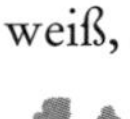
Menschen mit einem **Jungfrau**-Mond, die oftmals ängstlich und verletzlich sind, fühlen sich womöglich zunächst noch mehr verunsichert. Der Saturn-Transit bringt für sie aber auch die Chance mit sich, zu mehr Stabilität und Sicherheit zu gelangen. Um ihre Befürchtungen in den Griff zu bekommen, müssen sie den Mut haben, über den Tellerrand hinauszusehen – und dabei hilft ihnen dieser Transit.

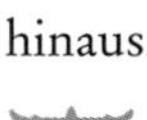
Wer den Mond in der **Waage** hat, könnte nun möglicherweise Zurückweisungen erleben, die seinem Bedürfnis danach, geliebt zu werden, zuwiderlaufen. Dies ist der Weg, auf dem er oder sie zu Ernsthaftigkeit und Tiefgang in Beziehungen kommen und diese verbindlicher gestalten sowie auf Dauerhaftigkeit anlegen kann. Außerdem können jetzt auch künstlerische Ideen eine konkrete Form annehmen.

Wer einen **Skorpion**-Mond hat, könnte nun die Erfahrung machen, dass man andere Menschen nicht in der Weise an sich binden kann, wie man es gern hätte. Das ist eine überaus wichtige Erfahrung. Denn ihr bestmögliches Ergebnis ist es, dass sich diese Menschen als liebenswert empfinden, ohne dass sie das Objekt ihrer Begierde mit Haut und Haaren vereinnahmen.

Menschen mit einem **Schütze**-Mond fühlen sich jetzt möglicherweise in ihrem Enthusiasmus gebremst. Das ist ein Gefühl, als wären die Füße einbetoniert und man wollte gleichzeitig losfliegen. Die Chance, die dieser Transit mit sich bringt, liegt darin, dass sie Ruhe in das eigene Leben bringen können.

Menschen mit einem **Steinbock**-Mond sind Meister der Selbstbeschränkung und bauen kein Haus auf Sand. Daher können sie jetzt auf ihre Weltsicht stolz sein – zu Recht, wenn sie sich in ihrem Realitätssinn bestätigt fühlen, jedoch zu Unrecht, wenn sich ihr Pessimismus verstärkt.

Wer den Mond im **Wassermann** hat, fühlt sich oftmals gar nicht so richtig zu Hause in seinem Körper. Das kann er jetzt ändern, beispielsweise durch gezielte Übungen, die für ein gutes Körpergefühl sorgen, wie etwa Yoga-Übungen. Falls er oder sie jetzt mit Regeln konfrontiert ist, die nicht die eigenen sind, so ist das als Aufforderung zu verstehen, eine Brücke zwischen der eigen(willig)en Weltsicht und den realen Gegebenheiten zu schlagen.

Fische-Mond-Menschen sind emotional sehr offen und auch verletzlich. Die Strenge saturnischer Zeiten mag sie erschrecken – doch dabei können sie viel Sicherheit und Stabilität gewinnen und zu klaren Strukturen finden. Und sie können lernen, sich nach außen hin abzugrenzen.

Transite von Uranus

Zeiten, in denen Uranus im Transit Sonne oder Mond berührt, sind Zeiten, in denen vieles anders wird. Jetzt wird eine neue Phase eingeläutet, wobei die Ausrichtung ganz auf dem Zukünftigen liegt, nicht in der Aufarbeitung von Vergangenem. Jetzt besteht die Chance, einen großen Satz nach vorne zu machen. Diese Zeiten haben etwas Revolutionäres an sich, und wenn man selbst nicht erschrickt über die ungewöhnlichen Dinge, zu denen man jetzt imstande ist, dann werden es bestimmt die Menschen aus dem näheren Umfeld tun.

So manch einer tut sich leichter, wenn der Status quo erhalten bleibt, und sei er auch noch so schlecht. Das Neue, Unbekannte hat eher etwas Bedrohliches. Warum wir häufig zögern, eine ungute Situation aus eigenen Stücken zu verändern, liegt zu einem guten Teil daran, dass wir *es einfach nicht anders kennen!* Unangenehme Situationen bzw. Tatbestände werden dann als unveränderbar erlebt. Man kann sich schlicht nicht vorstellen, dass es auch anders sein könnte. Wenn es einem schließlich doch gelingt, Maßnahmen zu ergreifen, fragt man sich oft im Nachhinein kopfschüttelnd: Warum habe ich das nicht früher geändert? Darüber hinaus schlittert man manchmal langsam und unmerklich in ungute Umstände hinein. Beispielsweise merkt man in einer jahrelangen Beziehung nicht, wie man immer mehr gegen die eigene Natur lebt. Oder die Verhältnisse am Arbeitsplatz werden nach und nach immer unerträglicher. Oft dauert es lange Zeit, bis einem die nagende Unzufriedenheit bewusst wird.

Während eines Uranus-Transits gelangt man zu der Einsicht, dass es auch anders gehen kann. Vielleicht platzt einem auch ganz einfach der Kragen und der unterdrückte Ärger macht sich Luft. Dies geschieht mit einer Plötzlichkeit, die etwas Erschreckendes haben kann. Wenn man jedoch endlich die Möglichkeit sieht, etwas zu ändern, dann kann das durchaus auch eine freudige Überraschung darstellen.

Denkt man an die wichtigen Entwicklungsschritte eines Babys wie den Moment, in dem es erstmals sitzen kann, wenn es beginnt zu krabbeln, sich aufrichtet und schließlich läuft, so stellt man fest, dass dies in der Regel nicht in einer kontinuierlich ansteigenden Linie verläuft, sondern in Schüben. Genau das geschieht während eines Uranus-Transits. Entwicklungen werden beschleunigt, auch wenn die Vorbereitungen schon eine Weile andauern. Es brodelt einige Zeit unter der Oberfläche und kommt plötzlich zum Ausbruch. Es ist notwendig, dass wir weiterkommen, in neue Bereiche vorstoßen und Altes hinter uns lassen – das ganze Leben lang.

Man kann in Zeiten von Uranus-Transiten zu einem Durchbruch gelangen. War bei Jupiter von Expansion und Erweiterung die Rede, so kann man bei Uranus von einem Vorstoß in eine neue Dimension sprechen – jedenfalls werden die Auswirkungen möglicherweise als so weit reichend erlebt.

Uranus ist außerdem das Symbol für Freiheit. Jetzt ist man aufgefordert, die Schuhe abzulegen, aus denen man herausgewachsen ist. Der Drang, sich zu befreien, kann überaus stark werden, und wie bei Jupiter muss man auch hier empfehlen, nicht „abzuheben". Wenn man sich von Altlasten befreit, sollte man also darauf achten, dass man nicht Brücken hinter sich abbricht, die man zu einem späteren Zeitpunkt vielleicht doch gern benutzt hätte. Aber genauso falsch wäre es, aus lauter Furcht alles beim Alten zu belassen. In beiden Fällen ist ein klarer Geist gefragt, mit dessen Hilfe man Grenzen sprengen kann, ohne gleich alles Bewährte mit in die Luft zu jagen.

Hier sind auch schon die problematischen Seiten angesprochen, die ein solcher Transit mit sich bringen kann: nach vorne preschen, ohne die Konsequenzen zu bedenken. Weitere sind: Unverbindlichkeit wird zum Programm erhoben. Man ist rast- und ruhelos, denkt heute so, handelt morgen ganz anders und wirft übermorgen wieder alles über den Haufen. Mit einer solchen Sprunghaftigkeit gerät man letztlich selbst in Verwirrung.

Uranus-Transite fordern, sollen sie gut verlaufen, zwei Voraussetzungen: Man darf erstens keine Angst vor dem Neuen haben. Diejenigen, die am liebsten auf das setzen, was sie seit Jahren oder gar Jahrzehnten kennen, tun sich am schwersten mit Uranus-Transiten. Zweitens sollte man sich von der Kritik nahe stehender Menschen nicht abschrecken lassen, egal wie entsetzt diese auf die Veränderungen, die man durchlebt, reagieren. Möglicherweise wird man feststellen, dass diejenigen, die einem am meisten dazu geraten haben, endlich etwas zu unternehmen, dann verständnislos reagieren, wenn man es tatsächlich tut. Doch das soll nicht weiter stören! In gewisser Weise ist die Reaktion der anderen auf die eigenen plötzlichen Umschwünge durchaus nachvollziehbar, denn sie bekommen nicht unbedingt mit, dass sich Veränderungen schon seit geraumer Zeit angekündigt haben und nicht von eben auf jetzt stattfinden. So erscheint ihnen das Verhalten unberechenbar, und das ist es, worauf sie mit Kopfschütteln reagieren.

Am Ende eines Uranus-Transits mag es einem ergehen wie den beiden kleinen Helden aus Janoschs Geschichte „Oh, wie schön ist Panama“, deren Ausflug nach Panama dort endet, wo er begonnen hat: zu Hause. Die Geschichte schließt so: „Du meinst, dann hätten sie doch gleich zu Hause bleiben können? Du meinst, dann hätten sie sich den weiten Weg gespart? O nein, denn sie hätten den Fuchs nicht getroffen und die Krähe nicht. Und sie hätten den Hasen und den Igel nicht getroffen und sie hätten nie erfahren, wie gemütlich so ein schönes, weiches Sofa aus Plüsch ist.“ Wer sich also am Ende des Transits in der Nähe des Ausgangsortes wähnt, dem sei gesagt, dass es ganz bestimmt nicht mehr derselbe Ort und er oder sie ganz bestimmt nicht mehr derselbe Mensch ist!

Dies ist allerdings eine gemäßigtere Variante eines Uranus-Transits. Nicht selten gleicht er eher einem Erdbeben, und kein Stein bleibt mehr auf dem anderen. Doch man beachte: Auch Erdbeben lassen sich im Vorhinein registrieren! Und zwar mit Seismographen, jenen Instrumenten, die inzwischen zum Synonym für absolute Präzision geworden sind. Nicht zu vergessen die Tiere, von denen man ebenfalls weiß, dass sie mit ihrem sechsten Sinn Erdbeben vorausempfinden. Was kann man also daraus schließen? Um bei einem Uranus-Transit nicht so aus der Bahn geworfen zu werden, wie es geschieht, wenn die Erde unter den eigenen Füßen zu beben anfängt, gilt es also rechtzeitig (!) die Sinne zu schärfen.

Nun heißt es, sich aufrütteln lassen. Das mag für den einen eine prickelnde und belebende Vorstellung sein, für den anderen hingegen höchst beängstigend. Doch im Grunde hat jeder Mensch einen Bereich in sich, in dem er unkonventionell ist. Mit anderen Worten: In jedem von uns schlummert ein kleiner Revoluzzer. Selbst im konservativsten Menschen. Und auch der hat nun die Chance, sein revolutionäres Potenzial zu entdecken.

Charakteristisch für Uranus sind außerdem blitzhafte Eingebungen. Man erkennt plötzlich Zusammenhänge, kann Verknüpfungen zwischen Ereignissen und Dingen, die vorher scheinbar nichts miteinander gemein hatten, herstellen. Dies verhilft zu überaus klaren und distanzierten Einsichten. C. G. Jung nannte das Synchronizität, was gleichzeitig geschieht, aber keinen kausalen Zusammenhang aufweist. Dafür hat man jetzt einen besonders klaren Blick.

Was man während eines Uranus-Transits praktisch tun kann

Stellen Sie sich auf Veränderungen ein. Um nicht aus heiterem Himmel überrascht zu werden, sollten Sie sich rechtzeitig überlegen, was in Ihrem Leben nicht mehr stimmt – sei dies eine Beziehung zu einem anderen Menschen, die Arbeit oder irgendetwas anderes. In welchem Bereich haben Sie immer wieder Ihren Ärger heruntergeschluckt, in der Hoffnung, die Situation würde sich von alleine bessern? Wo haben Sie nicht auf die innere Stimme gehört und Warnungen missachtet? Nun gilt es, das Machbare in Angriff zu nehmen. Welche Änderungen liegen im Bereich des Möglichen? Wo wollten Sie schon lange eine kleine Revolution starten?

Achten Sie jetzt verstärkt auf Eingebungen. Was wollen sie Ihnen sagen? Beinhalten sie einen Ausweg aus einer scheinbar ausweglosen Situation? Und kann dieser in die Tat umgesetzt werden? Was haben Ereignisse oder Personen, die Sie jetzt miteinander in Verbindung bringen, ohne dass ein sichtbarer Zusammenhang vorliegt, miteinander zu tun? Worin liegt das Gemeinsame und was kann Ihnen das sagen?

Schulen Sie Ihre Intuition. Jeder Mensch hat die Gabe der Intuition, bei vielen ist sie jedoch verkümmert. Man kann sie aber wieder hochpäppeln! Stöbern Sie dazu in der eigenen Vergangenheit herum. Wann haben Sie es einmal im Nachhinein bereut, dass Sie nicht auf Ihre innere Stimme gehört haben, die Ihnen genau gesagt hat, was auf Sie zukommen wird? Und wie hat sich diese bemerkbar gemacht? Wie könnten Sie so etwas in Zukunft vermeiden? Sie müssen allerdings lernen, die Intuition von der Angst zu unterscheiden. Viele Menschen besteigen ein Flugzeug mit dem sicheren Gefühl, es werde abstürzen, was dann nicht stimmt.

Beschäftigen Sie sich jetzt mit Astrologie. Uranus ist das Symbol für Astrologie.

Nutzen Sie moderne Kommunikationsmittel wie beispielsweise das Internet, um mit Gleichgesinnten in aller Welt Kontakt aufzunehmen.

Oder Sie tun sich direkt mit Menschen zusammen, die die gleichen Ziele wie Sie verfolgen.

Nehmen Sie an humanitären Projekten teil, das heißt an Projekten, die dem Wohl der Menschheit dienen.

Entwerfen Sie vor Ihrem geistigen Auge ein Bild, wie Sie sich Ihre Zukunft im besten Falle vorstellen. Was möchten Sie in den nächsten fünf Jahren erreichen? Und welche konkreten Schritte können Sie jetzt unternehmen, um in fünf Jahren dort zu sein, wo Sie hin möchten?

Machen Sie ein Blind date aus, also eine Verabredung mit einem Menschen, den Sie nicht kennen.

Tun Sie einmal etwas ganz Ausgefallenes.

Uranus-Transite zur Sonne

Wenn Uranus im Transit die Sonne berührt, dann kann man eine Revolution in der eigenen Persönlichkeitsentwicklung erleben. Mit der Macht einer Lawine, die ins Tal braust, wird man nach vorne getragen. Dinge, die lange unter der Oberfläche geschlummert haben, drängen jetzt hervor und verlangen nach Ausdruck. Was man vielleicht über Jahre hin mühsam unter Verschluss gehalten hat, kommt jetzt unweigerlich zum Vorschein. Das Freiheitsbedürfnis nimmt ungeahnte Ausmaße an und man möchte sich am liebsten sämtliche Fesseln vom Leib streifen. Die Ausrichtung auf das Neue ist das zentrale Anliegen.

Für Frauen bedeutet dieser Transit eine Aktivierung ihrer männlichen Seite. Wenn sie bislang die Eigenschaften ihres Sonnenzeichens nicht selbst ausgelebt haben, dann besteht jetzt die Möglichkeit dazu. Das kann ihnen Durchsetzungsvermögen verleihen, sofern sie es bislang noch nicht hatten, und unterstützt ihre Ziele. Sie bekommen einen Aktivitätsschub und können Dinge wagen, die ihnen bisher nicht im Rahmen des Machbaren erschienen.

Ob Mann oder Frau – bei einem Uranus-Transit über die Sonne kann und sollte man zu seinem ganz individuellen Wesenskern vorstoßen, dem, was die Einzigartigkeit des eigenen Seins ausmacht.

Die Ausrichtung auf das Neue kommt dem Naturell eines Menschen mit einer **Widder**-Sonne nur entgegen. Er oder sie kann jetzt eine Rebellion gegen alles Verkrustete starten. Die Gefahr besteht hier darin, dass man das Kind mit dem Bade ausschüttet. Das würde eine rücksichtslose Durchsetzung der eigenen Interessen bedeuten, ein egoistisches Verfolgen der eigenen Ziele. Daher ist hier geistige Klarheit gefragt.

Stier-Geborene werden jetzt aus ihrer beschaulichen Lebensführung hochgeschreckt: als wollten sie sich gemütlich auf einer Wiese niederlassen, um dann feststellen zu müssen, dass sie auf einem Nagel gelandet sind. Sie sind auch nicht gerade Freunde von Schnelligkeit, wie sie jetzt von ihnen gefordert sein könnte. Darin besteht aber auch eine Möglichkeit für sie: Sie können jetzt nämlich gewisse Vorgänge in ihrem Leben beschleunigen. Außerdem können sie sich nun in ihrem Handeln nicht nur von praktischen Dingen, sondern auch von Eingebungen leiten lassen.

Zwillingen hingegen fällt es wieder leicht, sich auf Neues einzustellen. Bei ihnen besteht die Gefahr, dass sie sich in einen abgehobenen Intellektualismus stürzen, der nichts mehr mit der Realität zu tun hat. Auf der anderen Seite können sie sich jetzt beschwingt und angeregt fühlen. Bei ihren Aktivitäten können sie nun gesellschaftliche Anliegen verwirklichen. Nicht zuletzt sollten sie ausführlich vom Recht der freien Meinungsäußerung Gebrauch machen.

Ein Uranus-Transit verleiht nicht gerade das, was **Krebs**-Geborenen so wichtig ist: Geborgenheit. Auch wenn sie das zunächst als beunruhigend erleben, können sie diese Phase dazu nutzen, um Distanz zu ihrer Häuslichkeit und Fürsorglichkeit zu gewinnen. Dabei hilft es, die Grenzen des Vertrauten vorübergehend zu verlassen, um etwas Neues zu entdecken. Vielleicht steht am Ende dieser Entwicklung eine wirklich revolutionäre neue Form des Zusammenlebens!

Auch Menschen mit der Sonne im **Löwen** können ihren bisherigen Rahmen sprengen. Allerdings in einem anderen Sinne: indem sie erkennen, dass sie ihre Herzlichkeit, ihre Großzügigkeit und ihre Strahlkraft für die Gesellschaft einsetzen können. Es spricht auch nichts dagegen, dass sie die ihnen jetzt innewohnende Sprengkraft für ihr ganz persönliches Lebensglück einsetzen, solange das nicht auf Kosten anderer geht.

Jungfrauen könnten darüber erschrecken, dass die von ihnen so geschätzte klare Struktur des Alltags nun völlig durcheinander gewirbelt wird. Sich auf Verbindlichkeiten verlassen zu können ist für die Jungfrau geradezu identitätsstiftend. Wo diese Haltung lebensfeindlich wird – denn schließlich läuft es ja im Leben immer wieder ganz anders, als man es geplant hat –, ist ein Uranus-Transit ein wichtiges Korrektiv. Darüber hinaus können Jungfrauen jetzt ihr klares Denken um viele plötzliche Eingebungen bereichern. Und sie können ihre Unabhängigkeit ausbauen, die sie tief in ihrem Inneren haben.

Waage-Geborene vermögen sich durchaus mit der Idee anzufreunden, dass alles auch ganz anders sein könnte, als es ist. Theoretisch. In der Praxis bewegen sie sich zu gern auf dem gesellschaftlichen Parkett, und da sind Konventionen und Regeln nun einmal von allergrößter Bedeutung. Allerdings nicht ausschließlich. Und diese Erfahrung können Waage-Geborene nun machen: dass man sich die gesellschaftliche Anerkennung keineswegs verspielt, wenn man einmal aus der Rolle fällt, jedenfalls nicht in bestimmten Kreisen.

Wenn **Skorpione** etwas hergeben müssen, an dem sie hängen – sei dies ein Mensch oder etwas, was sie besitzen –, dann reagieren sie darauf in der Regel so, dass sie sich noch fester daran klammern. Das wird unter einem Uranus-Transit, der sie schlagartig mit neuen Gegebenheiten konfrontieren kann, zunächst nicht sehr anders sein. Zugleich ist in dieser Konstellation auch die Möglichkeit enthalten, Distanz zu den eigenen tiefsten Verstrickungen zu entwickeln. Sie können aus der Vogelperspektive Zusammenhänge des eigenen Lebens erkennen, die sie zuvor gar nicht wahrgenommen haben.

Das Freiheitsbedürfnis von Menschen mit einer **Schütze**-Sonne bekommt einen gewaltigen Schub. In diesem Punkt zieht Uranus mit dem Schützen an einem Strang. Das kann ein Schütze-Geborener dazu nutzen, wirklich etwas Großartiges zu leisten. Was ihm jedoch weniger behagen dürfte, ist, dass seine Weltsicht nun nicht mehr unbedingt Bestand hat, jedenfalls dort, wo sie zu eingerostet oder gar dogmatisch ist. Diese uranische Zeit wird schon dafür sorgen, dass man sich dem Neuen, ja vielleicht auch Revolutionären öffnet. Darauf zu achten, dass dieses nicht eines

Tages wieder Staub ansetzt und zum Dogma erstarrt, wäre die Lehre, die Schützen aus diesem Transit in die Zukunft hinüberretten könnten.

Steinbock-Geborene werden sich mit dem revolutionären Potenzial dieser Phase zunächst schwer tun. Sind sie doch von ihrem Wesen her eher konservativ gestimmt. Dafür haben sie jetzt die Chance, einen Ausgleich zwischen Freiheit und Gebundenheit zu schaffen. Die rechte Vorsicht, um nicht übers Ziel hinauszuschießen, ist ihnen ohnehin in die Wiege gelegt. Außerdem können sie auch einmal ein etwas unkonventionelleres Verhalten ausprobieren. Das größte Potenzial, das dieser Transit für Steinböcke mit sich bringt, ist aber, dass sie jetzt überflüssig gewordene Mauern sprengen können.

Wassermann-Geborene werden jetzt in ihren ureigensten Möglichkeiten unterstützt. Wenn sie sich ihren Realitätssinn bewahren, können sie nun ihren Idealen von Freiheit, Gerechtigkeit und Gleichheit näher kommen. Der Freiheitsdrang könnte jedoch übermächtig werden. Was als problematische Seite auch mit sich bringt, dass man den Bezug zu den realen Gegebenheiten verliert. Auch hier ist wieder die Schärfe des Geistes gefragt.

Fische können erfahren, wie es ist, nicht gleich mit dem Objekt ihrer Betrachtung zu verschmelzen, sondern die Dinge aus einer distanzierten Perspektive zu betrachten. Das ist sicherlich fürs Erste nichts, was ihnen in irgendeiner Weise erstrebenswert erscheint. Schließlich suchen sie ja genau diese Erfahrung des Verschmelzens. Da damit jedoch auch immer die Gefahr gegeben ist, sich selbst zu verlieren, kann die Distanz durchaus hilfreich sein, um den eigenen Standpunkt neu zu definieren.

Uranus-Transite zum Mond

Uranus im Transit zum Mond versetzt das Gefühlsleben in Aufruhr. Auch hier ist es an der Zeit, sich darüber klar zu werden, welche Verhaltensweisen überholt sind und welche nicht. Da der Mond auch das Zuhause symbolisiert, kann ein Uranus-Transit zum Mond auch einen Wohnungs- oder Ortswechsel anzeigen. Dies ist sicher keine Zeit, in der man sich emotional geborgen fühlt – erst wenn das neue Heim fertig eingerichtet ist, kann man es sich wieder so richtig gemütlich machen. Das kann man auch auf das

Gefühlsleben übertragen: In der Phase der Neuorientierung herrscht viel Unruhe, und darauf stellt man sich am besten ein. Es kann sein, dass Dinge, die einmal gegolten haben, jetzt nicht mehr tragfähig sind, worauf man sich vorher verlassen konnte, nicht mehr verlässlich ist.

Männer können durch diesen Transit in Kontakt mit ihrer weiblichen Seite kommen, und zwar auf recht unvermittelte, überraschende Weise. Vielleicht auch über den Weg von (zunächst) verwirrten Gefühlen. Wichtig ist dabei, dass sie das, was sie in dieser Zeit erleben, als etwas zu ihnen Gehöriges wahrnehmen.

Mit dem Mond im **Widder** kann man jetzt in verstärktem Maß seiner Lieblingsbeschäftigung nachgehen, nämlich voller Risikofreude neues Terrain zu erkunden. Uranus fördert das Unabhängigkeitsbestreben noch und er verleiht sozusagen gerade den richtigen „Kick“. Die Neigung zum Einzelgängertum könnte sich durch diesen Transit allerdings noch verstärken, ebenso die ohnehin mit dieser Mondstellung gegebene emotionale Distanz.

Menschen mit einem **Stier**-Mond mögen es gar nicht, wenn sie es sich in ihrem gewohnten Umfeld nicht gemütlich machen können. Der „Kick“, der dem Widder-Mond-Menschen gerade Spaß macht, setzt ihnen eher zu. Möglicherweise reagieren sie besonders stur angesichts der anstehenden Veränderungen und tun alles, um den Status quo zu erhalten. Dabei wäre es im Sinne der Zeitqualität, dass sie sich jetzt neu überlegen, welche Umgebung ihnen angenehm ist. Vielleicht entdecken sie ganz neue Vorlieben, wenn einmal der Staub von den alten Polstern weggeklopft ist.

Mit dem Mond in den **Zwillingen** ist eine große Offenheit gegenüber dem Neuen vorhanden, was den Umgang mit einem Uranus-Transit erleichtert. Zudem besteht hier eine starke Ausrichtung auf das Geistig-Verstandesmäßige, womit man auch sehr gut auf die uranischen Eingebungen reagieren bzw. diese gut verwerten kann. Da besteht die Gefahr, dass die Gefühlswelt – und darum geht es schließlich beim Mond – gänzlich vom Intellekt überrollt wird.

Wer den Mond im **Krebs** hat und gelegentlich unter den eigenen Launen leidet, der hat nun die Chance, sich mit einem distanzierteren Blickwinkel über die eigene Befangenheit zu stellen. Um allerdings das auch als Chance wahrnehmen zu können, muss er vermutlich erst einmal den Schock überwinden, als den er mit seinem empfindsamen, weichen Naturell einen Uranus-Transit erlebt: Für ihn in seiner mütterlichen, beschützenden und Schutz suchenden Art fühlt es sich wahrscheinlich an, als wollte er zu seiner geliebten Wärmflasche greifen und müsste feststellen, dass sie mit Eisstücken gefüllt ist.

Löwe-Mond-Menschen könnten nun noch mehr auf ihre Einzigartigkeit pochen. Das würde sie jedoch einsamer machen, als ihnen lieb sein kann. Schließlich sind sie auf die Resonanz von Seiten ihrer Mitmenschen angewiesen, ja diese ist für ihr funktionierendes Gefühlsleben unerlässlich. Sie sollten sich also dahin gehend neu orientieren, dass sie das Gefühl kennen lernen, Gleiche(r) unter Gleichen zu sein. Auf diese Weise können sie langfristig ein Bewusstsein darüber erlangen, was sie tatsächlich von anderen unterscheidet und was ihren einzigartigen Wert ausmacht.

Menschen mit einem **Jungfrau**-Mond dürften von einem Uranus-Transit eher beunruhigt sein. Nichts ist ihnen so unangenehm wie Unwägbarkeiten und plötzliche Kursänderungen. Sie mögen es überschaubar und übersichtlich. Ein Uranus-Transit verhilft ihnen jedoch dazu, einen ganz neuen Standpunkt einzunehmen und zu sehen: Es kann auch ganz anders gehen. Über den Weg, sich selbst einmal als unangepasst zu erleben, können sie schließlich zu ihrer wahren Einzigartigkeit finden.

Wer einen **Waage**-Mond hat, ist gefühlsmäßig ganz auf ein Gegenüber ausgerichtet und braucht harmonische Verhältnisse. Da wird er mit der uranischen Unruhe nur schwer zurechtkommen. Zudem ist er oder sie, wie es für einen Uranus-Transit nicht untypisch ist, auf sich selbst zurückgeworfen, weshalb Beziehungen nicht in der Weise gelebt werden können wie sonst. Im negativen Fall äußert sich dies in Form von Bindungsunfähigkeit, im positiven Fall erwächst daraus die Fähigkeit, Beziehungen in einer ganz neuen Weise zu gestalten. Auch künstlerische Vorlieben können jetzt eine ganz unkonventionelle Note erhalten.

Der **Skorpion**-Mond ist für seine Leidenschaftlichkeit – die er gerne hinter einem Pokergesicht versteckt –, aber auch für seine Vorliebe für Tabuthemen bekannt. Vielleicht fühlen sich Menschen mit dieser Mondstellung nun dazu angestachelt, alle möglichen Tabus zu brechen und ihre

Begierden hemmungslos auszuleben. Sie sollten diesen Transit dazu nutzen, ihre enormen Energien dafür einzusetzen, zu einer wirklich freien und freiheitlichen Lebensweise zu finden. Darüber hinaus besteht jetzt für sie die Chance, einmal von vehement verteidigten Positionen abzurücken und einen neutraleren Standpunkt einzunehmen.

Menschen mit einem **Schütze**-Mond fühlen sich jetzt beschwingt. Ihre optimistische und idealistische Weltsicht bestätigt sich, und das ist gut so, solange diese nicht allzu naiv ist. Denn dann könnte es sein, dass diese Menschen den Kontakt zu dem verlieren, was real machbar ist, die Einschätzung der eigenen Größe könnte mit der Wirklichkeit nicht mehr in einem angemessenen Bezug stehen. Daher sollten sie diesen Transit dazu nutzen, um andere mit ihrer feurigen Art anzuheizen und ihr Vertrauen in die Zukunft auch anderen zu vermitteln.

Wer einen **Steinbock**-Mond hat, könnte sich zunächst durch die eigenen Freiheitsgelüste verängstigt fühlen. Er oder sie sucht Sicherheit in klaren, eindeutigen Formen, und gerade diese Formen könnten jetzt gesprengt werden. Uranus verhilft diesen Menschen so auch dazu, einmal ganz neue Sichtweisen kennen zu lernen und die Dinge einmal aus einer ganz neuen Perspektive zu betrachten. Nicht zuletzt haben Menschen mit einem Steinbock-Mond dank ihrer emotionalen Stabilität nun die Möglichkeit, von einer soliden Basis aus Luftsprünge zu starten.

Anders Menschen mit einem **Wassermann**-Mond. Angesichts uranischer Zeiten sind sie gerade in ihrem Element. Sie können sich überraschen lassen und selbst andere überraschen, ihre Originalität und ihr Einfallsreichtum kommen hervorragend zum Tragen. Die Gefahr, die hier besteht, ist das zwanghafte Bemühen, anders zu sein und etwas Besonderes darzustellen.

Menschen mit einem **Fische**-Mond können nun eine völlig neue Qualität ihrer emotionalen Befindlichkeit erfahren: nicht immer in die Gefühle hineintauchen und sich nicht von allem berühren lassen. Uranus im Transit verleiht auch eine Distanz, die im Grunde der Sehnsucht nach Nähe von Fische-Mond-Menschen diametral entgegengesetzt ist, ihr aber wieder insofern entgegenkommt, als es letztlich nicht im Sinne solcher Sehnsüchte ist, tatsächlich verwirklicht zu werden.

Transite von Neptun

Die Veränderungen, die mit einem Neptun-Transit einhergehen, vollziehen sich, anders als bei Uranus und Pluto, schleichend. Oft wird man sie zunächst gar nicht einmal wahrnehmen. Sicher ist aber, dass auch Neptun-Transite letztlich auf Veränderungen abzielen.

In dem angesprochenen Zeitraum entwickelt man eine außerordentliche Feinfühligkeit und Sensibilität. Dies bedeutet zugleich eine vermehrte Offenheit, durch die man auch empfindlicher und vielleicht sogar verletzlicher werden kann.

Es ist schwierig, die neptunische Qualität in feste Begriffe zu fassen – ist es doch gerade ein charakteristisches Merkmal dieses Planeten, dass er sich jeder Eindeutigkeit entzieht. Von Vernebelung und Verschleierung über Hingabe bis zu Ekstase und Erleuchtung reicht die Palette der ihm zugesprochenen Eigenschaften.

Neptun steht für den Drang, sich zu etwas Größerem zugehörig zu fühlen, als es das persönliche Ich zulässt. Sehnsüchte, der Wunsch nach Verschmelzung, danach, die Grenzen zu anderen Menschen zu überwinden – das alles wird mit diesem Planeten in Verbindung gebracht. Die Sehnsüchte sind jedoch nicht unbedingt auf ein bestimmtes Ziel hin ausgerichtet und bleiben daher vage und unbestimmt. So tauchen wir während eines Neptun-Transits ein in ozeanische Gefühle, deren extreme Pole von einem beglückenden Einssein mit der Welt bis zu beängstigender Haltlosigkeit reichen.

Fangen wir mit Letzterem an: Neptun löst Grenzen auf – und so sehr wir uns das oft auch wünschen mögen, so sehr brauchen wir doch auch Grenzen. Sie geben uns Halt, Struktur und Standfestigkeit. Und sie sorgen für Sicherheit. Daher wird ihr Wegfall als bedrohlich erlebt. Nichts mehr, woran man sich orientieren könnte, keine Klarheit und Eindeutigkeit. Das ist das, was Astrologen den neptunischen Nebel nennen. Man kann sich nur langsam und mit Mühe vorwärts tasten. Das hat etwas Furchteinflößendes, ganz besonders für Menschen, die gerne im Rahmen klarer Richtlinien agieren.

Die positive Seite hängt mit dem tiefen menschlichen Wunsch nach zeitweiliger Überwindung der als Beschränkungen erlebten Grenzen zusammen. Mystiker aller Zeiten haben immer wieder betont, dass es keine Getrenntheit gibt. Doch muss man kein Mystiker sein, um zu erleben, was Einssein ist. Es gibt alle möglichen Alltagsventile dafür – beispielsweise Tanzen und Feste feiern –, und sie gehören zum Leben ganz einfach dazu.

Während eines Neptun-Transits wächst die Sehnsucht nach Verschmelzung. Es ist auch eine Zeit, in der Fantasien und Ahnungen eine wichtige Rolle spielen. Ob man diese als verlässliche Hinweise nehmen kann, steht auf einem ganz anderen Blatt. Denn sie können sich nur zu leicht als Trugbilder erweisen. Vielleicht neigt man nun selbst zu Täuschungsmanövern kleineren oder größeren Stils, was gar nicht unbedenklich ist. Denn nicht nur die Täuschung ist neptuntypisch, sondern auch die Ent-Täuschung, und so muss man damit rechnen, dass die Sache letztlich doch „auffliegt". Auch Verwirrung wird mit Neptun in Zusammenhang gebracht und es ist charakteristisch für ihn, dass man nicht mehr weiß, was gut und was böse ist. Im Lauf des Prozesses gelangt man dann zu einer Klarheit, die man sich angesichts der anfänglichen Verwirrung gar nicht mehr auszumalen vermochte. Man denke nur an eine nebelverhangene, verregnete Landschaft, die einige Stunden später in seltener Klarheit erstrahlt. Oder man stelle sich vor, in einer Dunkelkammer für Fotografen zu arbeiten. (Vielleicht haben Sie eine solche Szene schon einmal in einem Film gesehen.) Zunächst einmal müssen sich die Augen an das spärliche grüne Licht anpassen, das es gerade noch erlaubt, in der Finsternis zu hantieren. Es geht darum, ein Bild oder Bilder zu entwickeln. Legt man das belichtete Fotopapier in die Entwicklerflüssigkeit, kann man immer wieder ein kleines Wunder beobachten: wie auf dem zunächst weißen Papier erst zarte, dann kräftigere Konturen entstehen, dann das Bild blass zu erkennen ist, bis es schließlich mit allen Feinheiten in voller Kraft und Stärke erscheint. Doch Vorsicht: Würde man das belichtete Bild jetzt ans Licht halten, würde es innerhalb von Sekunden schwarzgrau. Um dies zu verhindern, taucht man das Bild zum Abschluss des Prozesses noch ins Fixierbad, womit es lichtbeständig und haltbar gemacht wird. Hier stimmt jedoch der Vergleich zu den Neptun-Transiten schon nicht mehr, denn gerade fixieren kann man in solchen Zeiten nichts, sosehr man es sich auch wünscht. Das käme dem Versuch gleich, einen Pudding an die Wand zu nageln.

Die Freuden, die einem unter einem Neptun-Transit zuteil werden, können so verführerisch sein wie ein betörendes Parfüm, aber auch so flüchtig. Für Neptun ist es charakteristisch, dass er die allerschönsten Vorstellungen mit sich bringt, ohne dass diese Realität werden können. Will man danach greifen, so lösen sie sich in Luft auf. Es geht auch gar nicht darum, Phantastereien Wirklichkeit werden zu lassen. Überspitzt könnte man es so sagen: Es geht darum, die Wirklichkeit zur Phantasie werden zu lassen. Was könnte das bedeuten? Zum Beispiel den Kosmos in sich selbst zu entdecken; zu sehen, was man mit Hilfe der eigenen Vorstellungskraft erreichen kann; Energieströme wahrzunehmen an Stelle dessen, was materiell fassbar ist.

Begibt man sich in Bereiche jenseits dessen, was man „in den Griff bekommen" oder logisch nachvollziehen kann, so kommt man der neptunischen Qualität näher. So sind Zeiten von Neptun-Transiten auch häufig von einer spirituellen oder religiösen Suche, im besten Falle sogar Erfüllung, geprägt. Selbstverständlich muss hier vor unseriösen Predigern und Heilsversprechungen gewarnt werden, für die man nun empfänglicher sein könnte.

Im Zusammenhang mit Neptun gibt es noch ein weiteres wichtiges Stichwort: Opfer bringen. Oft muss man während eines Neptun-Transits ein Opfer bringen. Die persönlichen Interessen können nicht mehr in den Vordergrund gestellt werden, vielmehr gilt es, sie etwas Größerem unterzuordnen.

Damit ist auch die von Neptun gestellte „Aufgabe" bereits umschrieben: Wir müssen in dieser Zeit Hingabe und Vertrauen lernen, Vertrauen darauf, dass wir schon dort hingelangen, wo wir hin sollen.

Was man während eines Neptun-Transits praktisch tun kann

Es gibt viele Möglichkeiten, um sich in einen Zustand zu versetzen, in dem man ganz für sich und doch „eins mit der Welt" sein kann. Das sind „kleine Fluchten", für die man sich täglich Zeit nehmen sollte. Beginnen wir mit der einfachsten: Nehmen Sie sich Zeit für ein Bad in der Badewanne. Legen Sie sich in das Wasser und genießen Sie die Wärme, die Sie umgibt und in der Sie sich aufgehoben fühlen können.

Legen Sie Ihre Lieblingsmusik auf und tanzen Sie durch die Wohnung, so lange, bis Sie ganz bei sich selbst sind.

Gehen Sie schwimmen und spüren Sie die Schwerelosigkeit.

Machen Sie Urlaub am Meer.

Auch Atem-, Yoga- oder Meditationsübungen sind von unschätzbarem Wert. Machen Sie sie regelmäßig – und sei es jeweils nur eine viertel Stunde – und möglichst unter Anleitung eines guten Lehrers oder einer guten Lehrerin.

Widmen Sie sich der Kunst, zum Beispiel indem Sie Ausstellungen und Konzerte besuchen oder aber selbst malen, töpfern, musizieren oder Gedichte schreiben, und versinken Sie im Gegenstand der Betrachtung bzw. der Handlung.

„Der Sehnsucht wachsen Flügel, wenn sie wieder ein Ziel hat“, heißt es bei Ina Deter. Suchen Sie sich also ein Ziel für unbestimmte Sehnsüchte.

Befassen Sie sich mit Mystik.

Da der Mond auch die Wohnung symbolisiert, können Sie sich im Falle eines Neptun-Transits über den Mond mit Feng Shui beschäftigen, das die feinen Energieströme im Wohnbereich zum Thema hat.

Neptun-Transite zur Sonne

Wenn Neptun im Transit die Sonne berührt, kann das das Selbstwertgefühl untergraben. Oft kann man es sich schwer erklären, was es denn eigentlich ist, das einen so verunsichert. Dinge oder Menschen, von denen man glaubte, sich auf sie verlassen zu können, erweisen sich möglicherweise als nicht beständig oder sind ganz einfach nicht mehr da. Vielleicht hat man auch das Gefühl, sich wie auf Glatteis zu bewegen. Wenn auf diese Weise die Krücken und Stützen wegfallen, kann man jedoch das kennen lernen, was tatsächlich die eigene Identität ausmacht.

Auf der anderen Seite kann man jetzt ein enormes Fingerspitzengefühl entwickeln und Unausgesprochenes erspüren. Das Schönste jedoch, was man durch einen Neptun-Transit über die Sonne erfahren kann, ist das tiefe Vertrauen, dass man auf seinem Lebensweg geführt wird und dass diese Führung trotz aller Widrigkeiten, die einem begegnen, richtig und stimmig ist.

Menschen mit der Sonne im **Widder** sind es gewohnt, etwas anzupacken. Nicht lange warten, sondern handeln, heißt ihre Devise – eine Vorgehensweise, die unter einem Neptun-Transit keinen Bestand hat. Hier geht der Faustschlag ins Leere. Wo man konkret werden möchte, lösen sich die Dinge in Luft auf. Dem kann man nur mit etwas begegnen, was diese Sonnenstellung ganz bestimmt nicht mit sich bringt: Hingabefähigkeit und das Vermögen, einfach etwas geschehen zu lassen. Nicht zuletzt kann der Widder jedoch etwas lernen, was seinem Naturell ebenfalls fremd ist, nämlich Feingefühl.

Auch **Stier**-Geborene tun sich mit neptunischen Qualitäten nicht unbedingt leicht, allerdings aus anderen Gründen als die Widder. Für die Stiere zählt das Greifbare, das mit den fünf Sinnen Erfassbare. Bei Neptun geht es aber um den sechsten Sinn! Die Herausforderung dieses Transits besteht für Stiere also darin, ihre Sinneswahrnehmungen auf die feinstoffliche Ebene auszudehnen. Da sie so stark auf materielle Werte fixiert sind, können sie nun auch einmal Idealismus entwickeln.

Bei **Zwillingen** spielt der Intellekt eine überragende Rolle. Sie wollen alles rational erklären. Wenn sie nun mit Ahnungen oder Eingebungen konfrontiert sind, dann zweifeln sie womöglich zunächst im wahrsten Sinne des Wortes an ihrem Verstand. Sie sollten die Chance nutzen und ihren Wissensdrang nicht nur durch Zeitungen, Bücher usw. stillen, sondern auch durch das, was zwischen den Zeilen steht. Die ihnen so wichtige Kommunikation mit anderen Menschen können sie ebenfalls bereichern: indem sie nämlich das wahrnehmen lernen, was zwischen Menschen abläuft, noch ehe ein Wort miteinander gewechselt wurde.

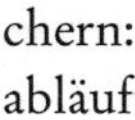
Krebs-Geborene sind im Meer der Gefühle zu Hause. Sie sind nur zu vertraut mit dem Urgrund des Lebens. Daher dürften sie neptunische Zeiten willkommen heißen. Und vielleicht idealisieren sie nun Familienleben, Umsorgen und Umsorgtwerden in einer bisher nicht bekannten Weise. Das ist an dem Punkt problematisch, wo man auch mit den harten Realitäten des Alltags konfrontiert ist. Eine nicht zu unterschätzende Neuheit dieses Transits für Krebs-Geborene ist schließlich, dass sie nun Geborgenheit im Alleinsein erfahren können (nicht wie sonst im Kreise ihrer Lieben).

Menschen mit einer **Löwe**-Sonne lieben es, als strahlender Mittelpunkt zu erscheinen. Das Diffuse eines Neptun-Transits könnte ihr helles Licht trüben und sie so verunsichern. Ihre feurige Energie könnte für eine Weile untergraben werden. Da sie jedoch nicht nur die glanzvollen Auftritte lieben, sondern auch für andere Verantwortung übernehmen können und Großherzigkeit gegenüber denjenigen an den Tag legen, die sich im Leben weniger leicht tun, ist das Beste, was sie diesem Transit abgewinnen können, dass sie zu diesen Eigenschaften noch wirkliches Mitgefühl hinzugewinnen.

Jungfrau-Geborene mit ihrer praktischen Veranlagung und ihrer Liebe zu einer überschaubaren Ordnung könnte das, was ein Neptun-Transit mit sich bringt, sehr verstören. Schließlich bauen sie auf Verlässlichkeit und Berechenbarkeit. Das Gegenteil tut sich vor ihnen auf: Chaos und Vernebelung. Auf diese Weise haben sie jetzt die Chance, ihre wichtigste Lektion zu erlernen: dass im Leben alles im Fluss ist und sich immer wieder verändern kann. Dem ein zu starres Korsett aufzwingen zu wollen wäre lebensfeindlich.

Mit der Sonne in der **Waage** kann man jetzt die Schönheit des Flüchtigen entdecken und feststellen, dass auch sich stets im Wandel befindliche Formen ihre Ästhetik haben. Vielleicht erweisen sich jedoch in dieser Phase Partnerschaften als unzuverlässig, etwa indem sich die betreffenden Partner(innen) entziehen – oder aber man entwickelt geradezu eine Sucht nach Beziehungen. In beiden Fällen lautet die damit verbundene Herausforderung: die Seelenverwandtschaft, die das eigentlich verbindende Glied ist, erkennen, aber auch einsehen, dass Beziehungen eben auch Opfer erfordern.

Skorpione können jetzt entdecken, dass sie, auch wenn sie Einzelkämpfer sind, doch Teil von etwas Größerem sind. Zunächst aber könnten sie die Erfahrung machen müssen, dass sich Gegebenheiten, die sie fest unter ihrer Kontrolle glaubten, vor ihren Augen in Nichts auflösen und dass sich die Macht, auf die sie sich meinten stützen zu können, als nicht haltbar erweist. Auf diesem Wege können sie schließlich zu einem Vertrauen in das Leben finden, das überholter Machtstrukturen und Kontrollsucht nicht bedarf.

Schütze-Geborene verfügen über eine große Offenheit. Ein Neptun-Transit kann ihnen dabei helfen, das Fingerspitzengefühl zu entwickeln, dass sich andere durch diese Offenheit nicht gekränkt fühlen. Eine Gefahr, die dieser Transit für sie mit sich bringt, besteht darin, dass sie nun vielleicht allzu leichtgläubig werden und Träumereien mit Überzeugungen verwechseln. Vielleicht fühlen sie sich sogar nun als Auserwählte, die meinen, andere missionieren zu müssen. Wenn sie diese Energien jedoch in eine konstruktive Richtung lenken, dann können sie ihre spirituelle oder religiöse Seite noch um die Dimension der Mystik bereichern, ohne einen halben Meter über dem Boden zu schweben.

Menschen mit einer **Steinbock**-Sonne könnten mit einem Neptun-Transit ihre Probleme haben. Denn für sie sind Sicherheit, klare Strukturen und Disziplin hohe Werte. Und wenn diese Werte nun zerbröckeln, dann hat das für Steinböcke etwas zutiefst Beängstigendes. Die positiven Seiten, die ein Neptun-Transit für sie haben kann, sind jedoch nicht zu unterschätzen. Denn sie können jetzt Durchlässigkeit entwickeln und, wenn man es einmal von der anderen Seite sieht, Steine zum Erweichen bringen.

Wassermann-Geborene wollen nicht mit anderen verschmelzen. Im Gegenteil, sie brauchen ein gehöriges Maß an Distanz. Und sie legen Wert auf einen ganz individuellen Selbstausdruck, der ihnen jedoch während eines Neptun-Transits vorübergehend abhanden kommen könnte. Am Ende werden sie das, was ihr Wesen ausmacht und sie von anderen unterscheidet, neu definieren müssen und können. Außerdem können sie ihre blitzhaften Intuitionen nun mit Ahnungen und einer inneren Stimme, deren Herkunft nur schwer zu lokalisieren ist, paaren.

Fische kennen jene Stimmungen, die charakteristisch für einen Neptun-Transit sind, nur allzu gut. Wenn Sie sich diesen hingeben, können Sie in dieser Zeit zu einer schlafwandlerischen Sicherheit im Umgang mit dem Leben finden, sofern sie für etwas sorgen, was ihnen Halt, Standfestigkeit und Struktur gibt. Das ist von besonderer Wichtigkeit, denn wenn sie diese Stützen nicht haben, dann besteht die Gefahr, dass sie sich Süchten und Sehnsüchten hingeben und dabei jeglichen Kontakt zur Realität verlieren.

Neptun-Transite zum Mond

Dies ist eine Zeit, in der die Gefühle in Fluss kommen. Jetzt schwappen Dinge ins Bewusstsein, die jahrelang unbewusst waren. Machtvoll drängen sie an die Oberfläche und verlangen danach, wahrgenommen zu werden. Das kann etwas Verunsicherndes, ja Beängstigendes haben, denn es handelt sich dabei um unliebsame Erfahrungen, die man fein säuberlich „abgeschoben" hat. Doch sie wirken unterschwellig weiter, und insofern ist es nur zu begrüßen, dass sie zum Vorschein kommen, denn damit werden sie auch nachvollziehbar.

Das Feingefühl wird unter diesem Transit ausgeprägter und man entwickelt mehr Durchlässigkeit. Beispielsweise spürt man im Umgang mit anderen Menschen, was diese wollen oder meinen, noch lange, bevor diese etwas ausgesprochen haben.

Der Mond symbolisiert auch den Körper, und während eines Neptun-Transits über den Mond reagiert der Körper empfindlicher als sonst auf Alkohol und Drogen. Zugleich ist man anfälliger für deren Verlockungen, denn sie versprechen ähnliche Erlebnisse wie die Ratschläge im Kapitel „Was man während eines Neptun-Transits praktisch tun kann" (Seite 53), mit dem wesentlichen Unterschied, dass sie nicht wie diese Kraft und Energie geben, sondern vielmehr Energie rauben und letztlich destruktiv sind.

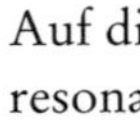

Der abenteuerlustige Mond im **Widder** ist nicht für sein Feingefühl bekannt. Er oder sie begegnet dem Leben nach der Devise „Hoppla, jetzt komm ich!" – und könnte damit jetzt ins Wanken geraten. Auch der Wille spielt bei diesen Menschen eine starke Rolle, doch werden sie mit dem im Verlauf eines Neptun-Transits nicht unbedingt viel ausrichten können. Auf diese Weise lernen sie, auch für die feineren Schwingungen des Daseins resonant zu sein. Im besten Fall können sie ihre feurige Leidenschaftlichkeit mit Einfühlungsvermögen mischen.

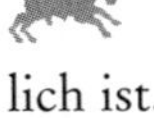

Wer den Mond im **Stier** hat, markiert gerne klar und deutlich sein Revier und mag jetzt das Gefühl haben, dass genau das nicht möglich ist. Oder die von ihm gesetzten Grenzen erweisen sich als durchlässig. Das fühlt sich an wie ein Staudamm, der vom Wasser unterspült wird. Letztlich geht es dabei darum, Dinge fortzuschwemmen, die festzuhalten lebensfeindlich wäre. Und wenn man die bisherigen Grenzen aufgibt, hat man die Chance, seinen wirklichen Kern kennen zu lernen.

Menschen mit dem Mond in den **Zwillingen** neigen zu einer rein intellektuellen Wahrnehmung der Welt – und die dürfte während eines Neptun-Transits bröckeln. Wenn sie sich sonst inmitten von Büchern aufgehoben fühlen, die die Dinge auf eine rationale Art erklären, so könnten sie nun zu ihrem eigenen Erstaunen bis Entsetzen beispielsweise von Mystik fasziniert sein. Tatsächlich sollten sie diesen Zeitraum dazu nutzen, um ihre spirituelle Seite zu entdecken, jedoch nicht in der Weise, dass sie noch mehr zu dem Thema lesen, sondern indem sie selbst für mystische Erlebnisse sorgen, etwa indem sie meditieren.

Der gefühlvolle Mond im **Krebs,** der ohnehin hochgradig empfindsam ist, könnte jetzt von Gefühlen geradezu überschwemmt werden. Wo er versucht, zwischen sich und der Außenwelt eine Mauer zum Selbstschutz zu errichten, hinter der sich ein überaus verletzlicher Kern verbirgt, muss er jetzt womöglich erfahren, dass diese durchlässig ist und ihn mit Stimmungen konfrontiert, die er lieber von sich ferngehalten hätte. Auf der anderen Seite kann er in diesem Zeitraum sein Mitgefühl auf die ganze Welt ausdehnen und mit seismographischer Genauigkeit auf Stimmungen in seiner Umwelt reagieren.

Mit dem Mond im **Löwen** kann man erfahren, was es bedeutet, für andere Menschen Opfer zu bringen. Und das ist nichts, was jemandem mit dieser Mondstellung leicht fällt. Er kann zwar etwas von seinem Glanz abgeben und er kann sich anderen gegenüber großzügig zeigen, jedoch nur solange er dabei selbst nichts verliert und solange er dafür zum Dank im Mittelpunkt steht. Umso wichtiger ist dieser Transit für ihn: Denn ein Opfer zu bringen bedeutet wirklich etwas herzugeben ohne (direkt) etwas dafür zurückzubekommen. Durch diese Erfahrung kann der Löwe-Mond-Mensch erleben, wie es denjenigen geht, die abseits des Rampenlichts stehen.

Mit dem Mond in der **Jungfrau** wird jetzt das Gefühlsleben besonders aufgewühlt. Das ist für diese Menschen sehr beunruhigend, lieben sie es doch so sehr, die Kontrolle über ihre Emotionen zu behalten. In Gefühlsangelegenheiten sind sie eher nüchtern. Sie sind höchst vorsichtig,

wenn es darum geht, sich zu öffnen. Daher beinhaltet dieser Transit für sie eine besonders wichtige Erfahrung: Sie können in dieser Zeit lernen, dass es zur Natur der Gefühle gehört zu fließen.

Menschen mit dem Mond in der **Waage** lieben den Kontakt und den Austausch mit anderen Menschen. Doch das, was jetzt vonseiten ihres Gegenübers unterschwellig an sie herangetragen wird, geht wesentlich weiter, als sie es normalerweise zulassen wollen. Sie könnten beispielsweise von einem tiefen Mitleid für andere erfasst werden, ohne sich erklären zu können, wie es dazu kommt. So können sie in dieser Phase lernen, im Umgang mit anderen Menschen feinfühliger und sensibler zu werden und auch Opfer für andere zu bringen.

Wer den Mond im **Skorpion** hat, könnte nun von einer unbestimmten Sehnsucht erfasst werden. Leidenschaftliche, innige Beziehungen üben ohnehin eine starke Faszination auf ihn oder sie aus, dazu gesellt sich nun der Wunsch, mit dem anderen zu verschmelzen. Die Gefahr dabei ist, dass man keinerlei Abstand mehr hat und in den eigenen Fantasien ertrinkt. Dafür können Menschen mit dieser Mondstellung während des Neptun-Transits ihre tief schürfende Art mit Feingefühl paaren und lernen, etwas geschehen zu lassen.

Der Mond im **Schützen** ist stark auf die Zukunft ausgerichtet. Wenn er von Neptun im Transit berührt wird, dann kann er auch noch feinste Strömungen wahrnehmen und geradezu visionäre Fähigkeiten entwickeln. Auf der anderen Seite könnte sich in dieser Zeit etwas, was höchstes Glück verspricht, als bloße Chimäre entpuppen – nämlich dann, wenn man die Träume, die sich in dieser Phase reichlich einstellen, mit der Realität verwechselt.

Der eher sachlich orientierte Mond im **Steinbock** könnte durch einen Neptun-Transit stark verunsichert werden, weil er oder sie so großen Wert auf Sicherheit und klare Verhältnisse legt. Aber gerade darauf kann man in dieser Zeit nicht zählen. Auf der anderen Seite beinhaltet dies die Chance, die strenge Welt dieser Menschen aufzulockern – sie können sich jetzt den Bildern und Visionen, die aus ihrem Inneren aufsteigen, hingeben. Mit der ihnen eigenen Ernsthaftigkeit haben sie auch die Voraussetzung, um diese nicht falsch zu bewerten.

Menschen mit dem Mond im **Wassermann** legen großen Wert auf ihre Unabhängigkeit in Beziehungen und hüten sich vor zu viel Nähe. Wenn nun der Neptun-Transit ganz andere Gefühle in ihnen zum Vorschein bringt, könnte sie das zunächst irritieren. Verschmelzung, Sehnsucht, Hingabe sind eigentlich nicht ihr Ding. Daher ist ein Neptun-Transit für sie eine gute Möglichkeit, sich (vorübergehend) etwas mehr Nähe zu gestatten. Vielleicht ist es gar nicht so bedrohlich, wie sie immer meinten!

Für Menschen mit dem Mond in den **Fischen** ist es jetzt von ebenso großer Bedeutung, für Halt zu sorgen, wie für diejenigen mit der Sonne in den Fischen. Denn sie sind von Natur aus zartbesaitet, dünnhäutig und verletzlich. Das alles wird durch einen Neptun-Transit noch verstärkt. Wenn sie sich aber die entsprechende Rückendeckung verschaffen, brauchen sie nicht einmal die Vorschläge für Neptun-Transite (Seite 53) zu berücksichtigen, um sich eins mit der Welt zu fühlen.

Transite von Pluto

Pluto ist in der Astrologie das Symbol für Transformation. Wenn er im Transit die Sonne oder den Mond berührt, wird er den damit verbundenen Lebensbereich vollkommen wandeln.

Wir müssen das Alte aufgeben, damit etwas Neues entstehen kann. Allerdings geben wir das, was wir loslassen müssen, meist nur ungern her und zögern den Abschied, wenn möglich, so lange hinaus, bis er einfach nicht mehr zu umgehen ist. Außerdem wissen wir zum Zeitpunkt des Abschlusses nicht unbedingt, was danach kommt, und das kann als sehr bedrohlich erlebt werden. Es heißt, dass Pluto nur das nimmt, was seinen Dienst getan hat, was sozusagen fällig (wenn nicht gar überfällig) ist. Abschiede – wie auch die damit verbundenen Schmerzen – gehören zum Leben ebenso dazu wie die Bindung an Dinge oder an Menschen. Plutonische Prozesse des Wandels sind oft radikal und können deshalb schmerzhaft sein. Das liegt eben genau daran, dass wir, ehe etwas Neues kommen kann, etwas Altes, Überlebtes loslassen müssen. Und das fällt vielen Menschen schwer. Deshalb klammern sie sich oft zunächst besonders verbissen an das Alte, müssen aber schließlich auch zu der Erkenntnis gelangen, dass das, woran sie festhalten, im Grunde genommen seinen Zweck erfüllt hat. Wenn man in diesen Zeiten das Licht am Ende des Tunnels noch nicht sehen kann, dann ist es besonders wichtig, das Vertrauen zu entwickeln, dass es dieses Licht doch gibt und dass es auch wieder aufscheinen wird.

Pluto-Transite rufen in der Regel auch unseren Schatten auf den Plan. Der Schatten – das sind die Persönlichkeitsanteile in uns, die wir definitiv als nicht zu uns gehörig abtun und denen wir immer wieder in der Außenwelt begegnen: wenn wir etwa immer wieder Partner haben, die uns mit ihren ständigen Eifersüchteleien zur Weißglut treiben, oder ein Chef nach dem anderen uns gegenüber genüsslich seine Macht ausspielt.

Man kann sich den Schatten bildlich als einen langen Sack, den wir hinter uns herschleppen, vorstellen. Von Kindheit an bis zum Ende unserer Sozialisation stopfen wir alles in diesen unsichtbaren Sack, was unsere Eltern – später dann Lehrer und andere Menschen, die für uns eine Autorität verkörpern – nicht an uns mögen oder was uns mit unseren Idealen unvereinbar erscheint. Nun ist es nicht nur so, dass, je voller der Sack ist, wir auch umso weniger Energie haben. Viel mehr noch: Was wir im Sack verschwinden lassen, kann sich nicht entwickeln. Und es mutet uns, wenn wir denn in Kontakt damit kommen, geradezu barbarisch an.

Da der Schatten nicht das ist, was wir *bewusst* als unsere Fehler eingestehen, sondern eben das, was wir an uns selbst nicht wahrhaben wollen oder können, neigen wir dazu, ihn auf andere zu projizieren. Wenn wir besonders heftig auf bestimmte Eigenschaften anderer reagieren, ist das ein sicherer Hinweis darauf, dass sich unser Schatten zu Wort meldet. Selbstverständlich können auch positive Charakterzüge ein „Schatten"-Dasein fristen, denn es ist ja nicht gesagt, dass das, von dem wir als Kinder meinen, unsere Eltern lehnten es ab, auch tatsächlich schlecht ist.

Zwei Beispiele: Der Wunsch, eine glanzvolle Persönlichkeit zu sein (was an sich nichts Verwerfliches ist), verkommt im Sack zu einer überzogenen Größenfantasie und wird als Eigenschaft bei anderen Menschen verurteilt. Oder die uneingestandene Verlustangst (von unserer Gesellschaft als negativ angesehen) wird zu krankhafter Eifersucht, an der selbstverständlich nur die anderen leiden.

Doch zurück zu den Pluto-Transiten. Oft erlebt man in dieser Zeit Wiederholungen vergangener Situationen, die jedoch, damit man sie endgültig ad acta legen kann, besonders extrem sind oder zumindest so erscheinen. Im Sackbild bedeutet das: Jetzt kommen Schattenanteile, die lange Zeit verbannt waren, aus dem Sack ans Tageslicht und treiben ihr Unwesen. Das hört sich fast lustig an, kann aber im konkreten Fall etwas Beängstigendes haben, denn nicht ohne Grund wollten wir ja eigentlich mit dem Sackinhalt nichts zu tun haben.

Machen Sie folgende Übung: Legen Sie sich auf den Rücken und versuchen Sie, sich zu entspannen. Versuchen Sie es danach ein zweites Mal, allerdings mit einer wesentlichen Änderung: Bevor Sie sich entspannen, spannen Sie zunächst möglichst jeden Körperteil an, von den Zehen über die Bein-, Arm- und Bauchmuskeln bis zu den Gesichtszügen. Lassen Sie dann locker und spüren Sie, wie entspannt Sie sich von Kopf bis Fuß fühlen. Erst jetzt können Sie wirklich spüren, an welchen Stellen Sie zuvor verspannt waren.

Und Sie werden bestimmte Muskeln überhaupt zum ersten Mal wahrnehmen, von deren Existenz Sie bislang nichts wussten. Das gelingt jedoch nicht, wenn man sich einfach mit dem Vorsatz hinlegt, sich zu entspannen. Übertragen auf Pluto-Transite bedeutet dies, dass wir uns erst jetzt verkümmerter Persönlichkeitsanteile bewusst werden.

Und hier sind wir bei dem angelangt, was an Pluto-Transiten so heilsam ist. Pluto steht für Ganzheit, und er trägt seinen Teil dazu bei, dass wir das, was in uns angelegt ist, auch möglichst vollständig leben. Er sorgt dafür, dass unbewusste Persönlichkeitsanteile ins Bewusstsein rücken. Denn nur was uns nicht bewusst ist, zwingt uns zu Verhaltensweisen, die wir eigentlich gar nicht wollen. Pluto-Transite bringen auch einen Machtzuwachs mit sich. Viele Menschen fürchten sich vor der eigenen Macht und müssen erst lernen, auf verantwortungsvolle Weise damit umzugehen. Pluto-Transite zwingen zur Wahrhaftigkeit. Masken haben vor ihm keinen Bestand. Deshalb muss man sich in diesen Zeiten auf den eigenen unverwüstlichen Kern in sich konzentrieren. Alles in allem bergen Pluto-Transite von allen in diesem Buch genannten Planeten das größte Potenzial an Veränderungen in sich – heilsamen Veränderungen, durch die man seinem wahren Wesen näher kommt.

Was man während eines Pluto-Transits praktisch tun kann

Man tut, nicht nur während Pluto-Transiten, gut daran, mit dem eigenen Schatten in Kontakt zu kommen. Die wohl schwierigste Methode besteht darin, dass man sich genau überlegt, was einem an anderen Menschen zu schaffen macht – und was das mit einem selbst zu tun hat. (Genau deshalb ist diese Methode so schwierig: weil man es sich nur äußerst ungern eingesteht, *dass* das etwas mit einem selbst zu tun hat.) Als nächsten Schritt kehrt man dann im Geiste die Richtung um: Also nicht Herr X ist neidisch auf mich, sondern ich bin neidisch auf ihn. Für den Fall, dass man einen anderen Menschen für bestimmte positive Eigenschaften bewundert, sollte man sich einmal mit dem Gedanken auseinander setzen, dass diese in einem selbst ebenfalls schlummern und man ihnen Beachtung schenken sollte.

Eine weitere Möglichkeit, seinen Schatten kennen zu lernen, besteht darin, dem Gefühl des Unbehagens, das man so oft verspürt, Raum zu geben. Unbehagen ist im Grunde das Produkt eines Widerstreits zwischen dem Inhalt unseres unsichtbaren Sacks und unserem Ego. Wenn man einmal anfängt, auf Gefühle des Unbehagens zu achten, wird man erfreut feststellen, dass sie einen wie ein innerer Führer durch das Leben leiten können, sofern man sich nach ihnen richtet.

Ehe wir uns der dritten Möglichkeit zuwenden, unserem Schatten zu begegnen, sei noch darauf hingewiesen, dass es nicht darum geht, den Schatten gänzlich ins Bewusstsein zu integrieren, was ja auch gar nicht möglich ist, sondern vielmehr darum, ihn zu minimieren. Und das geht zum Beispiel auch, indem wir uns überlegen, welche Witze uns zum Lachen bringen, denn normalerweise ist es der Schatten, der über Witze lacht. Also: Stehen Sie ruhig dazu, wenn Sie sich vor Lachen über einen Witz ausschütten, der anrüchig ist oder nicht politisch korrekt usw. Sie lernen sich nur selbst besser kennen!

Befreien Sie Ihre Wohnung gründlich von überflüssigen Dingen oder entrümpeln Sie den Keller, und zwar insbesondere dann, wenn der Mond berührt wird, denn der symbolisiert ja, wie schon gesagt, auch die Wohnung bzw. das Haus. Sehen Sie sich das, was seinen Dienst getan hat, genau an: Was hat es einmal für eine Bedeutung gehabt? Kann es jetzt einem anderen Menschen nutzen? Wenn ja, dann geben Sie es weiter, vielleicht aber ist es auch einfach ein kaputter Gegenstand, der weggeworfen werden muss. Wichtig ist, dass Sie vor Ihrem geistigen Auge noch einmal Revue passieren lassen, wozu er gut war.

Machen Sie eine Fasten- oder Entschlackungskur, um Giftstoffe auszuscheiden (und sich danach wie neugeboren zu fühlen).

Wenn Sie beabsichtigen, eine Psychotherapie zu machen und so in die Tiefen der eigenen Seele hinabzusteigen, dann können Sie keinen besseren Zeitpunkt finden.

Lesen Sie das Buch „Die Wolfsfrau“ von Clarissa Pinkola Estés. Es zeigt Frauen, wie sie in Kontakt mit ihren Urinstinkten kommen können, und passt daher besonders gut zu einem Pluto-Transit über den Mond. Selbstverständlich können auch Männer diesen Gewinn aus der Lektüre des Buches ziehen.

Pluto-Transite zur Sonne

Mit einem Pluto-Transit über die Sonne geht ein grundlegender Persönlichkeitswandel einher. Jetzt geht es darum, die Identität neu zu definieren. Gerade wenn bislang bestimmte Persönlichkeitsanteile verkümmert sind, kann man jetzt zu einem Durchbruch gelangen und zu einer „runderen" Person werden.

Da sich, wie bereits gesagt, während eines Pluto-Transits zunächst die negative Seite verstärken kann, sind im Folgenden stets zwei extreme Pole eines jeden Tierkreiszeichens genannt, die zeigen, auf welcher Bandbreite sich der Wandel abspielen kann. Hier ist es in besonderer Weise wichtig, sich die positiven Seiten, die jedes Tierkreiszeichen hat, vor Augen zu halten und diese mit der Kraft, die ein Pluto-Transit verleiht, in sich zu verwirklichen.

Die meisten Menschen tun sich, unabhängig von dem Tierkreiszeichen, in dem sich ihre Sonne befindet, zunächst schwer mit einem Wandel, wie ihn ein Pluto-Transit über die Sonne mit sich bringen kann. Darin unterscheiden sich die einzelnen Tierkreiszeichen also nicht voneinander. Doch hat jede(r) seine oder ihre charakteristische Art, damit umzugehen. Auch davon wird jetzt die Rede sein.

Menschen mit einer **Widder**-Sonne können mitunter sehr aggressiv sein und es besteht bei ihnen die Neigung, stets neue Dinge anzufangen, ohne sie dann auch zu Ende zu führen. Auf dem anderen Pol haben sie jedoch eine enorme Tatkraft und können damit wahre Pioniere und Vorreiter(innen) werden, die Richtungweisendes in Gang setzen. Unter einem Pluto-Transit erwachsen ihnen enorme Kräfte, mit denen sie ebenso berserkerhaft um sich schlagen können wie auch Unglaubliches durchzusetzen vermögen. Damit Letzteres möglich wird, könnte es sein, dass sie sich zunächst in einer Lage finden, in der sie mit ihrem Willen nichts erreichen.

Stiere, die sich durch ihre Sturheit und Unnachgiebigkeit unbeliebt gemacht und ihre Besitzansprüche auch auf Menschen ausgedehnt haben, verfügen auch über das Potenzial zu integrierenden Persönlichkeiten, die sich und andere an den sinnlichen Genüssen, die das Leben zu bieten hat, erfreuen. Da es eine ihrer Eigenarten ist, dass sie an dem, was ihnen gehört, festhalten, werden sie kaum darüber erfreut sein, wenn sie während eines Pluto-Transits etwas hergeben müssen. Womöglich reagieren sie zunächst so, dass sie sich mit besonderer Verbissenheit an das Alte klammern. Letztendlich werden sie jedoch zu der Erkenntnis gelangen, dass es an der Zeit war, das Verhältnis zu ihrem Besitz neu zu definieren.

Zwillinge neigen dazu, sich unverbindlich durchs Leben zu manövrieren. Daher sagt man ihnen eine gewisse Oberflächlichkeit nach. Doch die Tatsache, dass sie so vielseitig interessiert sind, ihre Kontaktfreudigkeit und ihre Neugier auf das Leben machen sie auch zu liebenswerten Zeitgenossen und interessanten Gesprächspartnern. Die Tiefgründigkeit eines Pluto-Transits dürfte ihnen jedoch zunächst äußerst suspekt sein und sie dazu verleiten, mit streng logischen Kriterien zu begründen, dass so etwas doch eigentlich gar nicht möglich ist – obwohl es tatsächlich stattfindet.

Krebs-Geborene vergessen manchmal vor lauter Bemutterung ihrer Mitmenschen, dass diese eigentlich schon erwachsen und für sich selbst zu sorgen im Stande sind. Das darin liegende Potenzial kommt am besten zur Geltung, wenn es denen zugute kommt, die es wirklich benötigen: beispielsweise Kindern oder auch Kranken. Menschen mit einer Krebs-Sonne vermögen Geborgenheit zu vermitteln und haben einen ausgesprochenen Familiensinn. Außerdem ist ihnen die Bilderwelt der Seele vertraut. Auf einen Pluto-Transit werden sie zunächst in der ihnen eigenen gefühlvollen Art reagieren, vielleicht etwas verängstigt und mit Rückzugstendenzen.

Löwe-Geborene unterliegen, weil ihnen die Aufmerksamkeit der Umstehenden so wichtig ist, der Gefahr der eitlen Pose, die durch nichts gerechtfertigt wird. Auf der anderen Seite können sie andere mitreißen und ihnen etwas von der Wärme, die sie ausstrahlen, zuteil werden lassen. Nicht zuletzt vermögen sie dank ihrer schöpferischen Seite das Leben aktiv mitzugestalten. Bei einem Pluto-Transit werden sie sich zunächst einmal auf die Schattenseite des Lebens begeben müssen, um schließlich zu erkennen, was wirklichen Glanz ausmacht. Leere Statussymbole haben da jedenfalls keinen Bestand.

Menschen mit einer **Jungfrau**-Sonne sehen oft den Wald vor lauter Bäumen nicht und verzetteln sich in Details. Häufig stellen sie ihre Fähigkeiten in den Dienst eines anderen Menschen oder einer Gruppe und vergessen dabei sich selbst. Doch sie erweisen sich selbst und damit der

Gemeinschaft letztlich einen besseren Dienst, wenn sie ihre Aufmerksamkeit dem eigenen Lebensplan widmen und alles dafür tun, um diesen auf die bestmögliche Weise zu erfüllen (die Möglichkeit dazu steckt jedenfalls in ihnen). Die Radikalität plutonischer Wandlungsphasen könnte sie erschrecken. Da hilft es ihnen, wenn sie erkennen, dass diese für die Ganzheit des Lebens nützlich sind.

Waage-Geborene haben nicht selten Entscheidungsschwierigkeiten und wollen sich um keinen Preis Sympathien verscherzen. Auf dem gegenüberliegenden Pol finden sich diplomatische Fähigkeiten und eine Liebe zur Harmonie. Diese Menschen können durch ihren Sinn für das Schöne und für die Kunst Freude in das Leben anderer bringen. Der Tiefgang, den ein Pluto-Transit mit sich bringt, ist dieser Sonnenstellung allerdings nicht eigen, und all das Hässliche, was in dieser Zeit zum Vorschein kommen kann, möchte man am liebsten gar nicht näher anschauen. Umso wichtiger ist diese Erfahrung, denn sie entspricht dem Leben, wie es wirklich ist.

Skorpione sind am ehesten plutonische Wandlungsphasen gewohnt. Sie gelten als das schillerndste Zeichen im Tierkreis, und die Palette der Erfahrungen, die sie in ihrem Leben machen, deckt meist ein weites Spektrum ab. Sei es, dass sie, von ihren Instinkten getrieben, sich selbst Schaden zufügen, sei es, dass sie mit durchdringender Schärfe den Dingen auf den Grund gehen. Was auch immer ihnen geschieht – sie können Situationen, an denen andere längst gescheitert wären, für sich entscheiden und aus Krisen hervorgehen wie Phönix aus der Asche.

Schütze-Geborene haben manchmal etwas Großspuriges an sich und neigen dazu, ihre hohen moralischen Maßstäbe anderen aufzudrängen, ohne sich selbst daran zu halten. Dabei können sie im Grunde anderen bei der Sinnfindung helfen und sie können großartige Lehrer sein. Auch ihre Begeisterungsfähigkeit kann überwältigend sein. Die Energien sind hier nach außen und nach oben gerichtet, nicht nach innen und in die Tiefe, wie es bei einem Pluto-Transit der Fall ist. Dass dies eine ebenfalls zum Leben gehörende Dimension ist, müssen sie in dieser Zeit erfahren.

Bei **Steinböcken** besteht oft die Gefahr, dass sie arbeiten um der Arbeit willen und nur ihre Pflicht vor Augen sehen. Und sie können mit einer Starrheit an Althergebrachtem festhalten, die alles Neue aus Prin-

zip ablehnt. Auf der anderen Seite finden sich eine große Beharrlichkeit und Ausdauer, mit denen Projekte durchgezogen werden können, Verantwortungsbewusstsein und ein starker Bezug zu dem, was sich bewährt hat. Mit einer solchen soliden Basis können diese Menschen auch einem Pluto-Transit begegnen. Hier ist allerdings genau der Unterschied zwischen Althergebrachtem und Altbewährtem zu beachten: Denn Ersteres wird bei einen Pluto-Transit keinen Bestand haben.

Bei **Wassermann**-Geborenen besteht die Problematik darin, dass sie grundsätzlich alles anders machen als ihre Zeitgenossen und es vermeiden, sich auf Menschen oder Dinge wirklich einzulassen. Auf der anderen Seite findet man bei ihnen eine ausgeprägte Unabhängigkeit, die Fähigkeit, ihrer Zeit voraus zu sein, Originalität, das Eintreten für Freiheit und Gleichheit. Während eines Pluto-Transits könnten sie an Dingen oder Menschen in einer Weise haften, die sie bisher nicht kannten. Dies kann ihnen die andere Seite der Medaille vor Augen führen.

Fische-Geborene können unter Umständen vor lauter Mitleid mit den armen Kreaturen dieser Welt das Leben selbst gar nicht mehr genießen und opfern sich stattdessen für andere auf. Demgegenüber stehen ein tiefes Mitgefühl für andere, ein großes Ahnungsvermögen und ausgeprägte Spiritualität. Da Fische-Geborene es gewohnt sind, Opfer zu bringen, und man ihnen bestimmt keine Egobezogenheit nachsagen kann, tun sie sich in mancher Hinsicht leichter als andere mit einem Pluto-Transit. Nämlich wenn es darum geht, etwas hinter sich zu lassen, was hinfällig geworden ist. Für sie ist ohnehin stets alles im Fluss. Ihr feinfühliges Naturell tut sich allerdings mit der Heftigkeit eines Pluto-Transits schwer.

Pluto-Transite zum Mond

Wenn Pluto im Transit den Mond berührt, wird sich das Gefühlsleben vollkommen wandeln. Wer bisher in Gefühlsangelegenheiten sehr verschlossen war, der kann nach Beendigung des Transits den Gefühlen in einer Weise Ausdruck verleihen, die er nie zuvor für möglich gehalten hätte. Oder das umgekehrte Phänomen findet statt: Wer zuvor das Herz auf der Zunge trug, wird mehr und mehr zu einem Menschen, dessen Gefühlsleben sich innerlich abspielt. Oder man erfährt im Verlauf dieses Zeitraums überhaupt zum ersten Mal tiefe Gefühle. Eine solche Erfahrung kann zunächst etwas überaus Bedrohliches und Beängstigendes haben, wird aber oft, wenn dieser Prozess durchgestanden wurde, als sehr bereichernd erlebt.

Während eines Pluto-Transits über den Mond kann man auf sehr intensive Weise mit der eigenen Kindheit konfrontiert werden. Frühe Erlebnisse drängen auf machtvolle Weise ins Bewusstsein. Wenn es sich dabei um unangenehme Erlebnisse handelt, dann tut dies womöglich sehr weh. Dadurch ist aber auch die Chance gegeben, sie zu verarbeiten und dann endgültig ruhen zu lassen, mit anderen Worten: sich von altem Ballast zu befreien.

Die Bedürfnisse ändern sich in einer solchen Zeit grundlegend. Wenn man aber genauer hinsieht, wird man entdecken, dass man den wahren Bedürfnissen näher kommt. Da oft der Mond sehr unbewusst gelebt wird, ist jetzt die Möglichkeit gegeben, die eigenen Bedürfnisse überhaupt erst einmal kennen zu lernen. Um zu diesem Punkt zu gelangen, kann es sein, dass man zunächst in eine Situation gerät, in der man die persönlichen Bedürfnisse ganz und gar nicht ausleben kann. Wenn das der Fall ist, dann kann die Erkenntnis tröstlich sein, dass das der sicherste Weg ist, wie man sich darüber klar wird, was man eigentlich wirklich braucht.

Im Horoskop einer Frau zeigt ein Pluto-Transit über den Mond einen völligen Wandel ihrer weiblich-mütterlichen Seite an. Jetzt ändert sich ihr Selbstbild grundlegend. Der Wandel kann sich auch äußerlich sehr deutlich manifestieren, etwa durch Schwangerschaft oder aber, in einem anderen Alter, durch den Eintritt in die Wechseljahre. An diesen beiden Beispielen ist sehr gut zu sehen, dass Wandlungsprozesse zur fortwährenden Entwicklung im Leben dazugehören und dass der Eintritt in eine neue Phase das Aufgeben von etwas anderem mit sich bringt. Der Schmetterling wird nie mehr Raupe sein – auf ihn warten andere Dinge.

In einem ähnlichen Rahmen, wie es schon bei den zwölf Sonnenzeichen ausgeführt wurde, kann sich auch der mit einem Pluto-Transit über den Mond einhergehende Wandel abspielen, mit dem Unterschied, dass wir es hier mit dem Gefühlsleben zu tun haben. Der Weg, um zu den konstruktiven Ausdrucksweisen eines jeden Tierkreiszeichens zu finden, kann – und das gilt für die Mondzeichen ebenso wie für die Sonnenzeichen – schmerzhaft sein. Wie jedes einzelne Tierkreiszeichen mit einem solchen Wandel umgeht, können sie im Kapitel „Pluto-Transite zur Sonne“ (Seite 66) nachlesen. Die große Chance eines Pluto-Transits über den Mond liegt darin, dass er eine tief greifende Heilung der Gefühle mit sich bringen kann, ein Bewältigen von tief sitzenden Verletzungen aus der Kindheit.

Menschen mit einem **Widder**-Mond könnten in ihrer Kindheit die Erfahrung gemacht haben, dass überall Feindseligkeit auf sie lauerte und sie sich stets hemmungslos durchsetzen mussten, was zu einer übertrieben aggressiven Reaktionsweise geführt haben könnte, aber auch dazu, stets vonseiten anderer Konkurrenz und Kampf zu wittern. Nun können sie ihren Mut, ihre Risikofreude und ihre feurige Einsatzbereitschaft in positiver Weise zum Ausdruck bringen. Ihre direkte Art im zwischenmenschlichen Umgang hat dann für sie wie auch für die anderen etwas Erfrischendes und Belebendes.

Menschen mit einem **Stier**-Mond könnten in ihrer Kindheit die Erfahrung gemacht haben, dass Veränderungen jeglicher Art etwas zutiefst Bedrohliches haben – Anlass genug, um sich solchen künftig mit Vehemenz zu widersetzen. Über einen Pluto-Transit können sie zu ihren eigentlichen Stärken finden: nämlich sich selbst und anderen Beständigkeit zu bieten, für Geborgenheit zu sorgen und ihren starken Bezug zur Natur und zu sinnlichem Erleben und nicht zuletzt ihre praktische Ader auf positive Weise zum Ausdruck zu bringen.

Zwillinge-Mond-Menschen könnten in ihrer Kindheit die Erfahrung gemacht haben, dass sie nirgendwo wirklich tief verwurzelt sind und dass der Kontakt mit wichtigen Bezugspersonen eher geistiger als gefühlsmäßiger Art war. Ein Pluto-Transit hilft ihnen dabei, ihre pfiffige Art und ihre rasche Auffassungsgabe schätzen zu lernen, mit ihrer Kontaktfähigkeit sich und andere Menschen zu erfeuen und auf diese Weise zu einem lebendigen Ausdruck ihrer Gefühle zu kommen.

Krebs-Mond-Menschen könnten in der Kindheit die Erfahrung gemacht haben, dass sie extrem von der elterlichen Zuwendung abhängig waren, was sie vielleicht dazu verleitet hat, auch später in einer kindlichen Haltung zu verharren oder von dem ständigen Wunsch begleitet

zu sein, die Zustände der Kindheit wieder herzustellen. Durch einen Pluto-Transit können sie lernen, ihre nährenden Eigenschaften in positiver Weise zum Ausdruck zu bringen, indem sie sie nämlich Menschen zukommen lassen, die sie wirklich benötigen. Und ihr reichhaltiges Innenleben, der weiche Kern in einer rauhen, schützenden Schale und ihre fantasievolle Art kommen nun am besten zur Geltung.

Menschen mit einem **Löwe**-Mond könnten in ihrer Kindheit die Erfahrung gemacht haben, in einer Weise hofiert worden zu sein, die dem Kind den späteren Umgang mit anderen Menschen erschwert hat. Durch einen Pluto-Transit können sie zu ihren wahren Stärken finden, nämlich Großzügigkeit, Herzlichkeit und eine würdevolle Art. Am wichtigsten ist dabei, dass sie ihre Großartigkeit auch substanziell erfüllen, dass sie also auch einen Grund für ihren Anspruch, von anderen bewundert zu werden, liefern. Dann können sie wirklich etwas von ihrem Glanz auf andere abstrahlen.

Jungfrau-Mond-Menschen könnten in der Kindheit die Erfahrung gemacht haben, dass ihnen nur Zuneigung entgegengebracht wurde, wenn sie nützlich und hilfreich oder aber wenn sie krank waren – was einem Vertrauen in die Stimmigkeit von Gefühlen nicht unbedingt förderlich war. Durch einen Pluto-Transit können sie zu ihren heilenden Fähigkeiten, sich selbst und anderen gegenüber, finden und ihre Bescheidenheit, ihre Ordnungsliebe und ihre Gewissenhaftigkeit auf positive Weise zum Ausdruck bringen.

Waage-Mond-Menschen könnten in ihrer Kindheit die Erfahrung gemacht haben, dass sie sich möglichst schmeichlerisch verhalten mussten, um geliebt zu werden. Und sie könnten umgekehrt ihr charmantes Wesen dazu benutzt haben, um andere nach Belieben um den Finger zu wickeln. Durch einen Pluto-Transit können sie zu ihren inneren Quellen finden, die sie um ihrer selbst willen liebenswert machen, und sie können ihre künstlerische Ader, ihre Liebe zur Harmonie und ihr Taktgefühl auf positive Weise zum Ausdruck bringen.

Menschen mit dem Mond im **Skorpion** könnten in ihrer Kindheit die Erfahrung gemacht haben, dass sie sich einer überwältigenden Kraft beugen mussten, die ihrer natürlichen Entwicklung in übermächtiger Weise entgegenstand. Durch einen Pluto-Transit können sie nun zu ihren

Wurzeln finden, was ihnen wiederum zu einem positiven Ausdruck ihrer wahren Fähigkeiten verhilft: tiefe Leidenschaftlichkeit, Intensität und eine für sich selbst und für andere regenerierende Kraft.

Menschen mit dem Mond im **Schützen** könnten in ihrer Kindheit die Erfahrung gemacht haben, dass der Schein mehr zählt als das Sein und dass sie für ihre Bedürfnisse kein wirkliches Gehör fanden, sondern nur Belehrungen einstecken mussten. Durch einen Pluto-Transit können sie zu einer wahren Entfaltung ihrer schönsten Seiten kommen: indem sie ihren Enthusiasmus und ihre Weltoffenheit auf positive Weise zum Ausdruck bringen und ihre optimistische Weltsicht auch auf andere übertragen.

Menschen mit dem Mond im **Steinbock** könnten in ihrer Kindheit die Erfahrung gemacht haben, dass sie aufgrund strenger Bezugspersonen ihre Gefühle nur in sehr reduziertem Maße zum Ausdruck bringen konnten. Vielleicht mussten sie von Kindesbeinen an kleine Erwachsene sein. Durch einen Pluto-Transit können sie dieses beengende Korsett ablegen und zu ihren wahren Stärken finden: anderen und sich selbst Stabilität und Bodenständigkeit vermitteln und ihre Treue und die Ernsthaftigkeit ihrer Gefühle auf positive Weise zum Ausdruck bringen.

Menschen mit dem Mond im **Wassermann** könnten in ihrer Kindheit die Erfahrung gemacht haben, dass man sich auf nichts wirklich verlassen konnte und dass echte Nähe nicht möglich war. Durch einen Pluto-Transit können sie zu einer positiven Ausdrucksweise ihrer Freiheitsliebe, ihrer unkonventionellen Art und ihrer Originalität finden. Und sie können ihre Fähigkeit perfektionieren, mit anderen Menschen Freundschaften zu schließen, die von Gleichwertigkeit und gegenseitiger Achtung getragen sind.

Menschen mit dem Mond in den **Fischen** könnten in ihrer Kindheit die Erfahrung gemacht haben, dass sich wichtige Bezugspersonen immer wieder ihrem Zugriff entzogen oder dass von ihnen ein aufopferndes Verhalten gefordert wurde. Ein Pluto-Transit kann ihnen dazu verhelfen, mit ihrem überfließenden Gefühlsleben und ihrer Empfänglichkeit für äußere Eindrücke im harten Alltag nicht unterzugehen und ihre spirituelle Ader, ihr Feingefühl und ihren Zugang zur Traumwelt in einer Weise zum Ausdruck zu bringen, die für das eigene Wohlbefinden sorgt.

Wo standen Sonne und Mond zum Zeitpunkt Ihrer Geburt?

Mit Hilfe der Tabellen ab Seite 87 (in der Fachsprache werden solche Planetentabellen Ephemeriden genannt) können Sie schnell und unkompliziert den Stand von Sonne und Mond zum Zeitpunkt Ihrer Geburt errechnen. Sie können daraus sowohl das Tierkreiszeichen als auch die Gradangabe ersehen. Wie bereits erwähnt (Seite 16), haben wir es ja mit einem 360-Grad-Kreis zu tun – wobei jedes der zwölf Tierkreiszeichen 30 Grad umfasst –, und Sie müssen für die Transitberechnung nicht nur das Tierkreiszeichen, sondern auch die Gradangabe kennen, Sie müssen also wissen, auf welchem der 30 Grade sich Ihre Sonne bzw. Ihr Mond befindet.

Dafür benötigen Sie außer Ihrem Geburtstag noch die Uhrzeit der Geburt, die Sie beim Standesamt Ihres Geburtsortes erfragen können (ein frankierter Rückumschlag beschleunigt das Verfahren). Das ist vor allem für die Berechnung des Mondes von Bedeutung, denn er bewegt sich am Tag mit einer Geschwindigkeit von 12 bis 15 Graden durch den Tierkreis. Das heißt also, wenn er beispielsweise morgens um 10 Uhr auf 10 Grad Widder steht, dann kann er sich nachmittags um 18 Uhr schon auf ungefähr 14 Grad Widder befinden, und das macht durchaus einen Unterschied.

Die Grade werden noch einmal in Minuten unterteilt, und zwar jeder Grad in 60 Minuten, *nicht* in 100 Minuten! Es ist wichtig, hier zu betonen, dass gradgenaue Angaben des Sonnen- und Mondstandes, auf die wir am Ende unserer Berechnung jeweils auf- bzw. abrunden, für unsere Zwecke reichen. Lesen Sie hierzu im Kapitel „In welchem Zeitraum ist ein Transit gültig?" nach (Seite 82).

Mit der Zeit, die Ihnen von Ihrem Standesamt genannt wird, können Sie nun rechnen, sofern Sie in einem Land geboren sind, in dem die mitteleuropäische Zeit (MEZ) gültig ist, denn unsere Planetentabellen sind alle auf 0 Uhr mitteleuropäischer Zeit berechnet. Ausnahme: Sie wurden zu einem Zeitpunkt geboren, als gerade Sommerzeit war (siehe die Übersicht auf der nächsten Seite). Die Sommerzeit weicht eine Stunde von unserer mitteleuro-

Sommerzeiten seit 1951

Deutschland (BRD und DDR) und Österreich

06.04.1980 2 h bis 28.09.80 3 h
29.03.1981 2 h bis 27.09.81 3 h
28.03.1982 2 h bis 26.09.82 3 h
27.03.1983 2 h bis 25.09.83 3 h
25.03.1984 2 h bis 30.09.84 3 h
31.03.1985 2 h bis 29.09.85 3 h
30.03.1986 2 h bis 28.09.86 3 h
29.03.1987 2 h bis 27.09.87 3 h
27.03.1988 2 h bis 25.09.88 3 h
26.03.1989 2 h bis 24.09.89 3 h
25.03.1990 2 h bis 30.09.90 3 h

Schweiz

ab 1981 wie Deutschland

päischen Zeit ab. In den Jahren 1951 bis 1979 (bzw. 1980 in der Schweiz) gab es keine Sommerzeit. In Deutschland und Österreich wurde sie 1980 wieder eingeführt, in der Schweiz ein Jahr später. Sie müssen also, wenn Sie in einem der fraglichen Zeiträume mit Sommerzeit geboren wurden, eine Stunde von Ihrer Geburtszeit abziehen, um wieder auf die mitteleuropäische Zeit zu kommen. Mit diesem Ergebnis können Sie dann weiterrechnen.

Wenn Sie sich die ganze Rechnerei ersparen wollen – oder wenn Sie in einer anderen als der angegebenen Zeitzone bzw. in einem anderen Teil der Welt oder aber vor 1951 geboren wurden –, dann können Sie sich auch bei einem Astro-Berechnungsservice eine Horoskopzeichnung ausdrucken lassen (nicht zu verwechseln mit einer schriftlichen Horoskopanalyse, die wesentlich teurer ist). Dort finden Sie die genauen Gradangaben aller Ihrer Geburtsplaneten, also auch die von Sonne und Mond. In der Regel sind diese Angaben übrigens auch in einer schriftlichen Horoskopanalyse nachzulesen. Es gibt noch einen dritten Grund, um sich eine Horoskopzeichnung ausdrucken zu lassen: wenn sich Ihre Sonne oder Ihr Mond ganz nah an der Zeichengrenze befinden und Sie wirklich sicher gehen wollen, ob Sie mit Ihren Berechnungen richtig liegen.

Sie finden in allen Ephemeriden in diesem Buch die Angaben in dieser Reihenfolge: zunächst in der Spalte, über der ein Z steht, das Symbol für das Tierkreiszeichen (sofern Sie damit nicht vertraut sind, sehen Sie in der Übersicht auf Seite 158 nach). In der Mitte ist die Gradangabe (über dieser Spalte steht auch das Zeichen für Grad, nämlich °), rechts schließlich die Minutenangabe (über dieser Spalte steht auch das Zeichen für Minuten, nämlich '). Für das Endergebnis sind die Minutenangaben nicht von Bedeutung, wohl aber um dorthin zu gelangen.

Berechnung des Sonnenstandes

In der Sonnen-Tabelle (Seite 128) ist der Sonnenstand für jeden 1., 10. und 20. eines Monats angegeben, 0 Uhr mitteleuropäischer Zeit. Die Jahre finden Sie jeweils am oberen Ende der Spalte. Die Sonne bewegt sich täglich durchschnittlich 1 Grad weiter (genau genommen sind es 59 Minuten, wobei 60 Minuten 1 Grad sind). Für unsere Zwecke reicht es jedoch, mit 1 Grad zu rechnen. Führen Sie nun die folgenden Schritte 1 bis 5 durch:

1. Suchen Sie zunächst das Jahr Ihrer Geburt und dort das nächstliegende Datum *vor* Ihrer Geburt. Angenommen, Sie sind an einem 15. Mai geboren, dann suchen Sie sich die Angabe zum 10. Mai Ihres Geburtsjahres. Ist Ihr Geburtstag der 29. Dezember, dann suchen Sie sich die Angabe zum 20. Dezember Ihres Geburtsjahres. Als Nächstes müssen Sie für jeden Tag, den der in der Ephemeride aufgeführte Tag von Ihrem Geburtstag entfernt ist, 1 Grad zu der gefundenen Gradzahl hinzuzählen. Das wären in unserem ersten Beispiel 5 Grad (vom 10. bis zum 15. Mai), im zweiten Beispiel 9 Grad. Damit haben Sie die für Ihren Geburtstag gültige Gradzahl für 0 Uhr. Bitte beachten Sie, dass Sie beim Dazuzählen auf eine Summe kommen können, die höher als 30 Grad ist. Sie wissen ja, dass jedes Tierkreiszeichen nicht mehr als 30 Grade umfasst (genau genommen 29 Grad und 59 Minuten). Nehmen wir an, Sie müssen zu Widder 29° 30' (das liest sich 29 Grad 30 Minuten) 9 Grad hinzuzählen. Sie kämen zunächst auf die Summe 38° 30'. Das dem Widder nachfolgende Tierkreiszeichen ist der Stier. 30° Widder (die es eigentlich gar nicht gibt, das letzte „Stück" vom Widder sind 29° 59') sind gleichzusetzen mit 0° Stier. Also lautet das Ergebnis: Stier 8° 30'.

2. Runden Sie nun Ihre Geburtszeit auf volle Stunden auf oder ab. Runden Sie ab, wenn die Minutenzeit Ihrer Geburt kleiner als 30 ist, und runden

Sie auf, wenn sie 30 beträgt oder größer ist. Wenn Sie also beispielsweise um 16 Uhr 23 geboren sind, dann rechnen Sie mit 16 Uhr weiter; wenn Ihre Geburtszeit 18 Uhr 45 lautet, dann rechnen Sie mit 19 Uhr weiter.

3. Multiplizieren Sie nun diese Anzahl von Stunden, die Ihre Geburtszeit von 0 Uhr entfernt ist, mit den 2 1/2 Minuten, die die Sonne stündlich zurücklegt. (Es wurde bereits gesagt, dass die Sonne pro Tag, also über einen Zeitraum von 24 Stunden, eine Strecke von 60 Minuten = 1 Grad zurücklegt. Das sind in vier Stunden 10 Minuten, in zwei Stunden 5 Minuten und in einer Stunde 2 1/2 Minuten.) Im Falle der (abgerundeten) Geburtszeit von 16 Uhr wäre das: 16 × 2,5 Minuten = 40 Minuten. Im Falle der (aufgerundeten) Zeit von 19 Uhr wäre das: 19 × 2,5 Minuten = 47,5 Minuten. *Gegenprobe:* Das Ergebnis darf höchstens 60 Minuten (= 1 Grad) ausmachen.

4. Dieses Ergebnis addieren Sie nun zu der Zahl, die Sie für 0 Uhr Ihres Geburtstages herausgefunden haben. Bedenken Sie dabei immer, dass Sie Minutenzahlen, die größer als 60 sind, wieder in Grade umwandeln müssen. Wenn Sie also als Gradangabe für 0 Uhr Ihres Geburtstages 16 Grad 24 Minuten haben und, da Sie um 20 Uhr geboren sind, 50 Minuten hinzuzählen müssen, lautet das Ergebnis nicht 16 Grad 74 Minuten, sondern 17 Grad 14 Minuten, da 74 Minuten 1 Grad (= 60 Minuten) und 14 Minuten sind.

5. Abschließend runden Sie in bewährter Manier das Ergebnis wieder auf volle Gradzahlen auf oder ab. Minutenzahlen ab 30 runden Sie auf und diejenigen darunter ab. 12 Grad 45 Minuten ergeben aufgerundet also 13 Grad, 15 Grad 9 Minuten abgerundet 15 Grad. Jetzt haben Sie zusammen mit dem Tierkreiszeichen die gradgenaue Angabe, wo sich zum Zeitpunkt Ihrer Geburt Ihre Sonne befand.

Berechnung des Mondstandes

In der Mond-Tabelle (Seite 88) haben Sie den täglichen Stand des Mondes um 0 Uhr. Gehen Sie in folgenden Schritten 1 bis 5 vor:

1. Suchen Sie sich das Jahr, den Monat und den Tag Ihrer Geburt heraus. Damit sind Sie schon bei der Angabe für 0 Uhr Ihres Geburtstages. Suchen Sie nun die Angabe für 0 Uhr des folgenden Tages und errechnen Sie die

Differenz. Damit haben Sie die Tagesbewegung des Mondes an Ihrem Geburtstag. Die Geschwindigkeit des Mondes ist ja im Gegensatz zu derjenigen der Sonne nicht immer konstant, mal beträgt sie 12 Grad am Tag, mal bis zu 15 Grad. Rechnen Sie das Ergebnis in Minuten um.

2. Rechnen Sie Ihre Geburtszeit (Stunden und Minuten) in Minuten um. 12 Uhr 45 beispielsweise ergibt also: 12 Stunden mal 60 Minuten = 720 Minuten plus 45 Minuten = 765 Minuten.

3. Die nun anzuwendende einfache Formel (der mathematische Dreisatz) lautet: Tagesbewegung mal Geburtszeit in Minuten geteilt durch 1440 Minuten (das ist die Minutenanzahl von 24 Stunden). Damit haben Sie ein Ergebnis in Minuten, das die Strecke beschreibt, die der Mond am Tag Ihrer Geburt von 0 Uhr bis zu Ihrer Geburtszeit zurückgelegt hat. Auch hier gilt wieder: Sie müssen jeweils 60 Minuten dieser Zahl in Grade umwandeln. Lautet Ihr Ergebnis beispielsweise 754 Minuten, so kommen Sie auf 12 Grad (= 720 Minuten) 34 Minuten. *Gegenprobe:* Dieses Ergebnis darf nicht größer als die errechnete Tagesbewegung sein.

4. Nun zählen Sie diese Zahl zu der Grad- und Minutenangabe, die Sie für 0 Uhr Ihres Geburtstages haben, die Grade zu den Graden und die Minuten zu den Minuten. Sollte auch hier wieder die Minutenzahl größer als 60 sein, müssen Sie sie natürlich wieder in Grade und Minuten umwandeln. Wenn Sie also 17 Grad 70 Minuten haben, dann lautet das richtige Ergebnis 18 Grad 10 Minuten. Wenn die Gradzahl größer als 30 ist, dann befinden Sie sich bereits im nächsten Tierkreiszeichen. Also: 37 Grad 40 Minuten Widder gibt es nicht, es wären dann 7 Grad 40 Minuten im Stier. Das bedeutet dann, dass der Mond am Tag Ihrer Geburt das Tierkreiszeichen gewechselt hat (er tut das alle zwei bis zweieinhalb Tage), und zwar bevor Sie auf die Welt gekommen sind.

5. Zu guter Letzt runden Sie das Ergebnis noch auf volle Gradzahlen auf oder ab. 18 Grad 10 Minuten ergeben also 18 Grad, 16 Grad 45 Minuten ergeben 17 Grad.

Damit haben Sie zusammen mit der Angabe des Tierkreiszeichens die gradgenaue Angabe, wo sich zum Zeitpunkt Ihrer Geburt Ihr Mond befand. Das liest sich zum Beispiel so: Mein Mond steht auf 17 Grad Waage, oder: Mein Mond steht auf 23 Grad Skorpion.

Berechnungsbeispiel

Geburtstag am 20. Januar 1968, Uhrzeit 16 Uhr 20, Geburtsort München. Für München gilt die mitteleuropäische Zeit. Es gab im Jahr 1968 keine Sommerzeit.

1. Sie finden in der Mond-Tabelle für dieses Datum um 0 Uhr die Angabe Jungfrau 22 Grad 4 Minuten. Am folgenden Tag um 0 Uhr befand sich der Mond auf Waage 5 Grad 53 Minuten. Die Differenz beträgt 13 Grad 49 Minuten. Das ist also die Tagesbewegung, die Strecke auf dem Tierkreis, die der Mond am 20. Januar 1968 zurückgelegt hat. 13 Grad 49 Minuten in Minuten umgerechnet ergeben 829 Minuten.

2. In Minuten umgerechnet, ergibt 16 Uhr 20 980 Minuten.

3. Dreisatz: 829 Minuten mal 980 Minuten geteilt durch 1440 Minuten ergibt: 564 Minuten (genauer: 564,18, aber hier kann man selbstverständlich auf 564 abrunden). In Grade umgerechnet, erhalten wir 9 Grad 24 Minuten. *Gegenprobe:* Diese Zahl ist kleiner als die errechnete Tagesbewegung.

4. Am Geburtstag befand sich der Mond um 0 Uhr auf 22 Grad 4 Minuten Jungfrau. Dazu zählen wir die in Punkt 3 errechneten 9 Grad 24 Minuten. Das ergibt 31 Grad 28 Minuten. Und da diese Gradzahl größer als 30 ist, befindet sich der Mond zum Zeitpunkt der Geburt bereits im nächsten Tierkreiszeichen, nämlich auf Waage 1 Grad 28 Minuten.

5. Dieses Ergebnis runden wir ab auf 1 Grad.

Wo stehen die Transitplaneten?

Ab Seite 136 finden Sie alle Angaben, die Sie benötigen, um zu wissen, wo sich die fünf Transitplaneten Jupiter, Saturn, Uranus, Neptun und Pluto in den Jahren 1990 bis 2010 befunden haben bzw. befinden. In diesen Tabellen sind auch einige zurückliegende Jahre erfasst, damit Sie rückwirkend Ereignisse aus diesem Zeitraum im Rahmen des Transitgeschehens beurteilen und so ein Gefühl für die Transitdeutung bekommen können.

Sie finden für die fünf Transitplaneten jeweils die Tagespositionen für den 1. und den 15. eines Monats, 0 Uhr. Das Schema ist wiederum, wie bei den Sonnen- und Mond-Tabellen: zuerst unter Z das Tierkreiszeichensymbol (das, sofern Sie nicht damit vertraut sind, auf Seite 158 erklärt wird), dann die Gradangabe (°) und schließlich die Minutenangabe ('). Ein R neben der Minutenangabe bedeutet rückläufig (siehe folgendes Kapitel). Die Minutenangabe spielt hier nur insofern eine Rolle, als sie zum Auf- oder Abrunden dient. Für unsere Zwecke reicht die Gradangabe! Runden Sie bei allen Minutenangaben zwischen 1 und 29 ab und bei allen Minutenangaben zwischen 30 und 59 auf! 12 Grad und 51 Minuten werden also zum Beispiel auf 13 Grad aufgerundet, 24 Grad und 9 Minuten auf 24 Grad abgerundet.

Rückläufigkeit und stationäre Phasen

Die fünf Transitplaneten bewegen sich – aus der Sicht der Erde – nicht wie Sonne und Mond mehr oder weniger kontinuierlich vorwärts durch den Tierkreis. Vielmehr werden sie von Zeit zu Zeit rückläufig. Sie können diese Phasen in den Ephemeriden daran erkennen, dass hinter der Planetenposition ein R steht. Das bedeutet, dass die Transitplaneten bestimmte Positionen mehrfach durchlaufen: Sie laufen über eine bestimmte Gradzahl, werden dann rückläufig und berühren dieselbe Gradzahl wieder, um nochmals ihre Richtung zu ändern und zum dritten Mal dieselbe Stelle zu überqueren. Das ist dann ein Dreifachtransit, und er wirkt erheblich intensiver als ein einfacher Transit. Sogar Fünffachtransite gibt es, und die sind natürlich noch intensiver. Der Transitplanet klopft also gleich mehrere Male laut und vernehmlich an.

Jupiter wird am seltensten von unseren fünf Transitplaneten rückläufig, Saturn überquert bei seinem Lauf durch den Tierkreis die meisten Stellen dreimal, Uranus, Neptun und Pluto berühren die meisten Stellen dreimal, Neptun und Pluto manche sogar fünfmal.

Wenn sich der Planet anschickt, rückläufig zu werden, wird er immer langsamer, bis er für kurze Zeit zum Stillstand kommt und dann die Richtung ändert. Dasselbe geschieht am Ende der Rückläufigkeit, kurz bevor er wieder vorwärts läuft. Diese beiden Stillstandsphasen nennt man stationäre Phasen. Wenn sich ein Transitplanet gerade in der stationären Phase befindet und einen Transitaspekt (also 0, 60, 90, 120 oder 180 Grad) zu Ihrer Sonne oder zu Ihrem Mond bildet, dann ist das auch von besonderer Intensität. Es ist so, als stünde der Transitplanet während der stationären Phase auf der Klingel, um auf sich aufmerksam zu machen, und ließe eine Weile nicht ab.

Die Bedeutung der Aspekte

Die verschiedenen Aspektarten, die ein Transitplanet zu Sonne oder Mond bilden kann – nämlich 0, 60, 90, 120, 180 Grad –, kann man in Hinblick auf die „Stärke" folgendermaßen unterscheiden:

1. Am wichtigsten ist die Konjunktion, also der 0-Grad-Winkel. Dabei befindet sich der Transitplanet genau an der Stelle Ihrer Sonne oder Ihres Mondes in Ihrem Geburtshoroskop.

2. Dann kommen Opposition (180 Grad) – der Transitplanet befindet sich gegenüber Ihrer Sonne oder Ihres Mondes – und Quadrat (90 Grad) – der Transitplanet bildet einen 90-Grad-Winkel zu Ihrer Sonne oder Ihrem Mond.

3. An dritter Stelle rangieren schließlich das Sextil (der 60-Grad-Winkel) und das Trigon (120-Grad-Winkel).

Was die Bewertung der Aspekte angeht, so ist die in der klassischen Astrologie gebräuchliche Einteilung in „gute" und „schlechte" Aspekte heute nicht mehr gültig. Es wäre also verfehlt zu sagen, bei einem Sextil oder Trigon würde man eine gute Zeit haben, bei einem Quadrat oder einer Opposition eine schlechte. Das Entscheidende ist das Thema, um das es geht, und das wird durch den beteiligten Planeten benannt, nicht durch die Art des Aspektes. Allenfalls kann man sagen, dass die mit einem Transit einhergehenden Veränderungen bei einem Sextil oder bei einem Trigon leichter fallen, während man bei einem Quadrat oder einer Opposition mehr Anstrengungen unternehmen muss, um die anstehenden Aufgaben zu bewältigen. Nicht einmal diese Regel stimmt immer, zumindest was die Planeten Saturn, Uranus, Neptun und Pluto betrifft. Die Konjunktion fällt ohnehin aus diesem Schema heraus. Vergessen Sie also derlei Überlegungen und konzentrieren Sie sich auf das, worum es geht und was Sie zum glücklichen Verlauf beitragen können.

Nehmen Sie zum Beispiel einen Saturn-Transit über die Sonne. Eine mögliche Entsprechung für diesen Transit ist ein Prüfungsvorhaben, das heißt, es kann sein, dass man in dieser Zeit eine Prüfung absolvieren muss. Weder damit noch mit der Art des Aspektes ist gesagt, ob man die Prüfung besteht oder nicht. Vielmehr kann man damit die Qualität dieses Zeitraums beschreiben: Konzentration, Sammlung, Lernen – alles Dinge, die saturntypisch sind.

Lediglich bei Jupiter liegen die Dinge etwas anders. Im Falle von Quadrat und Opposition ist es wahrscheinlicher, dass wir (zunächst) über das Ziel hinausschießen, wohingegen unsere Expansionsbestrebungen bei einer Konjunktion, einem Sextil oder einem Trigon harmonischer verlaufen.

In welchem Zeitraum ist ein Transit gültig?

Wenn Sie in den folgenden Planetentabellen herumschmökern, werden Sie schnell feststellen, dass die Geschwindigkeiten der fünf Planeten relativ unterschiedlich sind. Es wurde ja bereits gesagt, dass Jupiter durchschnittlich 1 Jahr benötigt, um ein Tierkreiszeichen zu durchqueren, Saturn 2 1/2 Jahre, Uranus 7 Jahre, Neptun 13 1/2 Jahre und Pluto zwischen 11 und 32 Jahren. Verfolgen Sie einmal den Lauf Jupiters über ein paar Monate hinweg. In manchen Monaten wird er mehrere Grade zurücklegen. Bei Saturn sind es schon wesentlich weniger, ungefähr 2 Grad, wenn er vorwärts läuft. Bei Uranus, Neptun und Pluto ist es noch weniger.

Suchen Sie in den Tabellen die Zeitpunkte heraus, zu denen ein Transitplanet einen Transitaspekt (0, 60, 90, 120 oder 180 Grad) zu Ihrer Sonne oder zu Ihrem Mond bildet. Da wir in diesem Buch mit gradgenauen Angaben arbeiten, nicht mit minutengenauen (was eher verwirren würde), umfasst dieser Zeitpunkt ungefähr einen bis drei Monate. Bei einem Dreifach- oder Fünffach-Transit sind es drei- oder eben fünfmal diese Zeitpunkte, verteilt über eine Spanne von ein bis drei Jahren.

Um die Frage zu beantworten, in welchem Zeitraum ein Transit gültig ist, müssen Sie folgende Unterscheidung vornehmen:

1. Der Zeitraum, in dem der Transitplanet einen genauen Aspekt zu Ihrer Sonne oder Ihrem Mond bildet, ist sozusagen die „heiße Phase". Achten Sie auf Dinge, die sich jetzt ereignen, auf Menschen, denen Sie begegnen, und auf Themen, die sich jetzt verdichten; sie alle können Ihnen wertvolle Hinweise geben, um was genau es bei diesem Transit geht. Sie sollten sich jedoch keinesfalls darauf fixieren, *dass* jetzt etwas geschieht.

Zur heißen Phase zählt auch die Zeit, in der sich der Transitplanet 1 Grad vor und 1 Grad nach der fraglichen Gradzahl befindet. Außerdem gehört zur heißen Phase der Zeitraum, in dem ein Planet in einer stationären Phase einen Aspekt bildet. Auch hier ist wieder der Spielraum (in der Fachsprache spricht man vom Orbis) von 1 Grad vor dem exakten Aspekt und 1 Grad nach dem exakten Aspekt zu berücksichtigen. Mit Hilfe gradgenauer Angaben von Sonne und Mond können Sie die „heiße Phase" eines Transits auf einen Zeitraum von ein bis drei oder auch mehr Monaten eingrenzen. Bei Mehrfach-Transiten kann es zu drei bis fünf „heißen Phasen" kommen.

Achtung: Uranus, Neptun und Pluto bewegen sich so langsam, dass eine solche Vorgehensweise eine Genauigkeit in Bezug auf das Transitgeschehen vortäuscht, die in der Realität keine Grundlage hat. Gehen Sie daher bei der Einfassung der „heißen Phasen" dieser drei Planeten ruhig etwas großzügiger vor, wie in Beispiel 2 auf Seite 84 beschrieben.

2. Der Gesamtzeitraum, in dem Mehrfachtransite stattfinden – das können ein bis drei Jahre sein –, ist das Entscheidende. Die Veränderungen, die während bestimmter Transite eingeleitet werden, finden nicht von heute auf morgen statt. Gott sei Dank! Wer würde das schon verkraften? Es sind Prozesse, die sich über Monate oder auch Jahre erstrecken. Oft erkennt man erst in der Rückschau ihr enormes Ausmaß.

Auch hier ist noch einmal Jupiter der Ausnahmeplanet: Wenn er einen bestimmten Punkt nur einmal im Transit berührt, dann muss das nicht unbedingt spürbar sein. Jupiter-Transite sind vor allem dann ernst zu nehmen, wenn es sich um Dreifach-Transite handelt oder wenn er in seiner stationären Phase Sonne oder Mond berührt.

Beispiele

1. Beispiel: Jupiter befand sich im November 1998 stationär auf (abgerundet) 18 Grad Fische. Alle, die Sonne oder Mond auf 17, 18 oder 19 Grad Fische haben, waren also von diesem Transit betroffen (Konjunktion). Diejenigen mit der Sonne oder dem Mond auf 17, 18 oder 19 Grad Jungfrau (Opposition) oder 17, 18 oder 19 Grad Zwillinge oder Schütze (Quadrat) waren ebenfalls von diesem Transit betroffen, außerdem noch diejenigen mit Sonne oder Mond auf 17, 18 oder 19 Grad Stier oder Steinbock (Sextil) oder auf 17, 18 oder 19 Grad Krebs oder Skorpion (Trigon).

Der Zeitraum, also die „heiße Phase", lässt sich noch auf Oktober 1998 ausweiten, für diejenigen mit der Gradzahl 18 und 19 auch auf Dezember. Außerdem passierte Jupiter die Grade 17, 18 und 19 schon einmal in der zweiten Aprilhälfte desselben Jahres.

Der gesamte Transit-Zeitraum erstreckt sich also von April bis Dezember für die Gradzahlen 18 und 19 bzw. April bis November für die Gradzahl 17.

2. Beispiel: Pluto passierte die 28 Grad Skorpion im November/Dezember 1994, im Juni/Juli 1995 und im September/Oktober 1995. Betroffen waren davon die Gradzahlen 27, 28 und 29 folgender Tierkreiszeichen: Skorpion (Konjunktion), Stier (Opposition), Löwe und Wassermann (Quadrat), Jungfrau und Steinbock (Sextil) sowie Krebs und Fische (Trigon). Man kann für jede der drei „heißen Phasen" noch einen Monat vorher und einen Monat danach hinzunehmen.

Der gesamte Transit-Zeitraum erstreckt sich somit von Oktober 1994 bis November 1995, also über ein Jahr.

Nachwort

Welchen Gewinn kann man aus der Beschäftigung mit Transiten ziehen? Es geht, wie bereits gesagt, sicherlich nicht darum, in Erfahrung zu bringen, wann eine Erbschaft oder die erwartete Beförderung ansteht. Es geht also nicht um Fakten und Ereignisse. Im Grunde geht es darum, den Weg zu sich selbst zurück zu finden. Auf diesem Weg sind die verschiedensten Entwicklungsschritte zu vollziehen, und die sind sicher nicht immer einfach.

Ich habe in diesem Buch mehrfach darauf hingewiesen, dass die jeweiligen Transite eine Zeitqualität beschreiben. Man sollte sich also keinesfalls auf eine bestimmte Facette eines Transits festlegen oder gar einschwören. Und das nicht nur, weil man es in aller Regel immer mit mehreren Facetten zu tun haben wird. Es ist in erster Linie wichtig, das Wesentliche eines bestimmten Transits zu begreifen und dies in Beziehung zur eigenen Person zu setzen.

Wenn die Zeiten einmal sehr hart sind, sollte man sich nicht in Selbstvorwürfen ergehen, dass man es nicht „geschafft" habe, die Zeitqualität zum Besseren zu wenden. Kein Mensch ist gegen Ungerechtigkeiten, Schicksalsschläge, Krankheiten und andere Unbilden des Lebens gefeit. (Hierbei kann es im Übrigen sehr hilfreich sein, die Lebensläufe von mehr oder weniger berühmten Menschen zu studieren.) Auf einem ganz anderen Blatt steht, wie man damit umgeht oder was man daraus macht.

Es gilt noch einen weiteren wichtigen Punkt anzusprechen: Jeder Transit hat auch etwas Bereicherndes und kann uns eine völlig neue Dimension des Daseins eröffnen. Damit bekommen wir auch die Chance, uns Dinge zu erschließen, mit denen wir noch nicht vertraut sind.

Anders als die Menschen vergangener Jahrhunderte haben wir heute die Möglichkeit, unser Leben individueller zu gestalten. Früher waren Lebensläufe meist wesentlich klarer vorgegeben, gesellschaftliche Strukturen waren starrer und undurchdringlicher. Das hat sich heute geändert. Wir dürfen und müssen viele Dinge selbst entscheiden, ungeachtet unserer Herkunft und unserer gesellschaftlichen Voraussetzungen. Wir gestalten unser Schicksal zu einem guten Teil selbst mit.

Man kann sich folgendes Bild vorstellen: Für jeden Menschen ist ein gewisser individueller Rahmen vorgegeben, innerhalb dessen er einen weiten Spielraum freier Entscheidungen hat. Den Rahmen kann man im Horoskop erkennen, die Freiheit, innerhalb dieses Rahmens zu agieren, muss man sich selbst nehmen. Viele Menschen schrecken davor zurück, sich diese Freiheit zu nehmen und ihren Rahmen ganz auszufüllen. Das liegt zum Teil auch daran, dass wir in unserer Kultur eine starke Ausrichtung auf das Negative haben, woraus viele auch in ihrem persönlichen Leben den Schluss ziehen, dass sie ohnehin nicht das Recht auf Zufriedenheit haben. Sie haben geradezu Angst davor, das Beste von sich zum Ausdruck zu bringen.

Mit der Transitdeutung kann man – ebenso wie mit der Astrologie überhaupt – einen Schritt in die Richtung eines selbst bestimmten Lebens tun, indem man nämlich zunächst den Rahmen erkennt, innerhalb dessen man agieren kann. Anders gesagt: indem man Bewusstheit über sich selbst entwickelt, sich selbst ganz einfach besser kennen lernt. Neben den altersbedingten Entwicklungszyklen hat jeder Mensch auch individuelle Entwicklungen zu bewältigen. Es ist eine elementare Herausforderung unseres Daseins, uns weiterzuentwickeln, das ganze Leben lang. Das erfordert auch Geduld im Umgang mit sich selbst und im Zulassen dessen, was sich anbahnt.

Ein Gesichtspunkt, der gar nicht so unbedeutend ist, wie es zunächst scheinen mag, sollte hier noch genannt werden: Wenn man sich in einer Krise befindet, dann kann schon das Wissen hilfreich sein, dass auch diese Zeit vorübergeht – ein Wissen, das die Beschäftigung mit Transiten unweigerlich mit sich bringt.

Vor allem aber kann man die Transitdeutung dazu nutzen, um sich rechtzeitig auf eine bestimmte Zeitqualität einzustellen: worum es geht, welcher Sinn für das eigene Leben dahinter steckt, wie man in diesem Sinn handeln kann, wie man sich darauf vorbereitet. Das Wichtigste dabei ist, für sich herauszufinden, wie man das Beste aus dieser Zeit machen kann.

Tabellen

Sie finden hier die Planetentabellen, die notwendig sind, um eine möglichst präzise astrologische Prognose vorzunehmen. Alle Angaben beziehen sich auf 0 Uhr mitteleuropäische Zeit.

Erschrecken Sie nicht angesichts der vielen Zahlen. Bedenken Sie, dass solche Tabellen, die Ephemeriden, zur wichtigsten „Lektüre" professioneller Astrologen gehören. Wenn Sie sich einmal eingelesen haben, werden Sie ein Gefühl dafür bekommen, wie schnell sich ein Planet bewegt und wann er einen Aspekt zu Ihrer Sonne oder Ihrem Mond bildet. Auch werden Sie bald, ohne nachschlagen zu müssen, wissen, in welchen Tierkreiszeichen sich die langsam laufenden Planeten Jupiter, Saturn, Uranus, Neptun und Pluto derzeit befinden.

Sie werden sehen: Wenn Sie die vergangenen Jahre einmal unter dem Blickwinkel der Transite betrachten, werden Sie eine Menge Aha-Erlebnisse haben.

Verwechseln Sie die Symbole der Tierkreiszeichen nicht miteinander! Im Zweifelsfall können Sie auf Seite 158 nachschlagen und sich vergewissern, dass Sie richtig liegen!

Die Mond-Tabellen beginnen auf der folgenden Seite, die Sonnen-Tabellen ab Seite 128 und die Tabellen mit den fünf Transitplaneten ab Seite 136.

Mond 1951

Tag	Januar Z	°	'	Februar Z	°	'	März Z	°	'
1	♊	6	29	♋	28	38	♌	9	33
2	♊	20	7	♌	13	3	♌	23	46
3	♋	4	9	♌	27	38	♍	8	1
4	♋	18	34	♍	12	18	♍	22	13
5	♌	3	19	♍	26	55	♎	6	21
6	♌	18	20	♎	11	24	♎	20	20
7	♍	3	26	♎	25	38	♏	4	8
8	♍	18	29	♏	9	31	♏	17	41
9	♎	3	18	♏	23	1	♐	0	57
10	♎	17	46	♐	6	7	♐	13	55
11	♏	1	46	♐	18	50	♐	26	35
12	♏	15	17	♑	1	15	♑	8	60
13	♏	28	21	♑	13	24	♑	21	10
14	♐	11	0	♑	25	23	♒	3	11
15	♐	23	20	♒	7	16	♒	15	5
16	♑	5	25	♒	19	8	♒	26	58
17	♑	17	21	♓	1	4	♓	8	54
18	♑	29	12	♓	13	7	♓	20	57
19	♒	11	3	♓	25	21	♈	3	13
20	♒	22	57	♈	7	48	♈	15	44
21	♓	4	58	♈	20	29	♈	28	34
22	♓	17	6	♉	3	24	♉	11	43
23	♓	29	23	♉	16	35	♉	25	13
24	♈	11	50	♉	29	59	♊	9	2
25	♈	24	27	♊	13	36	♊	23	7
26	♉	7	15	♊	27	23	♋	7	24
27	♉	20	15	♋	11	19	♋	21	47
28	♊	3	27	♋	25	23	♌	6	12
29	♊	16	52				♌	20	34
30	♋	0	32				♍	4	49
31	♋	14	28				♍	18	56

Tag	April Z	°	'	Mai Z	°	'	Juni Z	°	'
1	♎	2	52	♏	10	21	♐	28	11
2	♎	16	36	♏	23	21	♑	10	23
3	♏	0	8	♐	6	8	♑	22	28
4	♏	13	29	♐	18	43	♒	4	28
5	♏	26	36	♑	1	8	♒	16	23
6	♐	9	31	♑	13	25	♒	28	15
7	♐	22	14	♑	25	33	♓	10	6
8	♑	4	44	♒	7	34	♓	21	58
9	♑	17	2	♒	19	30	♈	3	53
10	♑	29	9	♓	1	22	♈	15	53
11	♒	11	8	♓	13	13	♈	28	4
12	♒	23	2	♓	25	6	♉	10	28
13	♓	4	54	♈	7	6	♉	23	12
14	♓	16	49	♈	19	16	♊	6	20
15	♓	28	50	♉	1	42	♊	19	55
16	♈	11	3	♉	14	30	♋	3	59
17	♈	23	33	♉	27	42	♋	18	32
18	♉	6	24	♊	11	23	♌	3	30
19	♉	19	39	♊	25	33	♌	18	44
20	♊	3	20	♋	10	9	♍	4	4
21	♊	17	25	♋	25	7	♍	19	19
22	♋	1	52	♌	10	18	♎	4	17
23	♋	16	35	♌	25	30	♎	18	53
24	♌	1	27	♍	10	34	♏	3	0
25	♌	16	18	♍	25	20	♏	16	40
26	♍	1	1	♎	9	44	♏	29	53
27	♍	15	30	♎	23	41	♐	12	42
28	♍	29	41	♏	7	14	♐	25	13
29	♎	13	33	♏	20	24	♑	7	30
30	♎	27	5	♐	3	14	♑	19	35
31				♐	15	49			

Tag	Juli Z	°	'	August Z	°	'	September Z	°	'
1	♒	1	34	♓	15	59	♉	1	2
2	♒	13	28	♓	27	56	♉	13	38
3	♒	25	19	♈	9	59	♉	26	28
4	♓	7	11	♈	22	9	♊	9	31
5	♓	19	4	♉	4	29	♊	22	49
6	♈	0	59	♉	16	59	♋	6	19
7	♈	12	59	♉	29	41	♋	20	3
8	♈	25	6	♊	12	38	♌	3	58
9	♉	7	23	♊	25	52	♌	18	4
10	♉	19	53	♋	9	23	♍	2	19
11	♊	2	39	♋	23	14	♍	16	40
12	♊	15	45	♌	7	24	♎	1	5
13	♊	29	15	♌	21	52	♎	15	29
14	♋	13	10	♍	6	34	♎	29	47
15	♋	27	32	♍	21	24	♏	13	55
16	♌	12	17	♎	6	15	♏	27	50
17	♌	27	19	♎	20	59	♐	11	26
18	♍	12	31	♏	5	28	♐	24	44
19	♍	27	41	♏	19	38	♑	7	41
20	♎	12	39	♐	3	25	♑	20	19
21	♎	27	18	♐	16	47	♒	2	40
22	♏	11	32	♐	29	46	♒	14	47
23	♏	25	19	♑	12	23	♒	26	44
24	♐	8	38	♑	24	42	♓	8	37
25	♐	21	32	♒	6	48	♓	20	29
26	♑	4	5	♒	18	45	♈	2	26
27	♑	16	22	♓	0	37	♈	14	31
28	♑	28	26	♓	12	29	♈	26	50
29	♒	10	22	♓	24	25	♉	9	24
30	♒	22	14	♈	6	27	♉	22	16
31	♓	4	6	♈	18	39			

Tag	Oktober Z	°	'	November Z	°	'	Dezember Z	°	'
1	♊	5	27	♋	26	10	♍	4	46
2	♊	18	55	♌	10	44	♍	19	42
3	♋	2	39	♌	25	21	♎	4	24
4	♋	16	36	♍	9	52	♎	18	47
5	♌	0	42	♍	24	14	♏	2	49
6	♌	14	53	♎	8	24	♏	16	29
7	♌	29	6	♎	22	20	♏	29	50
8	♍	13	18	♏	6	2	♐	12	54
9	♍	27	27	♏	19	31	♐	25	44
10	♎	11	32	♐	2	49	♑	8	21
11	♎	25	30	♐	15	56	♑	20	48
12	♏	9	20	♐	28	52	♒	3	7
13	♏	23	2	♑	11	36	♒	15	16
14	♐	6	33	♑	24	10	♒	27	19
15	♐	19	51	♒	6	33	♓	9	15
16	♑	2	54	♒	18	44	♓	21	6
17	♑	15	42	♓	0	46	♈	2	54
18	♑	28	15	♓	12	40	♈	14	43
19	♒	10	34	♓	24	29	♈	26	35
20	♒	22	40	♈	6	18	♉	8	35
21	♓	4	36	♈	18	10	♉	20	48
22	♓	16	28	♉	0	12	♊	3	20
23	♓	28	18	♉	12	29	♊	16	15
24	♈	10	14	♉	25	5	♊	29	38
25	♈	22	19	♊	8	6	♋	13	31
26	♉	4	38	♊	21	36	♋	27	53
27	♉	17	17	♋	5	34	♌	12	42
28	♊	0	19	♋	19	58	♌	27	50
29	♊	13	45	♌	4	45	♍	13	7
30	♊	27	34	♌	19	44	♍	28	21
31	♋	11	44				♎	13	23

Tag	Januar Z	°	'	Februar Z	°	'	März Z	°	'	April Z	°	'	Mai Z	°	'	Juni Z	°	'
1	♒	28	5	♈	18	31	♉	9	56	♊	25	38	♋	27	26	♍	10	58
2	♓	12	22	♉	1	42	♉	22	51	♋	7	41	♌	9	15	♍	23	5
3	♓	26	13	♉	14	30	♊	5	23	♋	19	34	♌	21	5	♎	5	30
4	♈	9	38	♉	26	58	♊	17	38	♌	1	23	♍	3	1	♎	18	17
5	♈	22	41	♊	9	10	♊	29	40	♌	13	13	♍	15	9	♏	1	29
6	♉	5	25	♊	21	12	♋	11	32	♌	25	9	♍	27	33	♏	15	8
7	♉	17	53	♋	3	6	♋	23	21	♍	7	14	♎	10	18	♏	29	12
8	♊	0	9	♋	14	56	♌	5	10	♍	19	34	♎	23	24	♐	13	37
9	♊	12	15	♋	26	45	♌	17	3	♎	2	9	♏	6	53	♐	28	17
10	♊	24	15	♌	8	35	♌	29	4	♎	15	2	♏	20	43	♑	13	5
11	♋	6	9	♌	20	29	♍	11	14	♎	28	12	♐	4	49	♑	27	53
12	♋	18	1	♍	2	29	♍	23	36	♏	11	39	♐	19	7	♒	12	33
13	♋	29	50	♍	14	37	♎	6	10	♏	25	19	♑	3	30	♒	27	1
14	♌	11	40	♍	26	54	♎	18	58	♐	9	10	♑	17	54	♓	11	13
15	♌	23	32	♎	9	22	♏	2	0	♐	23	9	♒	2	14	♓	25	8
16	♍	5	29	♎	22	4	♏	15	15	♑	7	13	♒	16	27	♈	8	48
17	♍	17	34	♏	5	2	♏	28	43	♑	21	20	♓	0	31	♈	22	12
18	♍	29	50	♏	18	17	♐	12	24	♒	5	28	♓	14	27	♉	5	21
19	♎	12	22	♐	1	53	♐	26	18	♒	19	36	♓	28	13	♉	18	17
20	♎	25	13	♐	15	49	♑	10	24	♓	3	43	♈	11	50	♊	1	1
21	♏	8	28	♑	0	6	♑	24	40	♓	17	47	♈	25	17	♊	13	33
22	♏	22	10	♑	14	41	♒	9	4	♈	1	46	♉	8	33	♊	25	53
23	♐	6	19	♑	29	30	♒	23	33	♈	15	38	♉	21	37	♋	8	3
24	♐	20	54	♒	14	26	♓	8	4	♈	29	18	♊	4	27	♋	20	4
25	♑	5	51	♒	29	22	♓	22	30	♉	12	43	♊	17	4	♌	1	57
26	♑	21	2	♓	14	9	♈	6	46	♉	25	51	♊	29	26	♌	13	45
27	♒	6	17	♓	28	41	♈	20	47	♊	8	42	♋	11	35	♌	25	31
28	♒	21	25	♈	12	51	♉	4	28	♊	21	14	♋	23	34	♍	7	20
29	♓	6	19	♈	26	37	♉	17	48	♋	3	30	♌	5	25	♍	19	15
30	♓	20	50				♊	0	45	♋	15	32	♌	17	13	♎	1	22
31	♈	4	54				♊	13	20				♌	29	2			

Tag	Juli Z	°	'	August Z	°	'	September Z	°	'	Oktober Z	°	'	November Z	°	'	Dezember Z	°	'
1	♎	13	46	♐	1	56	♑	23	49	♓	2	32	♈	25	17	♊	1	44
2	♎	26	31	♐	15	54	♒	8	40	♓	17	19	♉	9	23	♊	14	54
3	♏	9	41	♑	0	20	♒	23	42	♈	2	6	♉	23	12	♊	27	48
4	♏	23	20	♑	15	7	♓	8	49	♈	16	45	♊	6	40	♋	10	24
5	♐	7	26	♒	0	12	♓	23	50	♉	1	8	♊	19	47	♋	22	44
6	♐	21	57	♒	15	24	♈	8	37	♉	15	9	♋	2	31	♌	4	49
7	♑	6	49	♓	0	35	♈	23	3	♉	28	45	♋	14	55	♌	16	44
8	♑	21	52	♓	15	34	♉	7	4	♊	11	54	♋	27	2	♌	28	33
9	♒	6	58	♈	0	16	♉	20	37	♊	24	39	♌	8	57	♍	10	20
10	♒	21	58	♈	14	34	♊	3	43	♋	7	3	♌	20	46	♍	22	12
11	♓	6	44	♈	28	26	♊	16	25	♋	19	9	♍	2	34	♎	4	14
12	♓	21	11	♉	11	52	♊	28	47	♌	1	4	♍	14	26	♎	16	31
13	♈	5	16	♉	24	53	♋	10	52	♌	12	52	♍	26	28	♎	29	7
14	♈	18	59	♊	7	33	♋	22	47	♌	24	39	♎	8	44	♏	12	5
15	♉	2	20	♊	19	56	♌	4	36	♍	6	30	♎	21	17	♏	25	27
16	♉	15	21	♋	2	4	♌	16	22	♍	18	29	♏	4	9	♐	9	12
17	♉	28	6	♋	14	3	♌	28	10	♎	0	38	♏	17	20	♐	23	17
18	♊	10	35	♋	25	54	♍	10	3	♎	13	1	♐	0	49	♑	7	37
19	♊	22	52	♌	7	42	♍	22	4	♎	25	39	♐	14	32	♑	22	6
20	♋	4	59	♌	19	29	♎	4	14	♏	8	30	♐	28	26	♒	6	38
21	♋	16	58	♍	1	17	♎	16	34	♏	21	36	♑	12	28	♒	21	8
22	♋	28	51	♍	13	10	♎	29	5	♐	4	54	♑	26	33	♓	5	31
23	♌	10	39	♍	25	8	♏	11	49	♐	18	22	♒	10	39	♓	19	44
24	♌	22	26	♎	7	14	♏	24	47	♑	2	1	♒	24	46	♈	3	47
25	♍	4	13	♎	19	30	♐	7	58	♑	15	48	♓	8	51	♈	17	37
26	♍	16	4	♏	2	0	♐	21	24	♑	29	43	♓	22	54	♉	1	15
27	♍	28	2	♏	14	46	♑	5	7	♒	13	47	♈	6	54	♉	14	42
28	♎	10	11	♏	27	51	♑	19	5	♒	27	59	♈	20	50	♉	27	55
29	♎	22	35	♐	11	16	♒	3	20	♓	12	17	♉	4	38	♊	10	56
30	♏	5	18	♐	25	5	♒	17	50	♓	26	39	♉	18	17	♊	23	44
31	♏	18	24	♑	9	16				♈	11	1				♋	6	19

Tag	Januar			Februar			März			April			Mai			Juni		
	Z	°	'	Z	°	'	Z	°	'	Z	°	'	Z	°	'	Z	°	'
1	♋	18	41	♍	3	9	♍	11	53	♎	26	46	♐	1	8	♑	20	55
2	♌	0	51	♍	14	57	♍	23	43	♏	9	5	♐	14	7	♒	4	46
3	♌	12	52	♍	26	46	♎	5	37	♏	21	35	♐	27	17	♒	18	45
4	♌	24	44	♎	8	40	♎	17	37	♐	4	15	♑	10	38	♓	2	49
5	♍	6	32	♎	20	41	♎	29	44	♐	17	9	♑	24	10	♓	16	58
6	♍	18	20	♏	2	54	♏	12	1	♑	0	17	♒	7	55	♈	1	10
7	♎	0	11	♏	15	22	♏	24	32	♑	13	41	♒	21	53	♈	15	24
8	♎	12	12	♏	28	11	♐	7	18	♑	27	25	♓	6	4	♈	29	35
9	♎	24	26	♐	11	23	♐	20	24	♒	11	28	♓	20	26	♉	13	42
10	♏	6	58	♐	25	2	♑	3	52	♒	25	51	♈	4	58	♉	27	40
11	♏	19	54	♑	9	8	♑	17	45	♓	10	32	♈	19	33	♊	11	24
12	♐	3	14	♑	23	39	♒	2	2	♓	25	26	♉	4	7	♊	24	52
13	♐	17	2	♒	8	33	♒	16	43	♈	10	25	♉	18	31	♋	8	1
14	♑	1	15	♒	23	41	♓	1	42	♈	25	21	♊	2	39	♋	20	51
15	♑	15	49	♓	8	54	♓	16	54	♉	10	4	♊	16	27	♌	3	23
16	♒	0	39	♓	24	3	♈	2	7	♉	24	27	♊	29	51	♌	15	39
17	♒	15	36	♈	8	58	♈	17	12	♊	8	24	♋	12	50	♌	27	42
18	♓	0	33	♈	23	33	♉	1	59	♊	21	52	♋	25	28	♍	9	37
19	♓	15	21	♉	7	42	♉	16	21	♋	4	53	♌	7	46	♍	21	28
20	♓	29	55	♉	21	24	♊	0	14	♋	17	30	♌	19	49	♎	3	20
21	♈	14	10	♊	4	41	♊	13	38	♋	29	46	♍	1	43	♎	15	18
22	♈	28	5	♊	17	33	♊	26	34	♌	11	48	♍	13	33	♎	27	27
23	♉	11	40	♋	0	6	♋	9	7	♌	23	40	♍	25	24	♏	9	51
24	♉	24	55	♋	12	23	♋	21	21	♍	5	28	♎	7	21	♏	22	33
25	♊	7	52	♋	24	28	♌	3	22	♍	17	16	♎	19	28	♐	5	34
26	♊	20	34	♌	6	24	♌	15	13	♍	29	10	♏	1	47	♐	18	56
27	♋	3	2	♌	18	15	♌	27	1	♎	11	11	♏	14	22	♑	2	36
28	♋	15	19	♍	0	4	♍	8	48	♎	23	23	♏	27	13	♑	16	32
29	♋	27	26				♍	20	38	♏	5	46	♐	10	19	♒	0	40
30	♌	9	26				♎	2	34	♏	18	21	♐	23	39	♒	14	57
31	♌	21	19				♎	14	36				♑	7	12			

Tag	Juli			August			September			Oktober			November			Dezember		
	Z	°	'	Z	°	'	Z	°	'	Z	°	'	Z	°	'	Z	°	'
1	♒	29	19	♈	22	56	♊	14	31	♋	19	44	♍	4	55	♎	6	51
2	♓	13	40	♉	7	3	♊	27	35	♌	2	6	♍	16	46	♎	18	45
3	♓	27	59	♉	20	52	♋	10	19	♌	14	13	♍	28	35	♏	0	45
4	♈	12	12	♊	4	22	♋	22	47	♌	26	11	♎	10	27	♏	12	54
5	♈	26	16	♊	17	35	♌	5	2	♍	8	4	♎	22	23	♏	25	14
6	♉	10	12	♋	0	32	♌	17	8	♍	19	54	♏	4	26	♐	7	47
7	♉	23	56	♋	13	15	♌	29	6	♎	1	44	♏	16	36	♐	20	32
8	♊	7	28	♋	25	44	♍	11	0	♎	13	37	♏	28	54	♑	3	30
9	♊	20	46	♌	8	3	♍	22	52	♎	25	32	♐	11	22	♑	16	39
10	♋	3	50	♌	20	12	♎	4	42	♏	7	32	♐	23	59	♒	0	0
11	♋	16	39	♍	2	13	♎	16	33	♏	19	39	♑	6	47	♒	13	32
12	♋	29	14	♍	14	8	♎	28	27	♐	1	53	♑	19	48	♒	27	15
13	♌	11	35	♍	25	59	♏	10	27	♐	14	17	♒	3	3	♓	11	9
14	♌	23	45	♎	7	49	♏	22	34	♐	26	53	♒	16	35	♓	25	13
15	♍	5	44	♎	19	41	♐	4	53	♑	9	45	♓	0	25	♈	9	26
16	♍	17	38	♏	1	38	♐	17	27	♑	22	56	♓	14	34	♈	23	46
17	♍	29	28	♏	13	45	♑	0	21	♒	6	30	♓	29	2	♉	8	11
18	♎	11	20	♏	26	5	♑	13	38	♒	20	29	♈	13	44	♉	22	34
19	♎	23	18	♐	8	43	♑	27	22	♓	4	53	♈	28	36	♊	6	51
20	♏	5	27	♐	21	43	♒	11	34	♓	19	41	♉	13	29	♊	20	56
21	♏	17	50	♑	5	9	♒	26	12	♈	4	46	♉	28	13	♋	4	46
22	♐	0	32	♑	19	1	♓	11	13	♈	19	59	♊	12	42	♋	18	16
23	♐	13	37	♒	3	19	♓	26	29	♉	5	11	♊	26	48	♌	1	25
24	♐	27	5	♒	18	1	♈	11	48	♉	20	10	♋	10	29	♌	14	13
25	♑	10	56	♓	3	1	♈	27	1	♊	4	47	♋	23	43	♌	26	43
26	♑	25	9	♓	18	9	♉	11	56	♊	18	56	♌	6	32	♍	8	56
27	♒	9	40	♈	3	17	♉	26	26	♋	2	34	♌	18	59	♍	20	58
28	♒	24	23	♈	18	15	♊	10	27	♋	15	44	♍	1	10	♎	2	52
29	♓	9	10	♉	2	55	♊	23	59	♋	28	28	♍	13	9	♎	14	44
30	♓	23	56	♉	17	12	♋	7	3	♌	10	51	♍	25	1	♎	26	39
31	♈	8	33	♊	1	4				♌	22	59				♏	8	40

Mond 1954

Tag	Januar			Februar			März			April			Mai			Juni		
	Z	°	'	Z	°	'	Z	°	'	Z	°	'	Z	°	'	Z	°	'
1	♏	20	52	♑	6	54	♑	14	41	♓	4	41	♈	13	3	♊	7	1
2	♐	3	18	♑	20	25	♑	28	12	♓	19	30	♈	28	16	♊	21	43
3	♐	16	1	♒	4	18	♒	12	11	♈	4	39	♉	13	33	♋	6	5
4	♐	29	2	♒	18	31	♒	26	37	♈	19	58	♉	28	41	♋	20	3
5	♑	12	20	♓	3	0	♓	11	24	♉	5	16	♊	13	31	♌	3	35
6	♑	25	54	♓	17	37	♓	26	26	♉	20	20	♊	27	56	♌	16	41
7	♒	9	43	♈	2	18	♈	11	32	♊	5	4	♋	11	53	♌	29	25
8	♒	23	42	♈	16	53	♈	26	33	♊	19	20	♋	25	21	♍	11	50
9	♓	7	50	♉	1	19	♉	11	21	♋	3	8	♌	8	22	♍	23	59
10	♓	22	1	♉	15	32	♉	25	48	♋	16	28	♌	21	2	♎	5	59
11	♈	6	15	♉	29	29	♊	9	51	♋	29	25	♍	3	23	♎	17	53
12	♈	20	27	♊	13	10	♊	23	31	♌	12	2	♍	15	30	♎	29	45
13	♉	4	36	♊	26	35	♋	6	48	♌	24	23	♍	27	29	♏	11	39
14	♉	18	40	♋	9	46	♋	19	46	♍	6	32	♎	9	23	♏	23	39
15	♊	2	36	♋	22	44	♌	2	28	♍	18	34	♎	21	14	♐	5	45
16	♊	16	23	♌	5	31	♌	14	57	♎	0	31	♏	3	7	♐	18	2
17	♊	29	59	♌	18	6	♌	27	16	♎	12	24	♏	15	2	♑	0	28
18	♋	13	22	♍	0	30	♍	9	27	♎	24	17	♏	27	2	♑	13	7
19	♋	26	32	♍	12	46	♍	21	31	♏	6	10	♐	9	8	♑	25	58
20	♌	9	26	♍	24	52	♎	3	30	♏	18	5	♐	21	21	♒	9	3
21	♌	22	5	♎	6	52	♎	15	26	♐	0	2	♑	3	43	♒	22	21
22	♍	4	30	♎	18	46	♎	27	18	♐	12	5	♑	16	16	♓	5	53
23	♍	16	43	♏	0	38	♏	9	10	♐	24	16	♑	29	2	♓	19	40
24	♍	28	45	♏	12	30	♏	21	4	♑	6	37	♒	12	3	♈	3	41
25	♎	10	40	♏	24	28	♐	3	2	♑	19	14	♒	25	24	♈	17	55
26	♎	22	32	♐	6	35	♐	15	8	♒	2	9	♓	9	5	♉	2	19
27	♏	4	26	♐	18	56	♐	27	26	♒	15	28	♓	23	7	♉	16	50
28	♏	16	26	♑	1	37	♑	10	2	♒	29	12	♈	7	31	♊	1	24
29	♏	28	36				♑	23	0	♓	13	25	♈	22	13	♊	15	54
30	♐	11	2				♒	6	24	♓	28	3	♉	7	7	♋	0	14
31	♐	23	47				♒	20	18				♉	22	6			

Tag	Juli			August			September			Oktober			November			Dezember		
	Z	°	'	Z	°	'	Z	°	'	Z	°	'	Z	°	'	Z	°	'
1	♋	14	21	♍	2	46	♎	18	7	♏	20	19	♑	4	42	♒	8	43
2	♋	28	8	♍	15	26	♏	0	5	♐	2	7	♑	16	52	♒	21	30
3	♌	11	35	♍	27	50	♏	11	58	♐	13	58	♑	29	17	♓	4	36
4	♌	24	41	♎	10	1	♏	23	48	♐	25	56	♒	12	2	♓	18	6
5	♍	7	26	♎	22	2	♐	5	41	♑	8	6	♒	25	11	♈	2	0
6	♍	19	52	♏	3	56	♐	17	41	♑	20	33	♓	8	49	♈	16	19
7	♎	2	4	♏	15	48	♐	29	55	♒	3	22	♓	22	56	♉	1	0
8	♎	14	5	♏	27	44	♑	12	26	♒	16	39	♈	7	32	♉	15	58
9	♎	26	0	♐	9	47	♑	25	19	♓	0	25	♈	22	31	♊	1	5
10	♏	7	53	♐	22	2	♒	8	38	♓	14	41	♉	7	46	♊	16	12
11	♏	19	49	♑	4	33	♒	22	24	♓	29	24	♉	23	6	♋	1	10
12	♐	1	51	♑	17	24	♓	6	36	♈	14	26	♊	8	19	♋	15	50
13	♐	14	4	♒	0	36	♓	21	9	♈	29	40	♊	23	16	♌	0	7
14	♐	26	30	♒	14	10	♈	5	57	♉	14	52	♋	7	50	♌	13	56
15	♑	9	11	♒	28	4	♈	20	52	♉	29	54	♋	21	57	♌	27	19
16	♑	22	8	♓	12	15	♉	5	43	♊	14	36	♌	5	36	♍	10	17
17	♒	5	22	♓	26	37	♉	20	24	♊	28	55	♌	18	49	♍	22	52
18	♒	18	51	♈	11	4	♊	4	49	♋	12	49	♍	1	39	♎	5	10
19	♓	2	33	♈	25	32	♊	18	56	♋	26	18	♍	14	10	♎	17	14
20	♓	16	28	♉	9	55	♋	2	43	♌	9	26	♍	26	26	♎	29	9
21	♈	0	31	♉	24	9	♋	16	12	♌	22	15	♎	8	31	♏	10	59
22	♈	14	40	♊	8	13	♋	29	25	♍	4	49	♎	20	29	♏	22	48
23	♈	28	53	♊	22	5	♌	12	23	♍	17	11	♏	2	22	♐	4	39
24	♉	13	7	♋	5	46	♌	25	10	♍	29	23	♏	14	12	♐	16	35
25	♉	27	20	♋	19	15	♍	7	45	♎	11	28	♏	26	2	♐	28	39
26	♊	11	29	♌	2	33	♍	20	10	♎	23	27	♐	7	54	♑	10	51
27	♊	25	32	♌	15	39	♎	2	27	♏	5	21	♐	19	48	♑	23	13
28	♋	9	25	♌	28	33	♎	14	35	♏	17	12	♑	1	48	♒	5	46
29	♋	23	8	♍	11	14	♎	26	35	♏	29	1	♑	13	55	♒	18	33
30	♌	6	36	♍	23	43	♏	8	29	♐	10	51	♑	26	12	♓	1	33
31	♌	19	49	♎	6	1				♐	22	43				♓	14	48

Mond 1955

Tag	Januar			Februar			März			April			Mai			Juni		
	Z	°	'	Z	°	'	Z	°	'	Z	°	'	Z	°	'	Z	°	'
1	♓	28	19	♉	21	6	♊	2	7	♋	24	43	♍	1	39	♎	18	57
2	♈	12	7	♊	5	18	♊	16	12	♌	8	13	♍	14	31	♏	1	3
3	♈	26	12	♊	19	33	♋	0	12	♌	21	30	♍	27	10	♏	13	0
4	♉	10	32	♋	3	47	♋	14	4	♍	4	36	♎	9	36	♏	24	52
5	♉	25	4	♋	17	59	♋	27	49	♍	17	31	♎	21	52	♐	6	41
6	♊	9	45	♌	2	3	♌	11	27	♎	0	14	♏	3	59	♐	18	30
7	♊	24	29	♌	15	57	♌	24	55	♎	12	45	♏	15	59	♑	0	19
8	♋	9	9	♌	29	36	♍	8	11	♎	25	6	♏	27	52	♑	12	12
9	♋	23	38	♍	12	56	♍	21	15	♏	7	15	♐	9	41	♑	24	12
10	♌	7	50	♍	25	58	♎	4	4	♏	19	15	♐	21	29	♒	6	21
11	♌	21	42	♎	8	40	♎	16	38	♐	1	8	♑	3	18	♒	18	42
12	♍	5	9	♎	21	3	♎	28	57	♐	12	56	♑	15	11	♓	1	18
13	♍	18	13	♏	3	11	♏	11	3	♐	24	44	♑	27	13	♓	14	14
14	♎	0	55	♏	15	8	♏	22	59	♑	6	36	♒	9	28	♓	27	31
15	♎	13	16	♏	26	59	♐	4	49	♑	18	36	♒	22	2	♈	11	12
16	♎	25	23	♐	8	48	♐	16	37	♒	0	51	♓	4	57	♈	25	18
17	♏	7	19	♐	20	42	♐	28	29	♒	13	26	♓	18	18	♉	9	48
18	♏	19	9	♑	2	44	♑	10	31	♒	26	25	♈	2	8	♉	24	37
19	♐	0	58	♑	15	1	♑	22	48	♓	9	51	♈	16	25	♊	9	40
20	♐	12	51	♑	27	35	♒	5	25	♓	23	46	♉	1	7	♊	24	48
21	♐	24	52	♒	10	29	♒	18	25	♈	8	8	♉	16	7	♋	9	52
22	♑	7	3	♒	23	43	♓	1	50	♈	22	51	♊	1	18	♋	24	44
23	♑	19	28	♓	7	18	♓	15	41	♉	7	49	♊	16	29	♌	9	17
24	♒	2	8	♓	21	10	♓	29	54	♉	22	52	♋	1	31	♌	23	25
25	♒	15	4	♈	5	14	♈	14	24	♊	7	51	♋	16	17	♍	7	7
26	♒	28	14	♈	19	26	♈	29	4	♊	22	37	♌	0	40	♍	20	22
27	♓	11	38	♉	3	42	♉	13	45	♋	7	7	♌	14	38	♎	3	13
28	♓	25	14	♉	17	56	♉	28	22	♋	21	15	♌	28	11	♎	15	43
29	♈	9	1				♊	12	48	♌	5	3	♍	11	21	♎	27	57
30	♈	22	56				♊	27	1	♌	18	30	♍	24	9	♏	9	58
31	♉	6	58				♋	10	59				♎	6	41			

Tag	Juli			August			September			Oktober			November			Dezember		
	Z	°	'	Z	°	'	Z	°	'	Z	°	'	Z	°	'	Z	°	'
1	♏	21	50	♑	5	48	♒	21	10	♓	26	6	♉	17	25	♊	25	44
2	♐	3	39	♑	17	51	♓	4	9	♈	9	60	♊	2	14	♋	10	48
3	♐	15	27	♒	0	4	♓	17	24	♈	24	8	♊	17	2	♋	25	39
4	♐	27	17	♒	12	30	♈	0	54	♉	8	26	♋	1	42	♌	10	11
5	♑	9	12	♒	25	9	♈	14	37	♉	22	49	♋	16	11	♌	24	19
6	♑	21	14	♓	8	2	♈	28	29	♊	7	11	♌	0	23	♍	8	4
7	♒	3	25	♓	21	9	♉	12	27	♊	21	29	♌	14	19	♍	21	24
8	♒	15	46	♈	4	28	♉	26	30	♋	5	40	♌	27	58	♎	4	24
9	♒	28	20	♈	17	59	♊	10	35	♋	19	44	♍	11	21	♎	17	4
10	♓	11	8	♉	1	41	♊	24	41	♌	3	39	♍	24	28	♎	29	29
11	♓	24	10	♉	15	35	♋	8	49	♌	17	25	♎	7	21	♏	11	42
12	♈	7	30	♉	29	40	♋	22	56	♍	1	1	♎	20	1	♏	23	44
13	♈	21	8	♊	13	54	♌	7	0	♍	14	27	♏	2	28	♐	5	10
14	♉	5	4	♊	28	17	♌	21	0	♍	27	41	♏	14	45	♐	17	31
15	♉	19	18	♋	12	45	♍	4	51	♎	10	42	♏	26	51	♐	29	19
16	♊	3	49	♋	27	15	♍	18	30	♎	23	29	♐	8	49	♑	11	6
17	♊	18	33	♌	11	40	♎	1	53	♏	6	2	♐	20	40	♑	22	55
18	♋	3	24	♌	25	55	♎	14	58	♏	18	20	♑	2	27	♒	4	48
19	♋	18	16	♍	9	54	♎	27	44	♐	0	26	♑	14	14	♒	16	48
20	♌	3	1	♍	23	33	♏	10	12	♐	12	22	♑	26	3	♒	28	57
21	♌	17	31	♎	6	50	♏	22	24	♐	24	11	♒	7	59	♓	11	21
22	♍	1	41	♎	19	43	♐	4	23	♑	5	57	♒	20	7	♓	24	1
23	♍	15	26	♏	2	16	♐	16	13	♑	17	46	♓	2	31	♈	7	3
24	♍	28	46	♏	14	30	♐	28	1	♑	29	43	♓	15	16	♈	20	29
25	♎	11	40	♏	26	30	♑	9	52	♒	11	53	♓	28	26	♉	4	21
26	♎	24	12	♐	8	21	♑	21	50	♒	24	22	♈	12	3	♉	18	39
27	♏	6	26	♐	20	10	♒	4	2	♓	7	12	♈	26	8	♊	3	22
28	♏	18	26	♑	2	0	♒	16	31	♓	20	28	♉	10	39	♊	18	24
29	♐	0	17	♑	13	58	♒	29	20	♈	4	10	♉	25	30	♋	3	38
30	♐	12	5	♑	26	6	♓	12	32	♈	18	17	♊	10	35	♋	18	53
31	♐	23	54	♒	8	30				♉	2	44				♌	4	0

Mond 1956

Tag	Januar			Februar			März			April			Mai			Juni		
	Z	°	'	Z	°	'	Z	°	'	Z	°	'	Z	°	'	Z	°	'
1	♌	18	50	♎	9	5	♏	0	8	♐	15	15	♑	16	56	♓	0	56
2	♍	3	15	♎	22	14	♏	12	55	♐	27	13	♑	28	47	♓	13	11
3	♍	17	13	♏	4	57	♏	25	20	♑	9	4	♒	10	41	♓	25	42
4	♎	0	42	♏	17	19	♐	7	28	♑	20	53	♒	22	44	♈	8	35
5	♎	13	44	♏	29	23	♐	19	23	♒	2	47	♓	5	1	♈	21	51
6	♎	26	22	♐	11	17	♑	1	12	♒	14	49	♓	17	35	♉	5	33
7	♏	8	42	♐	23	4	♑	13	0	♒	27	5	♈	0	29	♉	19	40
8	♏	20	47	♑	4	50	♑	24	51	♓	9	38	♈	13	47	♊	4	10
9	♐	2	42	♑	16	39	♒	6	51	♓	22	28	♈	27	27	♊	18	58
10	♐	14	31	♑	28	34	♒	19	3	♈	5	39	♉	11	28	♋	3	56
11	♐	26	17	♒	10	37	♓	1	28	♈	19	7	♉	25	47	♋	18	57
12	♑	8	4	♒	22	51	♓	14	8	♉	2	51	♊	10	17	♌	3	52
13	♑	19	55	♓	5	16	♓	27	2	♉	16	47	♊	24	54	♌	18	33
14	♒	1	50	♓	17	51	♈	10	11	♊	0	52	♋	9	32	♍	2	56
15	♒	13	51	♈	0	38	♈	23	31	♊	15	3	♋	24	4	♍	16	56
16	♒	26	1	♈	13	37	♉	7	2	♊	29	15	♌	8	27	♎	0	34
17	♓	8	20	♈	26	47	♉	20	42	♋	13	28	♌	22	37	♎	13	50
18	♓	20	51	♉	10	9	♊	4	30	♋	27	38	♍	6	33	♎	26	47
19	♈	3	35	♉	23	46	♊	18	25	♌	11	45	♍	20	13	♏	9	26
20	♈	16	35	♊	7	37	♋	2	28	♌	25	46	♎	3	39	♏	21	52
21	♈	29	53	♊	21	45	♋	16	38	♍	9	40	♎	16	49	♐	4	6
22	♉	13	33	♋	6	7	♌	0	53	♍	23	25	♎	29	46	♐	16	11
23	♉	27	34	♋	20	42	♌	15	11	♎	6	58	♏	12	28	♐	28	9
24	♊	11	58	♌	5	25	♌	29	28	♎	20	18	♏	24	58	♑	10	3
25	♊	26	41	♌	20	10	♍	13	40	♏	3	23	♐	7	16	♑	21	54
26	♋	11	40	♍	4	48	♍	27	41	♏	16	12	♐	19	24	♒	3	44
27	♋	26	47	♍	19	13	♎	11	27	♏	28	45	♑	1	24	♒	15	36
28	♌	11	52	♎	3	17	♎	24	53	♐	11	3	♑	13	17	♒	27	32
29	♌	26	45	♎	16	55	♏	7	58	♐	23	9	♑	25	8	♓	9	36
30	♍	11	19				♏	20	42	♑	5	5	♒	6	59	♓	21	51
31	♍	25	26				♐	3	7				♒	18	53			

Tag	Juli			August			September			Oktober			November			Dezember		
	Z	°	'	Z	°	'	Z	°	'	Z	°	'	Z	°	'	Z	°	'
1	♈	4	20	♉	22	57	♋	15	7	♌	24	17	♎	16	41	♏	22	32
2	♈	17	8	♊	6	50	♋	29	51	♍	8	52	♏	0	20	♐	5	18
3	♉	0	19	♊	21	8	♌	14	47	♍	23	23	♏	13	43	♐	17	51
4	♉	13	55	♋	5	50	♌	29	47	♎	7	43	♏	26	48	♑	0	12
5	♉	27	57	♋	20	51	♍	14	41	♎	21	47	♐	9	36	♑	12	22
6	♊	12	26	♌	6	4	♍	29	21	♏	5	29	♐	22	6	♑	24	23
7	♊	27	17	♌	21	17	♎	13	38	♏	18	47	♑	4	22	♒	6	18
8	♋	12	24	♍	6	21	♎	27	29	♐	1	43	♑	16	25	♒	18	10
9	♋	27	39	♍	21	6	♏	10	52	♐	14	17	♑	28	21	♓	0	1
10	♌	12	50	♎	5	24	♏	23	48	♐	26	34	♒	10	13	♓	11	58
11	♌	27	48	♎	19	13	♐	6	21	♑	8	37	♒	22	6	♓	24	4
12	♍	12	24	♏	2	33	♐	18	35	♑	20	32	♓	4	5	♈	6	24
13	♍	26	35	♏	15	26	♑	0	37	♒	2	23	♓	16	14	♈	19	2
14	♎	10	17	♏	27	57	♑	12	30	♒	14	16	♓	28	38	♉	2	3
15	♎	23	33	♐	10	10	♑	24	20	♒	26	16	♈	11	20	♉	15	29
16	♏	6	25	♐	22	10	♒	6	12	♓	8	25	♈	24	21	♉	29	21
17	♏	18	56	♑	4	3	♒	18	8	♓	20	47	♉	7	43	♊	13	37
18	♐	1	12	♑	15	53	♓	0	13	♈	3	23	♉	21	25	♊	28	14
19	♐	13	16	♑	27	43	♓	12	27	♈	16	15	♊	5	25	♋	13	5
20	♐	25	12	♒	9	36	♓	24	52	♈	29	23	♊	19	39	♋	28	1
21	♑	7	4	♒	21	34	♈	7	29	♉	12	44	♋	4	1	♌	12	54
22	♑	18	54	♓	3	38	♈	20	16	♉	26	18	♋	18	28	♌	27	37
23	♒	0	45	♓	15	50	♉	3	15	♊	10	3	♌	2	54	♍	12	3
24	♒	12	38	♓	28	11	♉	16	25	♊	23	57	♌	17	15	♍	26	9
25	♒	24	34	♈	10	41	♉	29	46	♋	7	57	♍	1	27	♎	9	54
26	♓	6	37	♈	23	22	♊	13	19	♋	22	4	♍	15	29	♎	23	19
27	♓	18	46	♉	6	16	♊	27	6	♌	6	14	♍	29	19	♏	6	26
28	♈	1	5	♉	19	24	♋	11	6	♌	20	26	♎	12	57	♏	19	17
29	♈	13	36	♊	2	49	♋	25	19	♍	4	38	♎	26	22	♐	1	55
30	♈	26	23	♊	16	35	♌	9	44	♍	18	47	♏	9	33	♐	14	21
31	♉	9	29	♋	0	41				♎	2	49				♐	26	38

Mond 1957

Tag	Januar Z	°	'	Februar Z	°	'	März Z	°	'	April Z	°	'	Mai Z	°	'	Juni Z	°	'
1	♑	8	47	♒	23	24	♓	2	16	♈	17	26	♉	21	53	♋	12	18
2	♑	20	49	♓	5	16	♓	14	12	♈	29	54	♊	5	6	♋	26	34
3	♒	2	46	♓	17	10	♓	26	13	♉	12	33	♊	18	33	♌	10	54
4	♒	14	39	♓	29	9	♈	8	19	♉	25	24	♋	2	12	♌	25	14
5	♒	26	30	♈	11	13	♈	20	33	♊	8	27	♋	16	3	♍	9	31
6	♓	8	22	♈	23	28	♉	2	56	♊	21	46	♌	0	3	♍	23	41
7	♓	20	17	♉	5	57	♉	15	31	♋	5	20	♌	14	12	♎	7	43
8	♈	2	20	♉	18	44	♉	28	20	♋	19	11	♌	28	26	♎	21	36
9	♈	14	35	♊	1	54	♊	11	29	♌	3	19	♍	12	44	♏	5	18
10	♈	27	6	♊	15	31	♊	24	59	♌	17	43	♍	27	3	♏	18	48
11	♉	10	0	♊	29	37	♋	8	53	♍	2	18	♎	11	18	♐	2	7
12	♉	23	19	♋	14	11	♋	23	11	♍	17	1	♎	25	26	♐	15	12
13	♊	7	7	♋	29	10	♌	7	52	♎	1	45	♏	9	24	♐	28	5
14	♊	21	24	♌	14	26	♌	22	51	♎	16	21	♏	23	7	♑	10	44
15	♋	6	7	♌	29	49	♍	8	0	♏	0	44	♐	6	33	♑	23	9
16	♋	21	12	♍	15	6	♍	23	8	♏	14	48	♐	19	42	♒	5	23
17	♌	6	28	♎	0	6	♎	8	4	♏	28	28	♑	2	31	♒	17	26
18	♌	21	45	♎	14	41	♎	22	42	♐	11	45	♑	15	4	♒	29	23
19	♍	6	51	♎	28	47	♏	6	54	♐	24	39	♑	27	22	♓	11	15
20	♍	21	37	♏	12	23	♏	20	37	♑	7	13	♒	9	27	♓	23	9
21	♎	5	58	♏	25	31	♐	3	52	♑	19	29	♒	21	24	♈	5	7
22	♎	19	51	♐	8	14	♐	16	43	♒	1	33	♓	3	18	♈	17	16
23	♏	3	18	♐	20	38	♐	29	11	♒	13	29	♓	15	12	♈	29	40
24	♏	16	20	♑	2	47	♑	11	24	♒	25	21	♓	27	12	♉	12	23
25	♏	29	1	♑	14	47	♑	23	24	♓	7	15	♈	9	21	♉	25	29
26	♐	11	27	♑	26	41	♒	5	18	♓	19	13	♈	21	44	♊	8	59
27	♐	23	40	♒	8	32	♒	17	9	♈	1	20	♉	4	24	♊	22	54
28	♑	5	45	♒	20	23	♒	29	0	♈	13	38	♉	17	23	♋	7	10
29	♑	17	44				♓	10	56	♈	26	9	♊	0	41	♋	21	43
30	♑	29	39				♓	22	58	♉	8	54	♊	14	18	♌	6	26
31	♒	11	32				♈	5	7				♊	28	11			

Tag	Juli Z	°	'	August Z	°	'	September Z	°	'	Oktober Z	°	'	November Z	°	'	Dezember Z	°	'
1	♌	21	11	♎	14	49	♐	5	26	♑	9	60	♒	24	53	♓	26	34
2	♍	5	51	♎	28	50	♐	18	22	♑	22	21	♓	6	46	♈	8	27
3	♍	20	19	♏	12	29	♑	0	59	♒	4	30	♓	18	37	♈	20	28
4	♎	4	33	♏	25	45	♑	13	22	♒	16	29	♈	0	30	♉	2	40
5	♎	18	30	♐	8	44	♑	25	33	♒	28	22	♈	12	28	♉	15	6
6	♏	2	10	♐	21	26	♒	7	36	♓	10	13	♈	24	35	♉	27	50
7	♏	15	34	♑	3	56	♒	19	33	♓	22	5	♉	6	52	♊	10	53
8	♏	28	43	♑	16	16	♓	1	27	♈	4	0	♉	19	21	♊	24	12
9	♐	11	40	♑	28	28	♓	13	19	♈	15	59	♊	2	3	♋	7	48
10	♐	24	26	♒	10	33	♓	25	10	♈	28	4	♊	14	58	♋	21	38
11	♑	7	0	♒	22	32	♈	7	3	♉	10	18	♊	28	7	♌	5	37
12	♑	19	25	♓	4	26	♈	18	60	♉	22	41	♋	11	29	♌	19	42
13	♒	1	40	♓	16	18	♉	1	2	♊	5	15	♋	25	1	♍	3	51
14	♒	13	46	♓	28	8	♉	13	12	♊	18	4	♌	8	52	♍	18	0
15	♒	25	45	♈	10	0	♉	25	35	♋	1	9	♌	22	52	♎	2	8
16	♓	7	39	♈	21	57	♊	8	14	♋	14	32	♍	7	2	♎	16	13
17	♓	19	30	♉	4	3	♊	21	13	♋	28	16	♍	21	21	♏	0	14
18	♈	1	22	♉	16	22	♋	4	36	♌	12	20	♎	5	45	♏	14	10
19	♈	13	18	♉	29	0	♋	18	25	♌	26	43	♎	20	12	♏	27	59
20	♈	25	25	♊	12	2	♌	2	42	♍	11	23	♏	4	37	♐	11	39
21	♉	7	46	♊	25	30	♌	17	23	♍	26	14	♏	18	54	♐	25	7
22	♉	20	27	♋	9	29	♍	2	24	♎	11	9	♐	2	59	♑	8	22
23	♊	3	33	♋	23	56	♍	17	36	♎	26	0	♐	16	48	♑	21	20
24	♊	17	6	♌	8	49	♎	2	49	♏	10	38	♑	0	17	♒	4	2
25	♋	1	8	♌	23	59	♎	17	52	♏	24	59	♑	13	25	♒	16	28
26	♋	15	37	♍	9	17	♏	2	38	♐	8	56	♑	26	11	♒	28	39
27	♌	0	27	♍	24	32	♏	16	59	♐	22	28	♒	8	39	♓	10	38
28	♌	15	31	♎	9	32	♐	0	53	♑	5	35	♒	20	51	♓	22	30
29	♍	0	38	♎	24	10	♐	14	19	♑	18	20	♓	2	51	♈	4	19
30	♍	15	39	♏	8	22	♐	27	20	♒	0	45	♓	14	44	♈	16	11
31	♎	0	24	♏	22	7				♒	12	54				♈	28	10

Tag	Januar Z	°	'	Februar Z	°	'	März Z	°	'	April Z	°	'
1	♉	10	23	♊	26	47	♋	4	51	♌	25	42
2	♉	22	53	♋	10	33	♋	18	32	♍	10	31
3	♊	5	45	♋	24	47	♌	2	43	♍	25	37
4	♊	19	0	♌	9	24	♌	17	22	♎	10	51
5	♋	2	40	♌	24	16	♍	2	21	♎	26	3
6	♋	16	41	♍	9	15	♍	17	33	♏	11	3
7	♌	0	59	♍	24	12	♎	2	47	♏	25	43
8	♌	15	28	♎	8	57	♎	17	53	♐	9	59
9	♍	0	0	♎	23	26	♏	2	42	♐	23	48
10	♍	14	31	♏	7	36	♏	17	9	♑	7	11
11	♍	28	53	♏	21	25	♐	1	11	♑	20	9
12	♎	13	5	♐	4	55	♐	14	48	♒	2	45
13	♎	27	5	♐	18	8	♐	28	2	♒	15	5
14	♏	10	53	♑	1	7	♑	10	56	♒	27	11
15	♏	24	29	♑	13	52	♑	23	32	♓	9	7
16	♐	7	54	♑	26	26	♒	5	55	♓	20	58
17	♐	21	9	♒	8	50	♒	18	6	♈	2	45
18	♑	4	13	♒	21	5	♓	0	9	♈	14	33
19	♑	17	6	♓	3	11	♓	12	5	♈	26	24
20	♑	29	48	♓	15	9	♓	23	57	♉	8	19
21	♒	12	18	♓	27	2	♈	5	45	♉	20	21
22	♒	24	35	♈	8	50	♈	17	33	♊	2	31
23	♓	6	41	♈	20	36	♈	29	22	♊	14	53
24	♓	18	38	♉	2	25	♉	11	15	♊	27	28
25	♈	0	28	♉	14	21	♉	23	15	♋	10	18
26	♈	12	15	♉	26	29	♊	5	26	♋	23	27
27	♈	24	4	♊	8	53	♊	17	52	♌	6	56
28	♉	6	1	♊	21	39	♋	0	36	♌	20	46
29	♉	18	10				♋	13	43	♍	4	57
30	♊	0	38				♋	27	15	♍	19	29
31	♊	13	29				♌	11	15			

Tag	Mai Z	°	'	Juni Z	°	'	Juli Z	°	'	August Z	°	'
1	♎	4	16	♏	27	38	♑	4	51	♒	23	6
2	♎	19	13	♐	12	5	♑	18	28	♓	5	35
3	♏	4	13	♐	26	16	♒	1	47	♓	17	50
4	♏	19	8	♑	10	9	♒	14	46	♓	29	53
5	♐	3	48	♑	23	38	♒	27	25	♈	11	46
6	♐	18	9	♒	6	44	♓	9	47	♈	23	34
7	♑	2	5	♒	19	27	♓	21	53	♉	5	23
8	♑	15	35	♓	1	50	♈	3	48	♉	17	16
9	♑	28	40	♓	13	57	♈	15	38	♉	29	21
10	♒	11	21	♓	25	53	♈	27	27	♊	11	41
11	♒	23	42	♈	7	42	♉	9	21	♊	24	22
12	♓	5	47	♈	19	31	♉	21	25	♋	7	27
13	♓	17	42	♉	1	23	♊	3	44	♋	20	56
14	♓	29	31	♉	13	24	♊	16	21	♌	4	50
15	♈	11	19	♉	25	36	♊	29	18	♌	19	4
16	♈	23	8	♊	8	4	♋	12	37	♍	3	34
17	♉	5	4	♊	20	47	♋	26	15	♍	18	13
18	♉	17	8	♋	3	47	♌	10	9	♎	2	52
19	♉	29	22	♋	17	2	♌	24	15	♎	17	28
20	♊	11	48	♌	0	31	♍	8	29	♏	1	54
21	♊	24	27	♌	14	12	♍	22	45	♏	16	7
22	♋	7	20	♌	28	3	♎	7	0	♐	0	7
23	♋	20	26	♍	12	0	♎	21	12	♐	13	52
24	♌	3	46	♍	26	3	♏	5	18	♐	27	24
25	♌	17	21	♎	10	11	♏	19	19	♑	10	43
26	♍	1	9	♎	24	22	♐	3	13	♑	23	49
27	♍	15	12	♏	8	35	♐	16	60	♒	6	42
28	♍	29	27	♏	22	47	♑	0	38	♒	19	23
29	♎	13	53	♐	6	57	♑	14	5	♓	1	51
30	♎	28	26	♐	21	0	♑	27	20	♓	14	7
31	♏	13	4				♒	10	21	♓	26	12

Tag	September Z	°	'	Oktober Z	°	'	November Z	°	'	Dezember Z	°	'
1	♈	8	9	♉	10	19	♊	25	18	♌	0	10
2	♈	19	59	♉	22	9	♋	7	41	♌	13	12
3	♉	1	46	♊	4	4	♋	20	19	♌	26	28
4	♉	13	33	♊	16	8	♌	3	14	♍	10	1
5	♉	25	27	♊	28	26	♌	16	30	♍	23	51
6	♊	7	30	♋	11	2	♍	0	8	♎	7	59
7	♊	19	49	♋	24	0	♍	14	11	♎	22	24
8	♋	2	28	♌	7	23	♍	28	37	♏	7	4
9	♋	15	31	♌	21	13	♎	13	23	♏	21	55
10	♋	29	1	♍	5	30	♎	28	25	♐	6	48
11	♌	12	59	♍	20	12	♏	13	35	♐	21	36
12	♌	27	22	♎	5	11	♏	28	43	♑	6	10
13	♍	12	5	♎	20	22	♐	13	39	♑	20	23
14	♍	27	2	♏	5	34	♐	28	15	♒	4	11
15	♎	12	3	♏	20	37	♑	12	26	♒	17	31
16	♎	27	1	♐	5	25	♑	26	9	♓	0	25
17	♏	11	47	♐	19	49	♒	9	24	♓	12	55
18	♏	26	16	♑	3	49	♒	22	12	♓	25	7
19	♐	10	25	♑	17	22	♓	4	39	♈	7	4
20	♐	24	14	♒	0	30	♓	16	49	♈	18	54
21	♑	7	41	♒	13	16	♓	28	46	♉	0	40
22	♑	20	50	♒	25	44	♈	10	36	♉	12	29
23	♒	3	41	♓	7	57	♈	22	23	♉	24	24
24	♒	16	18	♓	19	59	♉	4	10	♊	6	29
25	♒	28	41	♈	1	53	♉	16	2	♊	18	47
26	♓	10	54	♈	13	43	♉	27	59	♋	1	17
27	♓	22	57	♈	25	31	♊	10	5	♋	14	1
28	♈	4	54	♉	7	19	♊	22	20	♋	26	58
29	♈	16	45	♉	19	9	♋	4	45	♌	10	7
30	♈	28	32	♊	1	5	♋	17	22	♌	23	27
31				♊	13	7				♍	6	57

Mond 1959

Tag	Januar Z	°	'	Februar Z	°	'	März Z	°	'	April Z	°	'	Mai Z	°	'	Juni Z	°	'
1	♉	20	36	♋	13	27	♋	24	21	♍	16	45	♎	23	6	♐	9	23
2	♊	4	25	♋	27	33	♌	8	29	♎	0	10	♏	5	47	♐	21	19
3	♊	18	24	♌	11	37	♌	22	27	♎	13	16	♏	18	10	♑	3	8
4	♋	2	33	♌	25	39	♍	6	14	♎	26	6	♐	0	20	♑	14	56
5	♋	16	50	♍	9	34	♍	19	48	♏	8	41	♐	12	21	♑	26	45
6	♌	1	15	♍	23	22	♎	3	10	♏	21	4	♐	24	15	♒	8	37
7	♌	15	42	♎	6	57	♎	16	19	♐	3	16	♑	6	5	♒	20	35
8	♍	0	6	♎	20	16	♎	29	14	♐	15	19	♑	17	54	♓	2	40
9	♍	14	21	♏	3	19	♏	11	56	♐	27	15	♑	29	43	♓	14	52
10	♍	28	21	♏	16	3	♏	24	24	♑	9	7	♒	11	35	♓	27	14
11	♎	12	1	♏	28	30	♐	6	40	♑	20	56	♒	23	31	♈	9	47
12	♎	25	18	♐	10	42	♐	18	45	♒	2	45	♓	5	34	♈	22	32
13	♏	8	12	♐	22	41	♑	0	41	♒	14	37	♓	17	46	♉	5	32
14	♏	20	43	♑	4	32	♑	12	31	♒	26	35	♈	0	10	♉	18	50
15	♐	2	57	♑	16	20	♑	24	20	♓	8	43	♈	12	49	♊	2	28
16	♐	14	56	♑	28	11	♒	6	10	♓	21	6	♈	25	48	♊	16	28
17	♐	26	47	♒	10	9	♒	18	7	♈	3	46	♉	9	8	♋	0	49
18	♑	8	34	♒	22	20	♓	0	16	♈	16	50	♉	22	54	♋	15	31
19	♑	20	24	♓	4	47	♓	12	41	♉	0	18	♊	7	5	♌	0	28
20	♒	2	22	♓	17	35	♓	25	27	♉	14	14	♊	21	41	♌	15	33
21	♒	14	32	♈	0	45	♈	8	36	♉	28	35	♋	6	38	♍	0	36
22	♒	26	58	♈	14	18	♈	22	11	♊	13	20	♋	21	49	♍	15	28
23	♓	9	41	♈	28	11	♉	6	12	♊	28	23	♌	7	5	♍	29	59
24	♓	22	42	♉	12	21	♉	20	34	♋	13	34	♌	22	15	♎	14	5
25	♈	6	0	♉	26	42	♊	5	15	♋	28	45	♍	7	9	♎	27	41
26	♈	19	34	♊	11	10	♊	20	7	♌	13	45	♍	21	40	♏	10	50
27	♉	3	19	♊	25	38	♋	5	2	♌	28	28	♎	5	41	♏	23	32
28	♉	17	13	♋	10	3	♋	19	53	♍	12	46	♎	19	14	♐	5	54
29	♊	1	13				♌	4	32	♍	26	38	♏	2	18	♐	17	59
30	♊	15	16				♌	18	56	♎	10	4	♏	14	58	♐	29	54
31	♊	29	21				♍	3	1				♏	27	18			

Tag	Juli Z	°	'	August Z	°	'	September Z	°	'	Oktober Z	°	'	November Z	°	'	Dezember Z	°	'
1	♑	11	44	♒	25	44	♈	11	31	♉	16	27	♋	7	57	♌	16	30
2	♑	23	32	♓	7	58	♈	24	41	♊	0	30	♋	23	2	♍	1	47
3	♒	5	24	♓	20	25	♉	8	10	♊	14	52	♌	8	10	♍	16	49
4	♒	17	21	♈	3	6	♉	21	54	♊	29	27	♌	23	9	♎	1	27
5	♒	29	28	♈	16	2	♊	5	52	♋	14	8	♍	7	53	♎	15	37
6	♓	11	43	♈	29	10	♊	19	60	♋	28	50	♍	22	15	♎	29	17
7	♓	24	10	♉	12	31	♋	4	13	♌	13	26	♎	6	12	♏	12	29
8	♈	6	47	♉	26	3	♋	18	30	♌	27	50	♎	19	46	♏	25	17
9	♈	19	35	♊	9	45	♌	2	46	♍	11	60	♏	2	56	♐	7	46
10	♉	2	35	♊	23	36	♌	16	59	♍	25	53	♏	15	47	♐	19	59
11	♉	15	46	♋	7	36	♍	1	7	♎	9	29	♏	28	21	♑	2	2
12	♉	29	11	♋	21	43	♍	15	9	♎	22	50	♐	10	43	♑	13	58
13	♊	12	50	♌	5	57	♍	29	1	♏	5	54	♐	22	54	♑	25	51
14	♊	26	44	♌	20	16	♎	12	41	♏	18	45	♑	4	59	♒	7	42
15	♋	10	55	♍	4	35	♎	26	10	♐	1	23	♑	16	57	♒	19	35
16	♋	25	20	♍	18	51	♏	9	24	♐	13	50	♑	28	52	♓	1	29
17	♌	9	56	♎	2	59	♏	22	24	♐	26	6	♒	10	45	♓	13	27
18	♌	24	40	♎	16	55	♐	5	8	♑	8	14	♒	22	36	♓	25	29
19	♍	9	22	♏	0	34	♐	17	37	♑	20	14	♓	4	29	♈	7	37
20	♍	23	57	♏	13	53	♐	29	53	♒	2	8	♓	16	25	♈	19	53
21	♎	8	16	♏	26	53	♑	11	59	♒	14	0	♓	28	27	♉	2	21
22	♎	22	13	♐	9	32	♑	23	55	♒	25	51	♈	10	39	♉	15	4
23	♏	5	46	♐	21	54	♒	5	48	♓	7	46	♈	23	4	♉	28	5
24	♏	18	54	♑	4	2	♒	17	39	♓	19	48	♉	5	48	♊	11	28
25	♐	1	37	♑	15	60	♒	29	35	♈	2	1	♉	18	55	♊	25	17
26	♐	14	1	♑	27	52	♓	11	40	♈	14	31	♊	2	28	♋	9	33
27	♐	26	8	♒	9	44	♓	23	57	♈	27	22	♊	16	30	♋	24	14
28	♑	8	5	♒	21	40	♈	6	32	♉	10	38	♋	1	0	♌	9	16
29	♑	19	56	♓	3	46	♈	19	27	♉	24	20	♋	15	55	♌	24	30
30	♒	1	47	♓	16	4	♉	2	46	♊	8	29	♌	1	9	♍	9	46
31	♒	13	42	♓	28	38				♊	23	3				♍	24	52

Tag	Januar			Februar			März			April			Mai			Juni		
	Z	°	'	Z	°	'	Z	°	'	Z	°	'	Z	°	'	Z	°	'
1	♒	9	39	♓	29	5	♈	19	48	♊	4	45	♋	6	44	♌	21	2
2	♒	23	59	♈	12	5	♉	2	27	♊	16	44	♋	18	35	♍	3	16
3	♓	7	49	♈	24	42	♉	14	48	♊	28	38	♌	0	30	♍	15	46
4	♓	21	10	♉	7	0	♉	26	56	♋	10	31	♌	12	33	♍	28	37
5	♈	4	3	♉	19	4	♊	8	54	♋	22	27	♌	24	49	♎	11	55
6	♈	16	34	♊	1	0	♊	20	47	♌	4	32	♍	7	22	♎	25	41
7	♈	28	48	♊	12	51	♋	2	40	♌	16	51	♍	20	18	♏	9	57
8	♉	10	49	♊	24	43	♋	14	38	♌	29	27	♎	3	39	♏	24	41
9	♉	22	43	♋	6	40	♋	26	44	♍	12	23	♎	17	28	♐	9	45
10	♊	4	33	♋	18	44	♌	9	2	♍	25	42	♏	1	44	♐	25	1
11	♊	16	24	♌	0	57	♌	21	35	♎	9	24	♏	16	23	♑	10	18
12	♊	28	18	♌	13	22	♍	4	25	♎	23	27	♐	1	18	♑	25	25
13	♋	10	18	♌	25	58	♍	17	32	♏	7	47	♐	16	20	♒	10	11
14	♋	22	23	♍	8	47	♎	0	56	♏	22	19	♑	1	20	♒	24	33
15	♌	4	36	♍	21	48	♎	14	36	♐	6	56	♑	16	10	♓	8	28
16	♌	16	57	♎	5	1	♎	28	28	♐	21	31	♒	0	41	♓	21	56
17	♌	29	26	♎	18	26	♏	12	31	♑	6	0	♒	14	51	♈	5	1
18	♍	12	7	♏	2	3	♏	26	40	♑	20	17	♒	28	38	♈	17	45
19	♍	24	59	♏	15	52	♐	10	53	♒	4	21	♓	12	5	♉	0	13
20	♎	8	5	♏	29	53	♐	25	7	♒	18	9	♓	25	12	♉	12	29
21	♎	21	29	♐	14	4	♑	9	19	♓	1	43	♈	8	2	♉	24	36
22	♏	5	11	♐	28	24	♑	23	27	♓	15	3	♈	20	39	♊	6	36
23	♏	19	13	♑	12	50	♒	7	29	♓	28	10	♉	3	5	♊	18	32
24	♐	3	35	♑	27	16	♒	21	23	♈	11	4	♉	15	22	♋	0	25
25	♐	18	15	♒	11	38	♓	5	6	♈	23	47	♉	27	31	♋	12	16
26	♑	3	6	♒	25	51	♓	18	38	♉	6	19	♊	9	34	♋	24	8
27	♑	18	2	♓	9	50	♈	1	55	♉	18	41	♊	21	31	♌	6	1
28	♒	2	53	♓	23	30	♈	14	59	♊	0	52	♋	3	24	♌	17	59
29	♒	17	31	♈	6	49	♈	27	46	♊	12	55	♋	15	15	♍	0	3
30	♓	1	48				♉	10	19	♊	24	51	♋	27	6	♍	12	19
31	♓	15	40				♉	22	38				♌	9	1			

Tag	Juli			August			September			Oktober			November			Dezember		
	Z	°	'	Z	°	'	Z	°	'	Z	°	'	Z	°	'	Z	°	'
1	♍	24	49	♏	14	12	♑	7	8	♒	16	17	♈	7	43	♉	13	16
2	♎	7	39	♏	28	11	♑	21	42	♓	0	27	♈	21	0	♉	25	50
3	♎	20	51	♐	12	33	♒	6	22	♓	14	30	♉	4	5	♊	8	14
4	♏	4	31	♐	27	15	♒	21	0	♓	28	24	♉	16	58	♊	20	29
5	♏	18	39	♑	12	12	♓	5	31	♈	12	5	♉	29	37	♋	2	34
6	♐	3	15	♑	27	16	♓	19	48	♈	25	30	♊	12	2	♋	14	31
7	♐	18	14	♒	12	17	♈	3	47	♉	8	38	♊	24	15	♋	26	23
8	♑	3	27	♒	27	7	♈	17	25	♉	21	28	♋	6	16	♌	8	11
9	♑	18	45	♓	11	38	♉	0	41	♊	4	0	♋	18	10	♌	19	59
10	♒	3	57	♓	25	45	♉	13	34	♊	16	17	♌	0	0	♍	1	53
11	♒	18	52	♈	9	26	♉	26	7	♊	28	21	♌	11	50	♍	13	56
12	♓	3	24	♈	22	41	♊	8	24	♋	10	16	♌	23	46	♍	26	15
13	♓	17	27	♉	5	31	♊	20	28	♋	22	8	♍	5	53	♎	8	55
14	♈	1	3	♉	18	1	♋	2	23	♌	4	0	♍	18	16	♎	22	1
15	♈	14	12	♊	0	15	♋	14	15	♌	15	58	♎	1	0	♏	5	35
16	♈	26	57	♊	12	17	♋	26	8	♌	28	7	♎	14	9	♏	19	40
17	♉	9	24	♊	24	12	♌	8	6	♍	10	31	♎	27	45	♐	4	13
18	♉	21	37	♋	6	4	♌	20	13	♍	23	13	♏	11	47	♐	19	7
19	♊	3	39	♋	17	56	♍	2	31	♎	6	16	♏	26	11	♑	4	15
20	♊	15	35	♋	29	51	♍	15	3	♎	19	40	♐	10	51	♑	19	26
21	♊	27	27	♌	11	52	♍	27	51	♏	3	24	♐	25	39	♒	4	29
22	♋	9	18	♌	24	1	♎	10	54	♏	17	25	♑	10	27	♒	19	16
23	♋	21	11	♍	6	20	♎	24	13	♐	1	37	♑	25	7	♓	3	42
24	♌	3	6	♍	18	49	♏	7	45	♐	15	57	♒	9	33	♓	17	43
25	♌	15	6	♎	1	31	♏	21	30	♑	0	19	♒	23	42	♈	1	21
26	♌	27	12	♎	14	25	♐	5	24	♑	14	38	♓	7	34	♈	14	38
27	♍	9	26	♎	27	34	♐	19	27	♑	28	51	♓	21	10	♈	27	36
28	♍	21	50	♏	10	58	♑	3	36	♒	12	56	♈	4	30	♉	10	18
29	♎	4	28	♏	24	37	♑	17	49	♒	26	52	♈	17	37	♉	22	47
30	♎	17	22	♐	8	33	♒	2	3	♓	10	38	♉	0	32	♊	5	6
31	♏	0	36	♐	22	44				♓	24	16				♊	17	16

Tag	Januar Z	°	'	Februar Z	°	'	März Z	°	'	April Z	°	'	Mai Z	°	'	Juni Z	°	'
1	♊	29	19	♌	13	45	♌	22	25	♎	7	40	♏	12	36	♑	4	2
2	♋	11	16	♌	25	38	♍	4	24	♎	20	27	♏	26	18	♑	18	37
3	♋	23	9	♍	7	34	♍	16	31	♏	3	29	♐	10	13	♒	3	10
4	♌	4	58	♍	19	37	♍	28	47	♏	16	45	♐	24	18	♒	17	36
5	♌	16	47	♎	1	49	♎	11	14	♐	0	14	♑	8	28	♓	1	52
6	♌	28	37	♎	14	13	♎	23	54	♐	13	55	♑	22	40	♓	15	55
7	♍	10	32	♎	26	52	♏	6	48	♐	27	45	♒	6	51	♓	29	46
8	♍	22	36	♏	9	50	♏	19	56	♑	11	44	♒	20	58	♈	13	25
9	♎	4	53	♏	23	10	♐	3	20	♑	25	50	♓	5	2	♈	26	52
10	♎	17	29	♐	6	54	♐	17	1	♒	10	2	♓	19	2	♉	10	7
11	♏	0	28	♐	21	3	♑	0	59	♒	24	19	♈	2	55	♉	23	11
12	♏	13	54	♑	5	35	♑	15	13	♓	8	38	♈	16	42	♊	6	2
13	♏	27	49	♑	20	26	♑	29	42	♓	22	55	♉	0	19	♊	18	41
14	♐	12	14	♒	5	31	♒	14	22	♈	7	8	♉	13	46	♋	1	7
15	♐	27	3	♒	20	39	♒	29	7	♈	21	11	♉	26	58	♋	13	20
16	♑	12	12	♓	5	42	♓	13	51	♉	4	59	♊	9	55	♋	25	23
17	♑	27	30	♓	20	30	♓	28	28	♉	18	30	♊	22	35	♌	7	17
18	♒	12	45	♈	4	58	♈	12	50	♊	1	40	♋	4	59	♌	19	6
19	♒	27	48	♈	19	0	♈	26	52	♊	14	30	♋	17	9	♍	0	53
20	♓	12	31	♉	2	35	♉	10	32	♊	27	0	♋	29	8	♍	12	43
21	♓	26	49	♉	15	45	♉	23	46	♋	9	13	♌	10	59	♍	24	41
22	♈	10	40	♉	28	30	♊	6	37	♋	21	14	♌	22	47	♎	6	52
23	♈	24	4	♊	10	55	♊	19	7	♌	3	6	♍	4	38	♎	19	22
24	♉	7	4	♊	23	5	♋	1	19	♌	14	54	♍	16	37	♏	2	15
25	♉	19	44	♋	5	4	♋	13	19	♌	26	46	♍	28	49	♏	15	35
26	♊	2	8	♋	16	55	♋	25	10	♍	8	44	♎	11	19	♏	29	21
27	♊	14	18	♋	28	44	♌	6	59	♍	20	55	♎	24	12	♐	13	34
28	♊	26	20	♌	10	33	♌	18	49	♎	3	21	♏	7	28	♐	28	9
29	♋	8	15				♍	0	45	♎	16	7	♏	21	9	♑	12	59
30	♋	20	6				♍	12	51	♎	29	12	♐	5	12	♑	27	56
31	♌	1	55				♍	25	8				♐	19	31			

Tag	Juli Z	°	'	August Z	°	'	September Z	°	'	Oktober Z	°	'	November Z	°	'	Dezember Z	°	'
1	♒	12	52	♈	6	1	♉	26	15	♋	0	21	♌	14	37	♍	16	1
2	♒	27	38	♈	20	6	♊	9	12	♋	12	38	♌	26	25	♍	27	56
3	♓	12	9	♉	3	46	♊	21	47	♋	24	40	♍	8	13	♎	10	1
4	♓	26	23	♉	17	2	♋	4	4	♌	6	33	♍	20	7	♎	22	23
5	♈	10	16	♉	29	58	♋	16	7	♌	18	20	♎	2	10	♏	5	3
6	♈	23	51	♊	12	35	♋	28	1	♍	0	7	♎	14	27	♏	18	5
7	♉	7	8	♊	24	56	♌	9	50	♍	11	58	♎	26	59	♐	1	27
8	♉	20	9	♋	7	6	♌	21	36	♍	23	55	♏	9	48	♐	15	9
9	♊	2	56	♋	19	6	♍	3	24	♎	6	3	♏	22	53	♐	29	7
10	♊	15	29	♌	0	59	♍	15	15	♎	18	22	♐	6	13	♑	13	15
11	♊	27	51	♌	12	49	♍	27	13	♏	0	53	♐	19	45	♑	27	30
12	♋	10	2	♌	24	36	♎	9	18	♏	13	36	♑	3	26	♒	11	47
13	♋	22	4	♍	6	23	♎	21	32	♏	26	32	♑	17	15	♒	26	2
14	♌	3	59	♍	18	13	♏	3	58	♐	9	41	♒	1	10	♓	10	13
15	♌	15	49	♎	0	8	♏	16	36	♐	23	1	♒	15	10	♓	24	19
16	♌	27	35	♎	12	11	♏	29	30	♑	6	34	♒	29	14	♈	8	18
17	♍	9	22	♎	24	26	♐	12	41	♑	20	20	♓	13	21	♈	22	10
18	♍	21	13	♏	6	56	♐	26	10	♒	4	19	♓	27	32	♉	5	54
19	♎	3	11	♏	19	45	♑	10	0	♒	18	31	♈	11	43	♉	19	29
20	♎	15	22	♐	2	55	♑	24	10	♓	2	55	♈	25	52	♊	2	53
21	♎	27	51	♐	16	30	♒	8	39	♓	17	27	♉	9	54	♊	16	4
22	♏	10	41	♑	0	31	♒	23	25	♈	2	4	♉	23	44	♊	29	1
23	♏	23	56	♑	14	57	♓	8	21	♈	16	40	♊	7	20	♋	11	43
24	♐	7	39	♑	29	44	♓	23	21	♉	1	7	♊	20	37	♋	24	9
25	♐	21	50	♒	14	47	♈	8	16	♉	15	20	♋	3	33	♌	6	22
26	♑	6	27	♒	29	58	♈	22	57	♉	29	12	♋	16	10	♌	18	23
27	♑	21	23	♓	15	8	♉	7	18	♊	12	40	♋	28	28	♍	0	15
28	♒	6	31	♈	0	7	♉	21	14	♊	25	43	♌	10	31	♍	12	3
29	♒	21	41	♈	14	47	♊	4	42	♋	8	22	♌	22	25	♍	23	51
30	♓	6	44	♈	29	3	♊	17	44	♋	20	41	♍	4	13	♎	5	45
31	♓	21	33	♉	12	52				♌	2	45				♎	17	49

Tag	Januar Z	°	'	Februar Z	°	'	März Z	°	'	April Z	°	'	Mai Z	°	'	Juni Z	°	'
1	♏	0	9	♐	17	13	♐	25	42	♒	16	46	♓	25	35	♉	18	58
2	♏	12	50	♑	1	4	♑	9	22	♓	1	25	♈	10	21	♊	3	7
3	♏	25	53	♑	15	22	♑	23	28	♓	16	21	♈	25	11	♊	17	1
4	♐	9	22	♒	0	2	♒	8	0	♈	1	27	♉	9	56	♋	0	35
5	♐	23	16	♒	14	59	♒	22	54	♈	16	36	♉	24	28	♋	13	48
6	♑	7	31	♓	0	4	♓	8	3	♉	1	36	♊	8	40	♋	26	38
7	♑	22	3	♓	15	10	♓	23	19	♉	16	18	♊	22	27	♌	9	9
8	♒	6	45	♈	0	6	♈	8	30	♊	0	35	♋	5	48	♌	21	22
9	♒	21	29	♈	14	45	♈	23	28	♊	14	24	♋	18	43	♍	3	23
10	♓	6	10	♈	29	4	♉	8	3	♊	27	43	♌	1	14	♍	15	16
11	♓	20	41	♉	12	59	♉	22	12	♋	10	35	♌	13	27	♍	27	7
12	♈	5	0	♉	26	30	♊	5	52	♋	23	4	♌	25	27	♎	8	60
13	♈	19	3	♊	9	39	♊	19	5	♌	5	14	♍	7	18	♎	21	0
14	♉	2	50	♊	22	29	♋	1	53	♌	17	12	♍	19	7	♏	3	12
15	♉	16	21	♋	5	1	♋	14	20	♌	29	2	♎	0	58	♏	15	38
16	♉	29	37	♋	17	20	♋	26	31	♍	10	50	♎	12	55	♏	28	21
17	♊	12	38	♋	29	28	♌	8	30	♍	22	38	♎	25	2	♐	11	22
18	♊	25	26	♌	11	28	♌	20	23	♎	4	31	♏	7	21	♐	24	40
19	♋	8	1	♌	23	21	♍	2	11	♎	16	31	♏	19	53	♑	8	13
20	♋	20	24	♍	5	12	♍	13	59	♎	28	40	♐	2	39	♑	21	59
21	♌	2	37	♍	17	1	♍	25	48	♏	10	58	♐	15	38	♒	5	56
22	♌	14	40	♍	28	50	♎	7	42	♏	23	27	♐	28	49	♒	20	0
23	♌	26	35	♎	10	42	♎	19	41	♐	6	7	♑	12	11	♓	4	8
24	♍	8	26	♎	22	39	♏	1	47	♐	18	57	♑	25	43	♓	18	20
25	♍	20	13	♏	4	45	♏	14	1	♑	2	0	♒	9	26	♈	2	32
26	♎	2	2	♏	17	2	♏	26	26	♑	15	16	♒	23	18	♈	16	43
27	♎	13	56	♏	29	35	♐	9	4	♑	28	47	♓	7	20	♉	0	50
28	♎	25	59	♐	12	27	♐	21	56	♒	12	34	♓	21	31	♉	14	52
29	♏	8	16				♑	5	6	♒	26	38	♈	5	49	♉	28	45
30	♏	20	51				♑	18	37	♓	10	59	♈	20	13	♊	12	28
31	♐	3	50				♒	2	30				♉	4	38			

Tag	Juli Z	°	'	August Z	°	'	September Z	°	'	Oktober Z	°	'	November Z	°	'	Dezember Z	°	'
1	♊	25	56	♌	13	16	♍	28	1	♏	0	35	♐	16	16	♑	21	32
2	♋	9	9	♌	25	29	♎	9	51	♏	12	33	♐	28	48	♒	4	44
3	♋	22	6	♍	7	32	♎	21	42	♏	24	36	♑	11	31	♒	18	8
4	♌	4	45	♍	19	28	♏	3	35	♐	6	47	♑	24	29	♓	1	47
5	♌	17	8	♎	1	20	♏	15	34	♐	19	11	♒	7	45	♓	15	40
6	♌	29	18	♎	13	10	♏	27	44	♑	1	49	♒	21	22	♓	29	50
7	♍	11	18	♎	25	3	♐	10	7	♑	14	46	♓	5	22	♈	14	13
8	♍	23	11	♏	7	3	♐	22	48	♑	28	6	♓	19	45	♈	28	47
9	♎	5	2	♏	19	14	♑	5	51	♒	11	51	♈	4	28	♉	13	27
10	♎	16	56	♐	1	40	♑	19	20	♒	26	5	♈	19	27	♉	28	6
11	♎	28	56	♐	14	27	♒	3	16	♓	10	44	♉	4	34	♊	12	36
12	♏	11	9	♐	27	36	♒	17	40	♓	25	46	♉	19	37	♊	26	52
13	♏	23	38	♑	11	10	♓	2	28	♈	11	2	♊	4	28	♋	10	46
14	♐	6	26	♑	25	10	♓	17	34	♈	26	21	♊	18	57	♋	24	18
15	♐	19	35	♒	9	33	♈	2	50	♉	11	33	♋	2	59	♌	7	25
16	♑	3	6	♒	24	15	♈	18	4	♉	26	26	♋	16	33	♌	20	9
17	♑	16	58	♓	9	9	♉	3	6	♊	10	53	♋	29	38	♍	2	34
18	♒	1	7	♓	24	8	♉	17	48	♊	24	51	♌	12	19	♍	14	43
19	♒	15	29	♈	9	2	♊	2	4	♋	8	18	♌	24	39	♍	26	41
20	♒	29	60	♈	23	45	♊	15	52	♋	21	18	♍	6	44	♎	8	33
21	♓	14	33	♉	8	10	♊	29	13	♌	3	54	♍	18	40	♎	20	25
22	♓	29	3	♉	22	15	♋	12	10	♌	16	11	♎	0	30	♏	2	20
23	♈	13	27	♊	5	58	♋	24	46	♌	28	14	♎	12	21	♏	14	23
24	♈	27	41	♊	19	20	♌	7	6	♍	10	9	♎	24	14	♏	26	37
25	♉	11	42	♋	2	23	♌	19	14	♍	22	0	♏	6	14	♐	9	4
26	♉	25	29	♋	15	9	♍	1	14	♎	3	50	♏	18	22	♐	21	46
27	♊	9	2	♋	27	40	♍	13	8	♎	15	41	♐	0	39	♑	4	42
28	♊	22	20	♌	10	0	♍	25	0	♎	27	36	♐	13	7	♑	17	53
29	♋	5	25	♌	22	10	♎	6	50	♏	9	36	♐	25	45	♒	1	17
30	♋	18	15	♍	4	12	♎	18	42	♏	21	42	♑	8	33	♒	14	53
31	♌	0	51	♍	16	8				♐	3	55				♒	28	39

Tag	Januar Z ° '	Februar Z ° '	März Z ° '	April Z ° '	Mai Z ° '	Juni Z ° '	Juli Z ° '	August Z ° '	September Z ° '	Oktober Z ° '	November Z ° '	Dezember Z ° '
1	♓ 12 33	♉ 5 58	♉ 16 34	♋ 8 19	♌ 13 44	♍ 29 25	♏ 1 35	♐ 15 31	♒ 1 18	♓ 6 34	♈ 28 55	♊ 7 29
2	♓ 26 35	♉ 20 5	♊ 0 47	♋ 21 31	♌ 26 17	♎ 11 22	♏ 13 28	♐ 27 49	♒ 14 41	♓ 20 56	♉ 14 13	♊ 22 39
3	♈ 10 43	♊ 4 1	♊ 14 41	♌ 4 23	♍ 8 34	♎ 23 15	♏ 25 24	♑ 10 22	♒ 28 28	♈ 5 41	♉ 29 29	♋ 7 34
4	♈ 24 55	♊ 17 45	♊ 28 15	♌ 16 57	♍ 20 39	♏ 5 7	♐ 7 27	♑ 23 13	♓ 12 37	♈ 20 41	♊ 14 34	♋ 22 7
5	♉ 9 9	♋ 1 18	♋ 11 31	♌ 29 19	♎ 2 38	♏ 17 1	♐ 19 39	♒ 6 23	♓ 27 3	♉ 5 45	♊ 29 18	♌ 6 12
6	♉ 23 22	♋ 14 38	♋ 24 31	♍ 11 30	♎ 14 32	♏ 28 59	♑ 2 3	♒ 19 51	♈ 11 39	♉ 20 45	♋ 13 38	♌ 19 50
7	♊ 7 30	♋ 27 46	♌ 7 17	♍ 23 35	♎ 26 24	♐ 11 4	♑ 14 40	♓ 3 36	♈ 26 19	♊ 5 31	♋ 27 30	♍ 3 1
8	♊ 21 31	♌ 10 42	♌ 19 52	♎ 5 34	♏ 8 17	♐ 23 16	♑ 27 30	♓ 17 34	♉ 10 55	♊ 19 58	♌ 10 57	♍ 15 48
9	♋ 5 20	♌ 23 24	♍ 2 17	♎ 17 30	♏ 20 11	♑ 5 37	♒ 10 35	♈ 1 42	♉ 25 22	♋ 4 4	♌ 24 0	♍ 28 16
10	♋ 18 54	♍ 5 55	♍ 14 33	♎ 29 23	♐ 2 8	♑ 18 9	♒ 23 53	♈ 15 57	♊ 9 36	♋ 17 47	♍ 6 44	♎ 10 29
11	♌ 2 11	♍ 18 13	♍ 26 41	♏ 11 16	♐ 14 10	♒ 0 52	♓ 7 25	♉ 0 13	♊ 23 36	♌ 1 9	♍ 19 12	♎ 22 31
12	♌ 15 10	♎ 0 21	♎ 8 43	♏ 23 9	♐ 26 19	♒ 13 49	♓ 21 9	♉ 14 28	♋ 7 20	♌ 14 14	♎ 1 27	♏ 4 25
13	♌ 27 51	♎ 12 20	♎ 20 39	♐ 5 4	♑ 8 36	♒ 27 1	♈ 5 5	♉ 28 40	♋ 20 50	♌ 27 3	♎ 13 33	♏ 16 15
14	♍ 10 16	♎ 24 14	♏ 2 32	♐ 17 5	♑ 21 5	♓ 10 30	♈ 19 11	♊ 12 45	♌ 4 8	♍ 9 40	♎ 25 33	♏ 28 5
15	♍ 22 26	♏ 6 6	♏ 14 24	♐ 29 15	♒ 3 49	♓ 24 18	♉ 3 25	♊ 26 43	♌ 17 13	♍ 22 6	♏ 7 27	♐ 9 56
16	♎ 4 27	♏ 18 0	♏ 26 17	♑ 11 38	♒ 16 51	♈ 8 23	♉ 17 45	♋ 10 33	♍ 0 6	♎ 4 23	♏ 19 19	♐ 21 50
17	♎ 16 21	♐ 0 1	♐ 8 16	♑ 24 18	♓ 0 16	♈ 22 46	♊ 2 7	♋ 24 12	♍ 12 49	♎ 16 32	♐ 1 9	♑ 3 50
18	♎ 28 13	♐ 12 13	♐ 20 25	♒ 7 20	♓ 14 5	♉ 7 23	♊ 16 28	♌ 7 40	♍ 25 21	♎ 28 34	♐ 12 59	♑ 15 56
19	♏ 10 8	♐ 24 42	♑ 2 49	♒ 20 49	♓ 28 19	♉ 22 9	♋ 0 44	♌ 20 55	♎ 7 42	♏ 10 30	♐ 24 51	♑ 28 12
20	♏ 22 11	♑ 7 31	♑ 15 33	♓ 4 46	♈ 12 56	♊ 6 56	♋ 14 50	♍ 3 57	♎ 19 53	♏ 22 21	♑ 6 47	♒ 10 39
21	♐ 4 27	♑ 20 44	♑ 28 41	♓ 19 12	♈ 27 53	♊ 21 39	♋ 28 43	♍ 16 43	♏ 1 54	♐ 4 9	♑ 18 51	♒ 23 19
22	♐ 16 57	♒ 4 22	♒ 12 17	♈ 4 4	♉ 13 1	♋ 6 8	♌ 12 18	♍ 29 16	♏ 13 49	♐ 15 58	♒ 1 6	♓ 6 14
23	♐ 29 47	♒ 18 25	♒ 26 21	♈ 19 14	♉ 28 11	♋ 20 19	♌ 25 35	♎ 11 34	♏ 25 39	♐ 27 50	♒ 13 36	♓ 19 28
24	♑ 12 57	♓ 2 51	♓ 10 54	♉ 4 34	♊ 13 11	♌ 4 8	♍ 8 32	♎ 23 41	♐ 7 28	♑ 9 50	♒ 26 26	♈ 3 2
25	♑ 26 26	♓ 17 34	♓ 25 49	♉ 19 51	♊ 27 54	♌ 17 33	♍ 21 11	♏ 5 38	♐ 19 21	♑ 22 3	♓ 9 39	♈ 16 57
26	♒ 10 15	♈ 2 26	♈ 10 60	♊ 4 55	♋ 12 12	♍ 0 34	♎ 3 34	♏ 17 31	♑ 1 23	♒ 4 33	♓ 23 20	♉ 1 13
27	♒ 24 19	♈ 17 18	♈ 26 14	♊ 19 36	♋ 26 3	♍ 13 14	♎ 15 42	♏ 29 23	♑ 13 38	♒ 17 26	♈ 7 28	♉ 15 49
28	♓ 8 35	♉ 2 3	♉ 11 21	♋ 3 50	♌ 9 27	♍ 25 35	♎ 27 41	♐ 11 18	♑ 26 13	♓ 0 47	♈ 22 3	♊ 0 38
29	♓ 22 57		♉ 26 13	♋ 17 34	♌ 22 25	♎ 7 43	♏ 9 35	♐ 23 23	♒ 9 12	♓ 14 38	♉ 7 0	♊ 15 35
30	♈ 7 22		♊ 10 41	♌ 0 52	♍ 5 1	♎ 19 41	♏ 21 28	♑ 5 42	♒ 22 39	♓ 28 59	♉ 22 12	♋ 0 33
31	♈ 21 43		♊ 24 43		♍ 17 20		♐ 3 26	♑ 18 19		♈ 13 47		♋ 15 22

Mond 1964

Tag	Januar Z	°	'	Februar Z	°	'	März Z	°	'	April Z	°	'	Mai Z	°	'	Juni Z	°	'
1	♋	29	54	♍	18	56	♎	9	45	♏	24	42	♐	26	42	♒	11	21
2	♌	14	5	♎	1	54	♎	22	20	♐	6	35	♑	8	30	♒	23	42
3	♌	27	51	♎	14	32	♏	4	38	♐	18	23	♑	20	24	♓	6	21
4	♍	11	11	♎	26	51	♏	16	43	♑	0	12	♒	2	28	♓	19	22
5	♍	24	7	♏	8	56	♏	28	37	♑	12	5	♒	14	48	♈	2	48
6	♎	6	40	♏	20	50	♐	10	27	♑	24	10	♒	27	28	♈	16	41
7	♎	18	56	♐	2	39	♐	22	16	♒	6	31	♓	10	32	♉	1	0
8	♏	0	58	♐	14	29	♑	4	11	♒	19	13	♓	24	4	♉	15	43
9	♏	12	51	♐	26	24	♑	16	17	♓	2	20	♈	8	4	♊	0	44
10	♏	24	40	♑	8	29	♑	28	38	♓	15	54	♈	22	32	♊	15	54
11	♐	6	30	♑	20	47	♒	11	20	♓	29	55	♉	7	21	♋	1	5
12	♐	18	23	♒	3	21	♒	24	23	♈	14	19	♉	22	25	♋	16	7
13	♑	0	23	♒	16	12	♓	7	50	♈	29	0	♊	7	33	♌	0	51
14	♑	12	33	♒	29	22	♓	21	39	♉	13	51	♊	22	37	♌	15	13
15	♑	24	54	♓	12	47	♈	5	45	♉	28	42	♋	7	27	♌	29	10
16	♒	7	27	♓	26	27	♈	20	5	♊	13	26	♋	21	59	♍	12	40
17	♒	20	14	♈	10	18	♉	4	31	♊	27	58	♌	6	8	♍	25	46
18	♓	3	14	♈	24	17	♉	18	57	♋	12	13	♌	19	54	♎	8	30
19	♓	16	27	♉	8	21	♊	3	19	♋	26	10	♍	3	17	♎	20	56
20	♓	29	54	♉	22	28	♊	17	33	♌	9	50	♍	16	21	♏	3	7
21	♈	13	34	♊	6	35	♋	1	38	♌	23	14	♍	29	6	♏	15	7
22	♈	27	26	♊	20	42	♋	15	33	♍	6	23	♎	11	37	♏	27	1
23	♉	11	31	♋	4	48	♋	29	17	♍	19	18	♎	23	56	♐	8	50
24	♉	25	46	♋	18	50	♌	12	52	♎	2	2	♏	6	4	♐	20	38
25	♊	10	10	♌	2	47	♌	26	17	♎	14	34	♏	18	4	♑	2	27
26	♊	24	39	♌	16	37	♍	9	32	♎	26	56	♏	29	58	♑	14	19
27	♋	9	9	♍	0	17	♍	22	35	♏	9	7	♐	11	48	♑	26	18
28	♋	23	35	♍	13	43	♎	5	26	♏	21	10	♐	23	36	♒	8	24
29	♌	7	51	♍	26	52	♎	18	4	♐	3	5	♑	5	24	♒	20	41
30	♌	21	52				♏	0	29	♐	14	55	♑	17	16	♓	3	10
31	♍	5	35				♏	12	41				♑	29	13			

Tag	Juli Z	°	'	August Z	°	'	September Z	°	'	Oktober Z	°	'	November Z	°	'	Dezember Z	°	'
1	♓	15	55	♉	6	18	♊	29	16	♌	8	13	♍	29	14	♏	4	23
2	♓	28	58	♉	20	16	♋	13	32	♌	22	7	♎	12	14	♏	16	40
3	♈	12	21	♊	4	29	♋	27	51	♍	5	53	♎	25	2	♏	28	47
4	♈	26	5	♊	18	55	♌	12	8	♍	19	30	♏	7	37	♐	10	47
5	♉	10	12	♋	3	32	♌	26	21	♎	2	55	♏	19	59	♐	22	40
6	♉	24	40	♋	18	14	♍	10	23	♎	16	5	♐	2	9	♑	4	28
7	♊	9	26	♌	2	56	♍	24	10	♎	28	58	♐	14	9	♑	16	15
8	♊	24	23	♌	17	31	♎	7	38	♏	11	34	♐	26	1	♑	28	3
9	♋	9	26	♍	1	52	♎	20	45	♏	23	54	♑	7	48	♒	9	54
10	♋	24	25	♍	15	53	♏	3	31	♐	6	0	♑	19	35	♒	21	54
11	♌	9	12	♍	29	31	♏	15	56	♐	17	55	♒	1	25	♓	4	5
12	♌	23	39	♎	12	44	♏	28	6	♐	29	44	♒	13	24	♓	16	33
13	♍	7	43	♎	25	32	♐	10	3	♑	11	32	♒	25	37	♓	29	21
14	♍	21	20	♏	7	59	♐	21	53	♑	23	23	♓	8	8	♈	12	33
15	♎	4	31	♏	20	9	♑	3	41	♒	5	24	♓	21	3	♈	26	12
16	♎	17	17	♐	2	6	♑	15	33	♒	17	39	♈	4	24	♉	10	18
17	♎	29	43	♐	13	56	♑	27	34	♓	0	14	♈	18	12	♉	24	51
18	♏	11	52	♐	25	45	♒	9	49	♓	13	11	♉	2	26	♊	9	45
19	♏	23	50	♑	7	35	♒	22	21	♓	26	33	♉	17	1	♊	24	54
20	♐	5	40	♑	19	33	♓	5	11	♈	10	18	♊	1	53	♋	10	8
21	♐	17	28	♒	1	42	♓	18	22	♈	24	24	♊	16	51	♋	25	17
22	♐	29	17	♒	14	4	♈	1	51	♉	8	45	♋	1	49	♌	10	13
23	♑	11	10	♒	26	41	♈	15	36	♉	23	17	♋	16	38	♌	24	49
24	♑	23	10	♓	9	33	♈	29	33	♊	7	52	♌	1	13	♍	8	59
25	♒	5	20	♓	22	40	♉	13	38	♊	22	24	♌	15	29	♍	22	42
26	♒	17	40	♈	5	59	♉	27	46	♋	6	49	♌	29	24	♎	5	60
27	♓	0	13	♈	19	31	♊	11	56	♋	21	3	♍	12	59	♎	18	53
28	♓	12	58	♉	3	12	♊	26	5	♌	5	6	♍	26	14	♏	1	27
29	♓	25	56	♉	17	3	♋	10	11	♌	18	57	♎	9	12	♏	13	45
30	♈	9	9	♊	1	0	♋	24	14	♍	2	35	♎	21	54	♏	25	50
31	♈	22	36	♊	15	5				♍	16	0				♐	7	46

Tag	Januar Z	°	'	Februar Z	°	'	März Z	°	'	April Z	°	'
1	♐	19	37	♒	3	50	♒	12	22	♓	28	12
2	♑	1	25	♒	15	50	♒	24	32	♈	11	18
3	♑	13	12	♒	27	60	♓	6	54	♈	24	40
4	♑	25	1	♓	10	18	♓	19	29	♉	8	14
5	♒	6	54	♓	22	47	♈	2	17	♉	21	58
6	♒	18	52	♈	5	27	♈	15	16	♊	5	50
7	♓	0	57	♈	18	19	♈	28	26	♊	19	49
8	♓	13	13	♉	1	26	♉	11	47	♋	3	52
9	♓	25	42	♉	14	49	♉	25	19	♋	17	58
10	♈	8	28	♉	28	30	♊	9	2	♌	2	7
11	♈	21	32	♊	12	30	♊	22	56	♌	16	18
12	♉	4	59	♊	26	50	♋	7	3	♍	0	27
13	♉	18	51	♋	11	28	♋	21	21	♍	14	31
14	♊	3	7	♋	26	19	♌	5	48	♍	28	28
15	♊	17	47	♌	11	17	♌	20	21	♎	12	14
16	♋	2	46	♌	26	14	♍	4	53	♎	25	44
17	♋	17	58	♍	10	59	♍	19	18	♏	8	56
18	♌	3	11	♍	25	25	♎	3	29	♏	21	49
19	♌	18	17	♎	9	26	♎	17	20	♐	4	24
20	♍	3	6	♎	22	59	♏	0	48	♐	16	43
21	♍	17	31	♏	6	4	♏	13	53	♐	28	48
22	♎	1	27	♏	18	44	♏	26	34	♑	10	43
23	♎	14	53	♐	1	2	♐	8	55	♑	22	34
24	♎	27	52	♐	13	4	♐	21	0	♒	4	25
25	♏	10	27	♐	24	56	♑	2	54	♒	16	21
26	♏	22	42	♑	6	44	♑	14	43	♒	28	27
27	♐	4	43	♑	18	31	♑	26	33	♓	10	48
28	♐	16	34	♒	0	22	♒	8	27	♓	23	26
29	♐	28	21				♒	20	32	♈	6	25
30	♑	10	7				♓	2	49	♈	19	45
31	♑	21	56				♓	15	22			

Tag	Mai Z	°	'	Juni Z	°	'	Juli Z	°	'	August Z	°	'
1	♉	3	24	♊	25	1	♌	3	47	♍	27	4
2	♉	17	21	♋	9	49	♌	18	48	♎	11	11
3	♊	1	31	♋	24	37	♍	3	32	♎	24	49
4	♊	15	50	♌	9	17	♍	17	55	♏	7	59
5	♋	0	12	♌	23	44	♎	1	53	♏	20	45
6	♋	14	35	♍	7	54	♎	15	26	♐	3	10
7	♋	28	55	♍	21	46	♎	28	35	♐	15	20
8	♌	13	8	♎	5	20	♏	11	23	♐	27	20
9	♌	27	12	♎	18	35	♏	23	53	♑	9	13
10	♍	11	7	♏	1	34	♐	6	10	♑	21	3
11	♍	24	51	♏	14	18	♐	18	16	♒	2	53
12	♎	8	23	♏	26	49	♑	0	15	♒	14	45
13	♎	21	42	♐	9	8	♑	12	9	♒	26	11
14	♏	4	47	♐	21	18	♑	24	1	♓	8	42
15	♏	17	38	♑	3	19	♒	5	51	♓	20	50
16	♐	0	14	♑	15	15	♒	17	43	♈	3	6
17	♐	12	37	♑	27	6	♒	29	37	♈	15	32
18	♐	24	48	♒	8	57	♓	11	37	♈	28	9
19	♑	6	49	♒	20	48	♓	23	45	♉	11	2
20	♑	18	43	♓	2	45	♈	6	4	♉	24	13
21	♒	0	34	♓	14	51	♈	18	38	♊	7	44
22	♒	12	25	♓	27	9	♉	1	30	♊	21	39
23	♒	24	21	♈	9	44	♉	14	44	♋	5	58
24	♓	6	27	♈	22	40	♉	28	22	♋	20	39
25	♓	18	47	♉	6	1	♊	12	28	♌	5	38
26	♈	1	26	♉	19	47	♊	26	59	♌	20	46
27	♈	14	26	♊	4	0	♋	11	53	♍	5	55
28	♈	27	50	♊	18	37	♋	27	3	♍	20	53
29	♉	11	38	♋	3	32	♌	12	20	♎	5	31
30	♉	25	49	♋	18	39	♌	27	32	♎	19	43
31	♊	10	18				♍	12	30	♏	3	26

Tag	September Z	°	'	Oktober Z	°	'	November Z	°	'	Dezember Z	°	'
1	♏	16	40	♐	20	5	♒	4	2	♓	5	37
2	♏	29	28	♑	2	16	♒	15	54	♓	17	37
3	♐	11	55	♑	14	16	♒	27	49	♓	29	48
4	♐	24	4	♑	26	9	♓	9	50	♈	12	15
5	♑	6	2	♒	7	60	♓	22	3	♈	25	1
6	♑	17	53	♒	19	53	♈	4	31	♉	8	9
7	♑	29	43	♓	1	53	♈	17	15	♉	21	40
8	♒	11	35	♓	14	3	♉	0	16	♊	5	34
9	♒	23	31	♓	26	24	♉	13	36	♊	19	47
10	♓	5	34	♈	8	58	♉	27	11	♋	4	16
11	♓	17	45	♈	21	45	♊	11	0	♋	18	54
12	♈	0	5	♉	4	44	♊	25	1	♌	3	35
13	♈	12	35	♉	17	56	♋	9	8	♌	18	11
14	♈	25	14	♊	1	18	♋	23	20	♍	2	38
15	♉	8	5	♊	14	52	♌	7	34	♍	16	52
16	♉	21	7	♊	28	35	♌	21	47	♎	0	50
17	♊	4	23	♋	12	29	♍	5	56	♎	14	32
18	♊	17	55	♋	26	33	♍	20	0	♎	27	58
19	♋	1	44	♌	10	45	♎	3	57	♏	11	9
20	♋	15	51	♌	25	4	♎	17	44	♏	24	7
21	♌	0	15	♍	9	27	♏	1	20	♐	6	52
22	♌	14	53	♍	23	49	♏	14	43	♐	19	26
23	♌	29	41	♎	8	6	♏	27	52	♑	1	49
24	♍	14	31	♎	22	10	♐	10	45	♑	14	3
25	♍	29	14	♏	5	59	♐	23	23	♑	26	8
26	♎	13	42	♏	19	29	♑	5	46	♒	8	6
27	♎	27	49	♐	2	37	♑	17	57	♒	19	59
28	♏	11	30	♐	15	25	♑	29	58	♓	1	50
29	♏	24	46	♐	27	54	♒	11	52	♓	13	42
30	♐	7	36	♑	10	7	♒	23	44	♓	25	39
31				♑	22	8				♈	7	46

Tag	Januar			Februar			März			April			Mai			Juni		
	Z	°	'	Z	°	'	Z	°	'	Z	°	'	Z	°	'	Z	°	'
1	♈	20	7	♊	7	26	♊	16	27	♌	8	16	♍	17	35	♏	10	17
2	♉	2	47	♊	21	17	♋	0	7	♌	22	53	♎	2	6	♏	23	59
3	♉	15	51	♋	5	37	♋	14	14	♍	7	45	♎	16	36	♐	7	28
4	♉	29	22	♋	20	25	♋	28	48	♍	22	43	♏	0	57	♐	20	42
5	♊	13	20	♌	5	34	♌	13	45	♎	7	40	♏	15	5	♑	3	39
6	♊	27	45	♌	20	55	♌	28	58	♎	22	25	♏	28	56	♑	16	21
7	♋	12	33	♍	6	15	♍	14	17	♏	6	53	♐	12	26	♑	28	47
8	♋	27	35	♍	21	25	♍	29	29	♏	20	56	♐	25	35	♒	11	1
9	♌	12	43	♎	6	13	♎	14	25	♐	4	33	♑	8	23	♒	23	3
10	♌	27	46	♎	20	34	♎	28	56	♐	17	43	♑	20	52	♓	4	59
11	♍	12	36	♏	4	25	♏	12	59	♑	0	30	♒	3	6	♓	16	52
12	♍	27	6	♏	17	48	♏	26	31	♑	12	57	♒	15	9	♓	28	47
13	♎	11	12	♐	0	46	♐	9	36	♑	25	8	♒	27	4	♈	10	48
14	♎	24	53	♐	13	23	♐	22	17	♒	7	8	♓	8	57	♈	23	1
15	♏	8	11	♐	25	43	♑	4	38	♒	19	1	♓	20	52	♉	5	29
16	♏	21	10	♑	7	51	♑	16	45	♓	0	52	♈	2	53	♉	18	17
17	♐	3	51	♑	19	51	♑	28	43	♓	12	46	♈	15	4	♊	1	25
18	♐	16	19	♒	1	46	♒	10	35	♓	24	44	♈	27	29	♊	14	55
19	♐	28	36	♒	13	38	♒	22	26	♈	6	51	♉	10	8	♊	28	47
20	♑	10	45	♒	25	30	♓	4	18	♈	19	7	♉	23	4	♋	12	56
21	♑	22	48	♓	7	23	♓	16	13	♉	1	33	♊	6	16	♋	27	18
22	♒	4	45	♓	19	17	♓	28	13	♉	14	12	♊	19	44	♌	11	47
23	♒	16	40	♈	1	15	♈	10	19	♉	27	3	♋	3	26	♌	26	18
24	♒	28	32	♈	13	17	♈	22	32	♊	10	7	♋	17	21	♍	10	44
25	♓	10	23	♈	25	27	♉	4	54	♊	23	23	♌	1	24	♍	25	3
26	♓	22	16	♉	7	47	♉	17	26	♋	6	53	♌	15	33	♎	9	10
27	♈	4	13	♉	20	21	♊	0	10	♋	20	37	♌	29	47	♎	23	5
28	♈	16	18	♊	3	13	♊	13	8	♌	4	35	♍	14	1	♏	6	47
29	♈	28	35				♊	26	25	♌	18	45	♍	28	13	♏	20	17
30	♉	11	9				♋	10	0	♍	3	6	♎	12	22	♐	3	34
31	♉	24	5				♋	23	57				♎	26	24			

Tag	Juli			August			September			Oktober			November			Dezember		
	Z	°	'	Z	°	'	Z	°	'	Z	°	'	Z	°	'	Z	°	'
1	♐	16	39	♒	3	33	♓	18	25	♈	21	6	♊	7	6	♋	12	56
2	♐	29	32	♒	15	41	♈	0	16	♉	3	7	♊	19	53	♋	26	33
3	♑	12	14	♒	27	42	♈	12	7	♉	15	15	♋	2	53	♌	10	20
4	♑	24	43	♓	9	38	♈	24	1	♉	27	33	♋	16	8	♌	24	16
5	♒	7	2	♓	21	29	♉	6	1	♊	10	4	♋	29	39	♍	8	19
6	♒	19	10	♈	3	20	♉	18	11	♊	22	50	♌	13	27	♍	22	28
7	♓	1	10	♈	15	12	♊	0	35	♋	5	56	♌	27	32	♎	6	41
8	♓	13	4	♈	27	10	♊	13	18	♋	19	24	♍	11	51	♎	20	55
9	♓	24	55	♉	9	19	♊	26	24	♌	3	16	♍	26	24	♏	5	9
10	♈	6	49	♉	21	43	♋	9	57	♌	17	32	♎	11	4	♏	19	19
11	♈	18	48	♊	4	29	♋	23	60	♍	2	11	♎	25	47	♐	3	22
12	♉	0	59	♊	17	40	♌	8	30	♍	17	7	♏	10	25	♐	17	13
13	♉	13	27	♋	1	20	♌	23	25	♎	2	12	♏	24	53	♑	0	50
14	♉	26	16	♋	15	29	♍	8	37	♎	17	18	♐	9	3	♑	14	9
15	♊	9	29	♌	0	6	♍	23	55	♏	2	15	♐	22	53	♑	27	9
16	♊	23	9	♌	15	4	♎	9	9	♏	16	54	♑	6	19	♒	9	51
17	♋	7	15	♍	0	16	♎	24	7	♐	1	11	♑	19	22	♒	22	14
18	♋	21	44	♍	15	29	♏	8	44	♐	15	0	♒	2	4	♓	4	23
19	♌	6	31	♎	0	34	♏	22	53	♐	28	24	♒	14	26	♓	16	20
20	♌	21	26	♎	15	21	♐	6	35	♑	11	22	♒	26	33	♓	28	12
21	♍	6	20	♎	29	46	♐	19	51	♑	23	58	♓	8	30	♈	10	2
22	♍	21	6	♏	13	44	♑	2	43	♒	6	17	♓	20	22	♈	21	55
23	♎	5	38	♏	27	18	♑	15	16	♒	18	23	♈	2	13	♉	3	58
24	♎	19	50	♐	10	29	♑	27	34	♓	0	19	♈	14	7	♉	16	15
25	♏	3	42	♐	23	21	♒	9	40	♓	12	11	♈	26	9	♉	28	49
26	♏	17	15	♑	5	56	♒	21	39	♓	24	2	♉	8	21	♊	11	43
27	♐	0	30	♑	18	19	♓	3	33	♈	5	55	♉	20	47	♊	24	57
28	♐	13	30	♒	0	32	♓	15	25	♈	17	53	♊	3	27	♋	8	32
29	♐	26	16	♒	12	38	♓	27	17	♈	29	57	♊	16	22	♋	22	25
30	♑	8	51	♒	24	37	♈	9	10	♉	12	10	♊	29	32	♌	6	30
31	♑	21	16	♓	6	33				♉	24	32				♌	20	44

Mond 1967

Tag	Januar Z	°	'	Februar Z	°	'	März Z	°	'
1	♍	5	2	♎	28	24	♏	8	21
2	♍	19	18	♏	12	22	♏	22	32
3	♎	3	30	♏	26	5	♐	6	21
4	♎	17	36	♐	9	33	♐	19	48
5	♏	1	35	♐	22	48	♑	2	56
6	♏	15	26	♑	5	52	♑	15	47
7	♏	29	10	♑	18	44	♑	28	24
8	♐	12	45	♒	1	25	♒	10	49
9	♐	26	10	♒	13	56	♒	23	4
10	♑	9	25	♒	26	16	♓	5	11
11	♑	22	27	♓	8	26	♓	17	10
12	♒	5	15	♓	20	26	♓	29	4
13	♒	17	48	♈	2	19	♈	10	53
14	♓	0	8	♈	14	8	♈	22	41
15	♓	12	14	♈	25	54	♉	4	28
16	♓	24	10	♉	7	44	♉	16	20
17	♈	6	0	♉	19	43	♉	28	19
18	♈	17	48	♊	1	55	♊	10	31
19	♈	29	40	♊	14	26	♊	23	0
20	♉	11	41	♊	27	22	♋	5	51
21	♉	23	56	♋	10	45	♋	19	7
22	♊	6	31	♋	24	37	♌	2	52
23	♊	19	30	♌	8	58	♌	17	6
24	♋	2	55	♌	23	43	♍	1	46
25	♋	16	45	♍	8	44	♍	16	47
26	♌	0	59	♍	23	52	♎	2	1
27	♌	15	32	♎	8	56	♎	17	16
28	♍	0	14	♎	23	48	♏	2	23
29	♍	15	0				♏	17	14
30	♍	29	40				♐	1	42
31	♎	14	9				♐	15	44

Tag	April Z	°	'	Mai Z	°	'	Juni Z	°	'
1	♐	29	20	♒	4	17	♓	19	32
2	♑	12	32	♒	16	50	♈	1	25
3	♑	25	22	♒	29	6	♈	13	13
4	♒	7	53	♓	11	8	♈	25	2
5	♒	20	10	♓	23	1	♉	6	54
6	♓	2	16	♈	4	50	♉	18	54
7	♓	14	13	♈	16	37	♊	1	5
8	♓	26	5	♈	28	26	♊	13	29
9	♈	7	54	♉	10	20	♊	26	7
10	♈	19	41	♉	22	21	♋	8	59
11	♉	1	30	♊	4	30	♋	22	5
12	♉	13	23	♊	16	50	♌	5	24
13	♉	25	21	♊	29	22	♌	18	55
14	♊	7	28	♋	12	8	♍	2	39
15	♊	19	46	♋	25	9	♍	16	32
16	♋	2	19	♌	8	26	♎	0	36
17	♋	15	10	♌	22	1	♎	14	49
18	♋	28	22	♍	5	54	♎	29	9
19	♌	11	59	♍	20	5	♏	13	34
20	♌	26	0	♎	4	32	♏	27	60
21	♍	10	26	♎	19	12	♐	12	22
22	♍	25	12	♏	4	1	♐	26	36
23	♎	10	14	♏	18	52	♑	10	36
24	♎	25	23	♐	3	36	♑	24	18
25	♏	10	30	♐	18	8	♒	7	38
26	♏	25	25	♑	2	22	♒	20	36
27	♐	10	2	♑	16	11	♓	3	13
28	♐	24	16	♑	29	36	♓	15	31
29	♑	8	2	♒	12	35	♓	27	34
30	♑	21	22	♒	25	12	♈	9	28
31				♓	7	29			

Tag	Juli Z	°	'	August Z	°	'	September Z	°	'
1	♈	21	16	♊	5	5	♋	21	27
2	♉	3	6	♊	17	30	♌	5	5
3	♉	15	1	♋	0	15	♌	19	8
4	♉	27	7	♋	13	23	♍	3	33
5	♊	9	27	♋	26	53	♍	18	14
6	♊	22	4	♌	10	44	♎	3	3
7	♋	4	59	♌	24	53	♎	17	53
8	♋	18	13	♍	9	12	♏	2	36
9	♌	1	43	♍	23	38	♏	17	7
10	♌	15	26	♎	8	4	♐	1	22
11	♌	29	20	♎	22	25	♐	15	21
12	♍	13	22	♏	6	40	♐	29	2
13	♍	27	27	♏	20	46	♑	12	26
14	♎	11	34	♐	4	42	♑	25	35
15	♎	25	42	♐	18	28	♒	8	30
16	♏	9	50	♑	2	5	♒	21	12
17	♏	23	55	♑	15	31	♓	3	41
18	♐	7	58	♑	28	45	♓	15	59
19	♐	21	55	♒	11	47	♓	28	6
20	♑	5	45	♒	24	35	♈	10	5
21	♑	19	23	♓	7	8	♈	21	57
22	♒	2	46	♓	19	29	♉	3	45
23	♒	15	53	♈	1	36	♉	15	32
24	♒	28	42	♈	13	34	♉	27	21
25	♓	11	13	♈	25	24	♊	9	16
26	♓	23	27	♉	7	11	♊	21	23
27	♈	5	29	♉	19	0	♋	3	46
28	♈	17	22	♊	0	56	♋	16	29
29	♈	29	10	♊	13	3	♋	29	37
30	♉	11	0	♊	25	28	♌	13	11
31	♉	22	56	♋	8	15			

Tag	Oktober Z	°	'	November Z	°	'	Dezember Z	°	'
1	♌	27	14	♎	19	36	♏	28	0
2	♍	11	42	♏	4	48	♐	13	3
3	♍	26	31	♏	20	1	♐	27	54
4	♎	11	34	♐	5	6	♑	12	27
5	♎	26	42	♐	19	54	♑	26	34
6	♏	11	46	♑	4	19	♒	10	13
7	♏	26	37	♑	18	17	♒	23	24
8	♐	11	9	♒	1	48	♓	6	9
9	♐	25	19	♒	14	52	♓	18	32
10	♑	9	6	♒	27	33	♈	0	38
11	♑	22	29	♓	9	55	♈	12	32
12	♒	5	31	♓	22	2	♈	24	20
13	♒	18	15	♈	3	58	♉	6	7
14	♓	0	42	♈	15	49	♉	17	56
15	♓	12	57	♈	27	36	♉	29	51
16	♓	25	1	♉	9	24	♊	11	54
17	♈	6	58	♉	21	14	♊	24	8
18	♈	18	50	♊	3	9	♋	6	33
19	♉	0	38	♊	15	10	♋	19	9
20	♉	12	26	♊	27	20	♌	1	57
21	♉	24	15	♋	9	39	♌	14	57
22	♊	6	8	♋	22	10	♌	28	8
23	♊	18	7	♌	4	55	♍	11	32
24	♋	0	17	♌	17	56	♍	25	9
25	♋	12	40	♍	1	15	♎	9	0
26	♋	25	20	♍	14	55	♎	23	6
27	♌	8	21	♍	28	56	♏	7	26
28	♌	21	47	♎	13	18	♏	21	58
29	♍	5	38	♎	28	0	♐	6	38
30	♍	19	55	♏	12	56	♐	21	20
31	♎	4	37				♑	5	57

Tag	Januar			Februar			März		
	Z	°	'	Z	°	'	Z	°	'
1	♑	20	21	♓	9	6	♓	29	52
2	♒	4	25	♓	21	51	♈	12	11
3	♒	18	4	♈	4	17	♈	24	17
4	♓	1	18	♈	16	26	♉	6	13
5	♓	14	7	♈	28	23	♉	18	3
6	♓	26	33	♉	10	13	♉	29	51
7	♈	8	41	♉	22	1	♊	11	43
8	♈	20	37	♊	3	53	♊	23	44
9	♉	2	26	♊	15	54	♋	5	58
10	♉	14	13	♊	28	9	♋	18	30
11	♉	26	4	♋	10	41	♌	1	23
12	♊	8	3	♋	23	32	♌	14	40
13	♊	20	14	♌	6	43	♌	28	20
14	♋	2	40	♌	20	14	♍	12	23
15	♋	15	20	♍	4	1	♍	26	45
16	♋	28	17	♍	18	1	♎	11	19
17	♌	11	27	♎	2	9	♎	25	59
18	♌	24	50	♎	16	22	♏	10	40
19	♍	8	23	♏	0	35	♏	25	14
20	♍	22	4	♏	14	48	♐	9	38
21	♎	5	53	♏	28	56	♐	23	49
22	♎	19	48	♐	13	1	♑	7	45
23	♏	3	49	♐	26	59	♑	21	26
24	♏	17	56	♑	10	50	♒	4	51
25	♐	2	8	♑	24	33	♒	18	0
26	♐	16	23	♒	8	5	♓	0	56
27	♑	0	37	♒	21	24	♓	13	38
28	♑	14	47	♓	4	29	♓	26	7
29	♑	28	47	♓	17	19	♈	8	25
30	♒	12	32				♈	20	32
31	♒	25	59				♉	2	31

Tag	April			Mai			Juni		
	Z	°	'	Z	°	'	Z	°	'
1	♉	14	24	♊	16	40	♌	2	7
2	♉	26	13	♊	28	35	♌	14	37
3	♊	8	2	♋	10	37	♌	27	22
4	♊	19	54	♋	22	49	♍	10	25
5	♋	1	54	♌	5	16	♍	23	50
6	♋	14	6	♌	18	1	♎	7	37
7	♋	26	34	♍	1	7	♎	21	49
8	♌	9	24	♍	14	38	♏	6	25
9	♌	22	37	♍	28	36	♏	21	22
10	♍	6	16	♎	13	1	♐	6	31
11	♍	20	22	♎	27	49	♐	21	44
12	♎	4	51	♏	12	54	♑	6	50
13	♎	19	40	♏	28	9	♑	21	40
14	♏	4	41	♐	13	23	♒	6	5
15	♏	19	45	♐	28	26	♒	20	2
16	♐	4	44	♑	13	9	♓	3	29
17	♐	19	30	♑	27	27	♓	16	28
18	♑	3	57	♒	11	16	♓	29	3
19	♑	18	2	♒	24	37	♈	11	19
20	♒	1	43	♓	7	33	♈	23	20
21	♒	15	1	♓	20	8	♉	5	13
22	♒	27	60	♈	2	25	♉	17	2
23	♓	10	40	♈	14	29	♉	28	50
24	♓	23	5	♈	26	24	♊	10	41
25	♈	5	18	♉	8	15	♊	22	37
26	♈	17	22	♉	20	3	♋	4	40
27	♈	29	19	♊	1	52	♋	16	52
28	♉	11	11	♊	13	43	♋	29	13
29	♉	23	1	♊	25	39	♌	11	43
30	♊	4	50	♋	7	40	♌	24	25
31				♋	19	49			

Tag	Juli			August			September		
	Z	°	'	Z	°	'	Z	°	'
1	♍	7	19	♎	28	9	♐	21	30
2	♍	20	27	♏	12	8	♑	5	42
3	♎	3	50	♏	26	19	♑	19	51
4	♎	17	32	♐	10	41	♒	3	53
5	♏	1	34	♐	25	10	♒	17	46
6	♏	15	55	♑	9	43	♓	1	26
7	♐	0	34	♑	24	13	♓	14	50
8	♐	15	25	♒	8	34	♓	27	56
9	♑	0	22	♒	22	39	♈	10	45
10	♑	15	16	♓	6	23	♈	23	16
11	♑	29	58	♓	19	45	♉	5	33
12	♒	14	19	♈	2	44	♉	17	37
13	♒	28	15	♈	15	21	♉	29	33
14	♓	11	44	♈	27	40	♊	11	25
15	♓	24	46	♉	9	45	♊	23	17
16	♈	7	23	♉	21	40	♋	5	16
17	♈	19	41	♊	3	31	♋	17	24
18	♉	1	44	♊	15	24	♋	29	47
19	♉	13	38	♊	27	21	♌	12	27
20	♉	25	27	♋	9	29	♌	25	27
21	♊	7	18	♋	21	49	♍	8	47
22	♊	19	12	♌	4	24	♍	22	28
23	♋	1	15	♌	17	15	♎	6	26
24	♋	13	28	♍	0	21	♎	20	39
25	♋	25	52	♍	13	43	♏	5	1
26	♌	8	28	♍	27	17	♏	19	27
27	♌	21	16	♎	11	3	♐	3	54
28	♍	4	16	♎	24	58	♐	18	16
29	♍	17	27	♏	8	59	♑	2	31
30	♎	0	49	♏	23	6	♑	16	35
31	♎	14	23	♐	7	17			

Tag	Oktober			November			Dezember		
	Z	°	'	Z	°	'	Z	°	'
1	♒	0	28	♓	20	34	♈	24	58
2	♒	14	8	♈	3	13	♉	7	3
3	♒	27	35	♈	15	40	♉	19	1
4	♓	10	48	♈	27	57	♊	0	56
5	♓	23	48	♉	10	6	♊	12	49
6	♈	6	34	♉	22	8	♊	24	41
7	♈	19	7	♊	4	4	♋	6	34
8	♉	1	28	♊	15	57	♋	18	29
9	♉	13	38	♊	27	48	♌	0	29
10	♉	25	39	♋	9	40	♌	12	34
11	♊	7	34	♋	21	36	♌	24	50
12	♊	19	25	♌	3	40	♍	7	19
13	♋	1	17	♌	15	55	♍	20	6
14	♋	13	14	♌	28	27	♎	3	15
15	♋	25	20	♍	11	20	♎	16	49
16	♌	7	40	♍	24	38	♏	0	52
17	♌	20	18	♎	8	24	♏	15	24
18	♍	3	18	♎	22	39	♐	0	20
19	♍	16	42	♏	7	20	♐	15	34
20	♎	0	32	♏	22	21	♑	0	56
21	♎	14	46	♐	7	35	♑	16	13
22	♎	29	20	♐	22	50	♒	1	14
23	♏	14	8	♑	7	56	♒	15	51
24	♏	29	2	♑	22	44	♒	29	59
25	♐	13	55	♒	7	7	♓	13	37
26	♐	28	39	♒	21	2	♓	26	46
27	♑	13	7	♓	4	31	♈	9	30
28	♑	27	15	♓	17	34	♈	21	54
29	♒	11	4	♈	0	18	♉	4	3
30	♒	24	32	♈	12	44	♉	16	2
31	♓	7	41				♉	27	56

Mond 1969

Tag	Januar			Februar			März			April			Mai			Juni			Juli			August			September			Oktober			November			Dezember		
	Z	°	'	Z	°	'	Z	°	'	Z	°	'	Z	°	'	Z	°	'	Z	°	'	Z	°	'	Z	°	'	Z	°	'	Z	°	'	Z	°	'
1	♊	9	47	♋	24	11	♌	2	26	♍	18	20	♎	23	36	♐	16	0	♑	25	3	♓	17	47	♉	6	37	♊	9	48	♋	23	47	♌	25	25
2	♊	21	38	♌	6	22	♌	14	45	♎	1	39	♏	7	52	♑	1	11	♒	10	9	♈	1	46	♉	19	24	♊	22	2	♌	5	38	♍	7	22
3	♋	3	32	♌	18	43	♌	27	18	♎	15	17	♏	22	26	♑	16	18	♒	24	54	♈	15	17	♊	1	51	♋	4	3	♌	17	30	♍	19	30
4	♋	15	29	♍	1	13	♍	10	4	♎	29	12	♐	7	12	♒	1	11	♓	9	14	♈	28	22	♊	14	2	♋	15	57	♌	29	29	♎	1	57
5	♋	27	31	♍	13	53	♍	23	5	♏	13	20	♐	22	1	♒	15	44	♓	23	5	♉	11	5	♊	26	3	♋	27	49	♍	11	41	♎	14	46
6	♌	9	39	♍	26	45	♎	6	20	♏	27	38	♑	6	46	♒	29	52	♈	6	29	♉	23	28	♋	7	56	♌	9	42	♍	24	10	♎	28	1
7	♌	21	54	♎	9	48	♎	19	48	♐	12	0	♑	21	20	♓	13	36	♈	19	29	♊	5	38	♋	19	48	♌	21	43	♎	7	0	♏	11	45
8	♍	4	18	♎	23	5	♏	3	28	♐	26	22	♒	5	39	♓	26	56	♉	2	9	♊	17	38	♌	1	41	♍	3	54	♎	20	13	♏	25	57
9	♍	16	53	♏	6	37	♏	17	18	♑	10	40	♒	19	39	♈	9	56	♉	14	32	♊	29	31	♌	13	39	♍	16	20	♏	3	50	♐	10	33
10	♍	29	42	♏	20	25	♐	1	17	♑	24	51	♓	3	21	♈	22	38	♉	26	43	♋	11	23	♌	25	45	♍	29	2	♏	17	49	♐	25	25
11	♎	12	49	♐	4	29	♐	15	24	♒	8	53	♓	16	46	♉	5	7	♊	8	45	♋	23	14	♍	8	1	♎	12	2	♐	2	6	♑	10	25
12	♎	26	16	♐	18	49	♐	29	36	♒	22	45	♓	29	55	♉	17	25	♊	20	41	♌	5	9	♍	20	29	♎	25	19	♐	16	34	♑	25	23
13	♏	10	7	♑	3	22	♑	13	51	♓	6	25	♈	12	50	♉	29	35	♋	2	34	♌	17	8	♎	3	10	♏	8	54	♑	1	7	♒	10	10
14	♏	24	22	♑	18	2	♑	28	7	♓	19	54	♈	25	33	♊	11	38	♋	14	26	♌	29	13	♎	16	5	♏	22	42	♑	15	39	♒	24	41
15	♐	8	59	♒	2	45	♒	12	21	♈	3	10	♉	8	5	♊	23	36	♋	26	18	♍	11	26	♎	29	13	♐	6	41	♒	0	4	♓	8	51
16	♐	23	56	♒	17	21	♒	26	27	♈	16	14	♉	20	28	♋	5	30	♌	8	11	♍	23	49	♏	12	35	♐	20	48	♒	14	18	♓	22	41
17	♑	9	3	♓	1	45	♓	10	24	♈	29	5	♊	2	41	♋	17	22	♌	20	7	♎	6	23	♏	26	10	♑	4	58	♒	28	20	♈	6	11
18	♑	24	11	♓	15	50	♓	24	7	♉	11	43	♊	14	47	♋	29	13	♍	2	10	♎	19	11	♐	9	58	♑	19	9	♓	12	9	♈	19	24
19	♒	9	9	♓	29	32	♈	7	33	♉	24	8	♊	26	46	♌	11	5	♍	14	20	♏	2	15	♐	23	58	♒	3	20	♓	25	46	♉	2	22
20	♒	23	48	♈	12	51	♈	20	41	♊	6	21	♋	8	40	♌	23	1	♍	26	42	♏	15	37	♑	8	9	♒	17	27	♈	9	11	♉	15	7
21	♓	8	2	♈	25	45	♉	3	32	♊	18	25	♋	20	31	♍	5	6	♎	9	19	♏	29	18	♑	22	29	♓	1	30	♈	22	26	♉	27	41
22	♓	21	48	♉	8	19	♉	16	5	♋	0	21	♌	2	22	♍	17	23	♎	22	15	♐	13	20	♒	6	54	♓	15	27	♉	5	29	♊	10	5
23	♈	5	4	♉	20	36	♉	28	22	♋	12	14	♌	14	18	♍	29	58	♏	5	33	♐	27	41	♒	21	21	♓	29	16	♉	18	22	♊	22	20
24	♈	17	55	♊	2	39	♊	10	28	♋	24	6	♌	26	23	♎	12	54	♏	19	18	♑	12	19	♓	5	46	♈	12	55	♊	1	3	♋	4	27
25	♉	0	24	♊	14	34	♊	22	25	♌	6	4	♍	8	41	♎	26	17	♐	3	29	♑	27	9	♓	20	3	♈	26	22	♊	13	33	♋	16	27
26	♉	12	36	♊	26	26	♋	4	18	♌	18	11	♍	21	18	♏	10	9	♐	18	5	♒	12	3	♈	4	7	♉	9	35	♊	25	51	♋	28	20
27	♉	24	36	♋	8	20	♋	16	12	♍	0	33	♎	4	19	♏	24	30	♑	3	2	♒	26	53	♈	17	55	♉	22	33	♋	7	58	♌	10	10
28	♊	6	29	♋	20	19	♋	28	11	♍	13	13	♎	17	46	♐	9	18	♑	18	12	♓	11	33	♉	1	24	♊	5	15	♋	19	56	♌	21	57
29	♊	18	19				♌	10	20	♍	26	16	♏	1	43	♐	24	26	♒	3	26	♓	25	54	♉	14	32	♊	17	41	♌	1	47	♍	3	47
30	♋	0	11				♌	22	42	♎	9	44	♏	16	7	♑	9	45	♒	18	32	♈	9	53	♉	27	19	♊	29	53	♌	13	35	♍	15	42
31	♋	12	8				♍	5	22				♐	0	56				♓	3	21	♈	23	27				♋	11	54				♍	27	48

Tag	Januar Z	°	'	Februar Z	°	'	März Z	°	'	April Z	°	'	Mai Z	°	'	Juni Z	°	'
1	♎	10	10	♏	28	23	♐	8	4	♒	0	31	♓	9	39	♉	1	39
2	♎	22	54	♐	12	19	♐	21	51	♒	14	53	♓	23	48	♉	15	4
3	♏	6	3	♐	26	43	♑	5	59	♒	29	23	♈	7	53	♉	28	16
4	♏	19	42	♑	11	31	♑	20	27	♓	13	56	♈	21	52	♊	11	16
5	♐	3	51	♑	26	37	♒	5	12	♓	28	28	♉	5	41	♊	24	1
6	♐	18	28	♒	11	52	♒	20	7	♈	12	52	♉	19	16	♋	6	31
7	♑	3	27	♒	27	5	♓	5	6	♈	27	3	♊	2	35	♋	18	47
8	♑	18	41	♓	12	7	♓	20	0	♉	10	56	♊	15	36	♌	0	51
9	♒	3	56	♓	26	49	♈	4	42	♉	24	27	♊	28	17	♌	12	46
10	♒	19	4	♈	11	6	♈	19	4	♊	7	36	♋	10	41	♌	24	35
11	♓	3	55	♈	24	56	♉	3	2	♊	20	22	♋	22	49	♍	6	22
12	♓	18	23	♉	8	19	♉	16	34	♋	2	47	♌	4	47	♍	18	14
13	♈	2	25	♉	21	18	♉	29	40	♋	14	57	♌	16	37	♎	0	16
14	♈	16	2	♊	3	55	♊	12	23	♋	26	54	♌	28	26	♎	12	33
15	♈	29	16	♊	16	15	♊	24	46	♌	8	44	♍	10	18	♎	25	9
16	♉	12	9	♊	28	21	♋	6	53	♌	20	33	♍	22	20	♏	8	9
17	♉	24	45	♋	10	19	♋	18	49	♍	2	25	♎	4	36	♏	21	35
18	♊	7	8	♋	22	10	♌	0	39	♍	14	25	♎	17	10	♐	5	27
19	♊	19	19	♌	3	59	♌	12	27	♍	26	37	♏	0	6	♐	19	41
20	♋	1	23	♌	15	48	♌	24	18	♎	9	3	♏	13	23	♑	4	13
21	♋	13	20	♌	27	40	♍	6	14	♎	21	46	♏	27	1	♑	18	55
22	♋	25	13	♍	9	36	♍	18	18	♏	4	46	♐	10	57	♒	3	41
23	♌	7	4	♍	21	39	♎	0	32	♏	18	2	♐	25	7	♒	18	22
24	♌	18	53	♎	3	49	♎	12	59	♐	1	33	♑	9	25	♓	2	53
25	♍	0	43	♎	16	10	♎	25	38	♐	15	17	♑	23	46	♓	17	11
26	♍	12	36	♎	28	44	♏	8	31	♐	29	10	♒	8	5	♈	1	14
27	♍	24	36	♏	11	33	♏	21	38	♑	13	9	♒	22	20	♈	15	1
28	♎	6	45	♏	24	39	♐	4	58	♑	27	13	♓	6	28	♈	28	33
29	♎	19	8				♐	18	31	♒	11	21	♓	20	29	♉	11	51
30	♏	1	50				♑	2	18	♒	25	30	♈	4	21	♉	24	56
31	♏	14	53				♑	16	18				♈	18	5			

Tag	Juli Z	°	'	August Z	°	'	September Z	°	'	Oktober Z	°	'	November Z	°	'	Dezember Z	°	'
1	♊	7	48	♋	24	9	♍	8	33	♎	11	17	♏	28	9	♑	4	33
2	♊	20	27	♌	6	5	♍	20	22	♎	23	31	♐	11	18	♑	18	28
3	♋	2	55	♌	17	56	♎	2	16	♏	5	55	♐	24	39	♒	2	29
4	♋	15	11	♌	29	43	♎	14	17	♏	18	31	♑	8	10	♒	16	33
5	♋	27	17	♍	11	29	♎	26	27	♐	1	20	♑	21	50	♓	0	38
6	♌	9	14	♍	23	18	♏	8	50	♐	14	22	♒	5	40	♓	14	43
7	♌	21	4	♎	5	12	♏	21	27	♐	27	40	♒	19	40	♓	28	47
8	♍	2	51	♎	17	14	♐	4	21	♑	11	13	♓	3	49	♈	12	51
9	♍	14	38	♎	29	30	♐	17	36	♑	25	4	♓	18	6	♈	26	51
10	♍	26	29	♏	12	4	♑	1	14	♒	9	12	♈	2	29	♉	10	46
11	♎	8	30	♏	24	59	♑	15	15	♒	23	37	♈	16	54	♉	24	33
12	♎	20	46	♐	8	19	♑	29	39	♓	8	15	♉	1	17	♊	8	9
13	♏	3	21	♐	22	6	♒	14	24	♓	23	4	♉	15	32	♊	21	30
14	♏	16	19	♑	6	20	♒	29	24	♈	7	55	♉	29	32	♋	4	34
15	♏	29	45	♑	20	58	♓	14	31	♈	22	41	♊	13	13	♋	17	20
16	♐	13	39	♒	5	57	♓	29	38	♉	7	15	♊	26	31	♋	29	49
17	♐	27	59	♒	21	7	♈	14	34	♉	21	28	♋	9	27	♌	12	1
18	♑	12	41	♓	6	19	♈	29	11	♊	5	17	♋	22	0	♌	24	1
19	♑	27	39	♓	21	24	♉	13	24	♊	18	40	♌	4	15	♍	5	52
20	♒	12	43	♈	6	14	♉	27	10	♋	1	36	♌	16	16	♍	17	40
21	♒	27	45	♈	20	43	♊	10	28	♋	14	9	♌	28	7	♍	29	29
22	♓	12	36	♉	4	46	♊	23	21	♋	26	23	♍	9	54	♎	11	26
23	♓	27	11	♉	18	23	♋	5	51	♌	8	22	♍	21	44	♎	23	35
24	♈	11	25	♊	1	36	♋	18	3	♌	20	12	♎	3	40	♏	6	1
25	♈	25	17	♊	14	25	♌	0	3	♍	1	59	♎	15	49	♏	18	48
26	♉	8	48	♊	26	56	♌	11	53	♍	13	47	♎	28	13	♐	1	58
27	♉	21	59	♋	9	11	♌	23	40	♍	25	41	♏	10	54	♐	15	30
28	♊	4	51	♋	21	14	♍	5	27	♎	7	45	♏	23	55	♐	29	24
29	♊	17	29	♌	3	9	♍	17	17	♎	20	0	♐	7	13	♑	13	35
30	♊	29	53	♌	14	58	♍	29	13	♏	2	29	♐	20	47	♑	27	57
31	♋	12	5	♌	26	45				♏	15	12				♒	12	26

Tag	Januar Z	°	'	Februar Z	°	'	März Z	°	'	April Z	°	'	Mai Z	°	'	Juni Z	°	'
1	♒	26	54	♈	20	6	♈	29	27	♊	20	11	♋	24	29	♍	9	3
2	♓	11	19	♉	4	11	♉	13	48	♋	3	19	♌	6	54	♍	20	54
3	♓	25	36	♉	17	55	♉	27	42	♋	16	3	♌	19	2	♎	2	44
4	♈	9	43	♊	1	20	♊	11	11	♋	28	25	♍	0	58	♎	14	38
5	♈	23	40	♊	14	27	♊	24	15	♌	10	32	♍	12	47	♎	26	39
6	♉	7	25	♊	27	18	♋	6	57	♌	22	28	♍	24	35	♏	8	52
7	♉	20	59	♋	9	54	♋	19	22	♍	4	17	♎	6	26	♏	21	19
8	♊	4	21	♋	22	17	♌	1	33	♍	16	5	♎	18	23	♐	4	0
9	♊	17	31	♌	4	30	♌	13	34	♍	27	53	♏	0	28	♐	16	57
10	♋	0	27	♌	16	34	♌	25	28	♎	9	45	♏	12	45	♑	0	8
11	♋	13	10	♌	28	32	♍	7	18	♎	21	43	♏	25	12	♑	13	32
12	♋	25	40	♍	10	24	♍	19	7	♏	3	48	♐	7	52	♑	27	7
13	♌	7	57	♍	22	12	♎	0	56	♏	16	2	♐	20	12	♒	10	52
14	♌	20	3	♎	4	1	♎	12	48	♏	28	25	♑	3	44	♒	24	45
15	♍	2	0	♎	15	52	♎	24	44	♐	10	58	♑	16	57	♓	8	45
16	♍	13	50	♎	27	49	♏	6	47	♐	23	44	♒	0	23	♓	22	51
17	♍	25	38	♏	9	55	♏	18	58	♑	6	43	♒	14	0	♈	7	3
18	♎	7	27	♏	22	16	♐	1	21	♑	19	59	♒	27	52	♈	21	17
19	♎	19	22	♐	4	54	♐	13	59	♒	3	33	♓	11	57	♉	5	33
20	♏	1	29	♐	17	55	♐	26	55	♒	17	28	♓	26	16	♉	19	46
21	♏	13	53	♑	1	21	♑	10	12	♓	1	43	♈	10	47	♊	3	51
22	♏	26	37	♑	15	14	♑	23	53	♓	16	18	♈	25	24	♊	17	46
23	♐	9	45	♑	29	34	♒	8	0	♈	1	9	♉	10	3	♋	1	24
24	♐	23	19	♒	14	17	♒	22	31	♈	16	10	♉	24	35	♋	14	44
25	♑	7	19	♒	29	19	♓	7	24	♉	1	10	♊	8	54	♋	27	45
26	♑	21	42	♓	14	30	♓	22	32	♉	16	2	♊	22	54	♌	10	26
27	♒	6	23	♓	29	41	♈	7	46	♊	0	37	♋	6	30	♌	22	50
28	♒	21	16	♈	14	43	♈	22	57	♊	14	46	♋	19	42	♍	4	59
29	♓	6	12				♉	7	53	♊	28	28	♌	2	29	♍	16	57
30	♓	21	3				♉	22	27	♋	11	42	♌	14	56	♍	28	49
31	♈	5	43				♊	6	34				♌	27	5			

Tag	Juli Z	°	'	August Z	°	'	September Z	°	'	Oktober Z	°	'	November Z	°	'	Dezember Z	°	'
1	♎	10	41	♏	24	54	♑	11	38	♒	17	37	♈	10	23	♉	19	11
2	♎	22	36	♐	7	27	♑	25	18	♓	2	4	♈	25	35	♊	4	3
3	♏	4	39	♐	20	20	♒	9	25	♓	16	56	♉	10	51	♊	18	43
4	♏	16	56	♑	3	37	♒	23	56	♈	2	7	♉	25	59	♋	3	2
5	♏	29	29	♑	17	16	♓	8	48	♈	17	26	♊	10	47	♋	16	56
6	♐	12	20	♒	1	19	♓	23	52	♉	2	44	♊	25	10	♌	0	24
7	♐	25	30	♒	15	40	♈	9	0	♉	17	47	♋	9	3	♌	13	24
8	♑	8	59	♓	0	15	♈	24	2	♊	2	29	♋	22	26	♌	26	2
9	♑	22	46	♓	14	59	♉	8	49	♊	16	43	♌	5	22	♍	8	20
10	♒	6	46	♓	29	43	♉	23	16	♋	0	28	♌	17	54	♍	20	24
11	♒	20	56	♈	14	22	♊	7	19	♋	13	44	♍	0	8	♎	2	19
12	♓	5	13	♈	28	51	♊	20	56	♋	26	35	♍	12	9	♎	14	10
13	♓	19	32	♉	13	5	♋	4	11	♌	9	5	♍	24	[illegible]	♎	26	1
14	♈	3	51	♉	27	1	♋	17	4	♌	21	19	♎	5	52	♏	7	57
15	♈	18	6	♊	10	41	♋	29	40	♍	3	21	♎	17	42	♏	20	1
16	♉	2	15	♊	24	3	♌	12	2	♍	15	17	♎	29	35	♐	2	14
17	♉	16	16	♋	7	9	♌	24	13	♍	27	8	♏	11	34	♐	14	39
18	♊	0	7	♋	20	0	♍	6	16	♎	8	59	♏	23	39	♐	27	17
19	♊	13	48	♌	2	38	♍	18	13	♎	20	50	♐	5	52	♑	10	6
20	♊	27	15	♌	15	3	♎	0	6	♏	2	43	♐	18	13	♑	23	7
21	♋	10	29	♌	27	18	♎	11	57	♏	14	40	♑	0	44	♒	6	20
22	♋	23	27	♍	9	24	♎	23	48	♏	26	42	♑	13	24	♒	19	44
23	♌	6	11	♍	21	23	♏	5	40	♐	8	51	♑	26	16	♓	3	19
24	♌	18	40	♎	3	16	♏	17	36	♐	21	8	♒	9	22	♓	17	6
25	♍	0	56	♎	15	7	♏	29	38	♑	3	37	♒	22	45	♈	1	5
26	♍	13	1	♎	26	57	♐	11	50	♑	16	20	♓	6	25	♈	15	14
27	♍	24	57	♏	8	51	♐	24	16	♑	29	21	♓	20	26	♈	29	33
28	♎	6	49	♏	20	53	♑	7	0	♒	12	43	♈	4	46	♉	13	58
29	♎	18	40	♐	3	6	♑	20	6	♒	26	31	♈	19	25	♉	28	25
30	♏	0	35	♐	15	35	♒	3	37	♓	10	44	♉	4	15	♊	12	48
31	♏	12	38	♐	28	25				♓	25	23				♊	27	3

Tag	Januar			Februar			März			April			Mai			Juni		
	Z	°	'	Z	°	'	Z	°	'	Z	°	'	Z	°	'	Z	°	'
1	♋	11	3	♌	28	59	♍	19	49	♏	4	33	♐	7	12	♑	23	3
2	♋	24	45	♍	11	32	♎	2	1	♏	16	25	♐	19	11	♒	5	41
3	♌	8	6	♍	23	51	♎	14	5	♏	28	17	♑	1	16	♒	18	34
4	♌	21	5	♎	5	59	♎	26	2	♐	10	12	♑	13	31	♓	1	44
5	♍	3	44	♎	17	57	♏	7	55	♐	22	13	♑	26	0	♓	15	15
6	♍	16	6	♎	29	51	♏	19	46	♑	4	25	♒	8	46	♓	29	8
7	♍	28	13	♏	11	43	♐	1	41	♑	16	52	♒	21	53	♈	13	24
8	♎	10	11	♏	23	40	♐	13	43	♑	29	39	♓	5	26	♈	28	0
9	♎	22	3	♐	5	44	♐	25	57	♒	12	51	♓	19	26	♉	12	52
10	♏	3	56	♐	18	2	♑	8	28	♒	26	31	♈	3	54	♉	27	52
11	♏	15	53	♑	0	37	♑	21	20	♓	10	41	♈	18	47	♊	12	52
12	♏	27	59	♑	13	32	♒	4	38	♓	25	19	♉	3	56	♊	27	42
13	♐	10	17	♑	26	50	♒	18	24	♈	10	20	♉	19	13	♋	12	15
14	♐	22	51	♒	10	31	♓	2	36	♈	25	35	♊	4	27	♋	26	26
15	♑	5	41	♒	24	33	♓	17	12	♉	10	54	♊	19	26	♌	10	10
16	♑	18	49	♓	8	52	♈	2	7	♉	26	4	♋	4	3	♌	23	28
17	♒	2	13	♓	23	24	♈	17	10	♊	10	57	♋	18	13	♍	6	22
18	♒	15	52	♈	8	1	♉	2	13	♊	25	25	♌	1	53	♍	18	55
19	♒	29	43	♈	22	37	♉	17	5	♋	9	25	♌	15	7	♎	1	11
20	♓	13	45	♉	7	6	♊	1	41	♋	22	58	♌	27	56	♎	13	15
21	♓	27	53	♉	21	25	♊	15	54	♌	6	5	♍	10	25	♎	25	11
22	♈	12	4	♊	5	29	♊	29	45	♌	18	51	♍	22	39	♏	7	4
23	♈	26	17	♊	19	18	♋	13	13	♍	1	20	♎	4	42	♏	18	56
24	♉	10	28	♋	2	53	♋	26	21	♍	13	36	♎	16	38	♐	0	52
25	♉	24	35	♋	16	13	♌	9	12	♍	25	42	♎	28	30	♐	12	55
26	♊	8	37	♋	29	19	♌	21	48	♎	7	42	♏	10	22	♐	25	5
27	♊	22	31	♌	12	13	♍	4	13	♎	19	38	♏	22	16	♑	7	25
28	♋	6	15	♌	24	56	♍	16	29	♏	1	31	♐	4	12	♑	19	56
29	♋	19	48	♍	7	28	♍	28	38	♏	13	24	♐	16	14	♒	2	38
30	♌	3	6				♎	10	41	♏	25	17	♐	28	22	♒	15	34
31	♌	16	10				♎	22	39				♑	10	37			

Tag	Juli			August			September			Oktober			November			Dezember		
	Z	°	'	Z	°	'	Z	°	'	Z	°	'	Z	°	'	Z	°	'
1	♒	28	43	♈	20	35	♊	14	11	♋	22	30	♍	11	38	♎	15	38
2	♓	12	7	♉	4	45	♊	28	9	♌	5	51	♍	24	6	♎	27	39
3	♓	25	45	♉	18	59	♋	11	57	♌	18	58	♎	6	24	♏	9	34
4	♈	9	39	♊	3	14	♋	25	33	♍	1	51	♎	18	34	♏	21	26
5	♈	23	48	♊	17	26	♌	8	59	♍	14	34	♏	0	37	♐	3	16
6	♉	8	9	♋	1	35	♌	22	14	♍	27	6	♏	12	34	♐	15	6
7	♉	22	39	♋	15	36	♍	5	16	♎	9	29	♏	24	26	♐	26	58
8	♊	7	15	♋	29	28	♍	18	6	♎	21	42	♐	6	16	♑	8	54
9	♊	21	50	♌	13	6	♎	0	43	♏	3	47	♐	18	4	♑	20	56
10	♋	6	19	♌	26	29	♎	13	8	♏	15	44	♐	29	54	♒	3	7
11	♋	20	35	♍	9	35	♎	25	20	♏	27	36	♑	11	49	♒	15	29
12	♌	4	34	♍	22	25	♏	7	22	♐	9	24	♑	23	52	♒	28	6
13	♌	18	13	♎	4	57	♏	19	17	♐	21	13	♒	6	9	♓	11	2
14	♍	1	29	♎	17	15	♐	1	8	♑	3	7	♒	18	43	♓	24	20
15	♍	14	24	♎	29	20	♐	12	59	♑	15	10	♓	1	40	♈	8	3
16	♍	26	59	♏	11	17	♐	24	55	♑	27	28	♓	15	5	♈	22	11
17	♎	9	18	♏	23	10	♑	7	1	♒	10	7	♓	28	58	♉	6	43
18	♎	21	24	♐	5	3	♑	19	23	♒	23	10	♈	13	22	♉	21	35
19	♏	3	21	♐	17	1	♒	2	6	♓	6	43	♈	28	11	♊	6	41
20	♏	15	14	♐	29	10	♒	15	13	♓	20	45	♉	13	21	♊	21	51
21	♏	27	8	♑	11	33	♒	28	46	♈	5	16	♉	28	40	♋	6	55
22	♐	9	6	♑	24	14	♓	12	45	♈	20	10	♊	13	58	♋	21	46
23	♐	21	13	♒	7	15	♓	27	7	♉	5	18	♊	29	3	♌	6	14
24	♑	3	31	♒	20	37	♈	11	47	♉	20	31	♋	13	48	♌	20	18
25	♑	16	4	♓	4	20	♈	26	37	♊	5	37	♋	28	7	♍	3	53
26	♑	28	51	♓	18	20	♉	11	28	♊	20	27	♌	11	59	♍	17	3
27	♒	11	55	♈	2	34	♉	26	12	♋	4	56	♌	25	24	♍	29	48
28	♒	25	14	♈	16	57	♊	10	43	♋	19	1	♍	8	24	♎	12	14
29	♓	8	47	♉	1	22	♊	24	57	♌	2	41	♍	21	4	♎	24	24
30	♓	22	33	♉	15	45	♋	8	52	♌	15	58	♎	3	27	♏	6	23
31	♈	6	30	♊	0	2				♌	28	56				♏	18	15

Tag	Januar	Februar	März	April	Mai	Juni	Juli	August	September	Oktober	November	Dezember
	Z ° '	Z ° '	Z ° '	Z ° '	Z ° '	Z ° '	Z ° '	Z ° '	Z ° '	Z ° '	Z ° '	Z ° '
1	♐ 0 4	♑ 14 8	♑ 22 5	♓ 8 21	♈ 14 12	♊ 7 1	♋ 15 41	♍ 7 59	♎ 26 38	♏ 29 36	♑ 13 17	♒ 15 10
2	♐ 11 53	♑ 26 25	♒ 4 29	♓ 21 59	♈ 28 45	♊ 22 12	♌ 0 40	♍ 21 56	♏ 9 20	♐ 11 40	♑ 25 5	♒ 27 12
3	♐ 23 46	♒ 8 56	♒ 17 12	♈ 6 0	♉ 13 35	♋ 7 18	♌ 15 22	♎ 5 28	♏ 21 42	♐ 23 34	♒ 6 57	♓ 9 27
4	♑ 5 45	♒ 21 41	♓ 0 16	♈ 20 20	♉ 28 35	♋ 22 11	♌ 29 42	♎ 18 33	♐ 3 48	♑ 5 23	♒ 19 1	♓ 22 2
5	♑ 17 51	♓ 4 42	♓ 13 39	♉ 4 53	♊ 13 34	♌ 6 44	♍ 13 35	♏ 1 15	♐ 15 43	♑ 17 12	♓ 1 20	♈ 5 0
6	♒ 0 6	♓ 17 57	♓ 27 20	♉ 19 31	♊ 28 25	♌ 20 52	♍ 27 2	♏ 13 37	♐ 27 32	♑ 29 5	♓ 13 59	♈ 18 24
7	♒ 12 33	♈ 1 25	♈ 11 16	♊ 4 8	♋ 13 1	♍ 4 37	♎ 10 4	♏ 25 42	♑ 9 20	♒ 11 10	♓ 27 3	♉ 2 15
8	♒ 25 11	♈ 15 5	♈ 25 22	♊ 18 37	♋ 27 18	♍ 17 57	♎ 22 43	♐ 7 37	♑ 21 14	♒ 23 30	♈ 10 32	♉ 16 34
9	♓ 8 2	♈ 28 54	♉ 9 33	♋ 2 55	♌ 11 14	♎ 0 55	♏ 5 4	♐ 19 26	♒ 3 16	♓ 6 10	♈ 24 26	♊ 1 15
10	♓ 21 8	♉ 12 52	♉ 23 46	♋ 16 60	♌ 24 51	♎ 13 35	♏ 17 10	♑ 1 14	♒ 15 32	♓ 19 10	♉ 8 42	♊ 16 14
11	♈ 4 30	♉ 26 57	♊ 7 58	♌ 0 51	♍ 8 9	♎ 25 59	♏ 29 6	♑ 13 5	♒ 28 3	♈ 2 32	♉ 23 16	♋ 1 21
12	♈ 18 9	♊ 11 8	♊ 22 6	♌ 14 28	♍ 21 11	♏ 8 10	♐ 10 57	♑ 25 2	♓ 10 52	♈ 16 15	♊ 7 60	♋ 16 27
13	♉ 2 6	♊ 25 23	♋ 6 8	♌ 27 54	♎ 3 57	♏ 20 12	♐ 22 44	♒ 7 9	♓ 23 57	♉ 0 14	♊ 22 46	♌ 1 24
14	♉ 16 19	♋ 9 41	♋ 20 6	♍ 11 8	♎ 16 31	♐ 2 7	♑ 4 33	♒ 19 27	♈ 7 18	♉ 14 25	♋ 7 28	♌ 16 4
15	♊ 0 48	♋ 23 57	♌ 3 57	♍ 24 10	♎ 28 54	♐ 13 57	♑ 16 25	♓ 1 58	♈ 20 52	♉ 28 43	♋ 22 1	♍ 0 23
16	♊ 15 27	♌ 8 9	♌ 17 42	♎ 7 1	♏ 11 6	♐ 25 46	♑ 28 22	♓ 14 43	♉ 4 36	♊ 13 3	♌ 6 20	♍ 14 18
17	♋ 0 13	♌ 22 11	♍ 1 17	♎ 19 41	♏ 23 10	♑ 7 34	♒ 10 27	♓ 27 40	♉ 18 29	♊ 27 20	♌ 20 23	♍ 27 50
18	♋ 14 58	♍ 6 0	♍ 14 43	♏ 2 8	♐ 5 7	♑ 19 25	♒ 22 42	♈ 10 51	♊ 2 27	♋ 11 33	♍ 4 10	♎ 11 0
19	♋ 29 35	♍ 19 32	♍ 27 56	♏ 14 24	♐ 16 58	♒ 1 20	♓ 5 8	♈ 24 14	♊ 16 29	♋ 25 40	♍ 17 41	♎ 23 50
20	♌ 13 59	♎ 2 44	♎ 10 54	♏ 26 29	♐ 28 46	♒ 13 23	♓ 17 47	♉ 7 49	♋ 0 34	♌ 9 39	♎ 0 57	♏ 6 23
21	♌ 28 2	♎ 15 36	♎ 23 36	♐ 8 25	♑ 10 34	♒ 25 37	♈ 0 41	♉ 21 36	♋ 14 42	♌ 23 31	♎ 13 58	♏ 18 42
22	♍ 11 43	♎ 28 9	♏ 6 3	♐ 20 16	♑ 22 24	♓ 8 5	♈ 13 52	♊ 5 36	♋ 28 51	♍ 7 14	♎ 26 46	♐ 0 50
23	♍ 24 59	♏ 10 24	♏ 18 16	♑ 2 3	♒ 4 21	♓ 20 51	♈ 27 20	♊ 19 46	♌ 13 0	♍ 20 48	♏ 9 22	♐ 12 50
24	♎ 7 51	♏ 22 26	♐ 0 17	♑ 13 52	♒ 16 30	♈ 3 58	♉ 11 7	♋ 4 7	♌ 27 5	♎ 4 10	♏ 21 45	♐ 24 43
25	♎ 20 22	♐ 4 19	♐ 12 9	♑ 25 48	♒ 28 54	♈ 17 28	♉ 25 14	♋ 18 36	♍ 11 4	♎ 17 21	♐ 3 57	♑ 6 33
26	♏ 2 35	♐ 16 8	♐ 23 58	♒ 7 56	♓ 11 39	♉ 1 24	♊ 9 40	♌ 3 8	♍ 24 52	♏ 0 17	♐ 16 0	♑ 18 20
27	♏ 14 36	♐ 27 59	♑ 5 47	♒ 20 21	♓ 24 49	♉ 15 44	♊ 24 20	♌ 17 39	♎ 8 26	♏ 12 58	♐ 27 55	♒ 0 8
28	♏ 26 28	♑ 9 56	♑ 17 44	♓ 3 9	♈ 8 25	♊ 0 26	♋ 9 11	♍ 2 3	♎ 21 42	♏ 25 25	♑ 9 44	♒ 11 59
29	♐ 8 17		♑ 29 53	♓ 16 22	♈ 22 30	♊ 15 25	♋ 24 7	♍ 16 13	♏ 4 39	♐ 7 37	♑ 21 31	♒ 23 54
30	♐ 20 7		♒ 12 20	♈ 0 4	♉ 7 2	♋ 0 32	♌ 8 58	♎ 0 4	♏ 17 16	♐ 19 38	♒ 3 18	♓ 5 58
31	♑ 2 3		♒ 25 8		♉ 21 54		♌ 23 38	♎ 13 33		♑ 1 30		♓ 18 14

Tag	Januar			Februar			März			April			Mai			Juni		
	Z	°	'	Z	°	'	Z	°	'	Z	°	'	Z	°	'	Z	°	'
1	♈	0	45	♉	19	43	♉	29	54	♋	22	29	♍	1	45	♎	23	20
2	♈	13	36	♊	3	34	♊	13	38	♌	6	44	♍	15	45	♏	6	25
3	♈	26	50	♊	17	48	♊	27	38	♌	21	3	♍	29	37	♏	19	16
4	♉	10	29	♋	2	24	♋	11	55	♍	5	25	♎	13	20	♐	1	54
5	♉	24	36	♋	17	18	♋	26	27	♍	19	43	♎	26	49	♐	14	19
6	♊	9	8	♌	2	24	♌	11	10	♎	3	53	♏	10	4	♐	26	33
7	♊	24	2	♌	17	33	♌	25	57	♎	17	49	♏	23	2	♑	8	38
8	♋	9	12	♍	2	34	♍	10	43	♏	1	27	♐	5	44	♑	20	35
9	♋	24	28	♍	17	19	♍	25	17	♏	14	43	♐	18	10	♒	2	27
10	♌	9	40	♎	1	40	♎	9	33	♏	27	38	♑	0	22	♒	14	17
11	♌	24	39	♎	15	32	♎	23	25	♐	10	12	♑	12	23	♒	26	9
12	♍	9	17	♎	28	55	♏	6	51	♐	22	29	♑	24	17	♓	8	8
13	♍	23	27	♏	11	51	♏	19	50	♑	4	31	♒	6	8	♓	20	16
14	♎	7	9	♏	24	22	♐	2	25	♑	16	25	♒	18	0	♈	2	40
15	♎	20	24	♐	6	34	♐	14	40	♑	28	14	♒	29	58	♈	15	22
16	♏	3	13	♐	18	32	♐	26	41	♒	10	5	♓	12	8	♈	28	27
17	♏	15	41	♑	0	21	♑	8	32	♒	22	3	♓	24	33	♉	11	57
18	♏	27	53	♑	12	8	♑	20	20	♓	4	12	♈	7	18	♉	25	52
19	♐	9	53	♑	23	55	♒	2	9	♓	16	36	♈	20	24	♊	10	11
20	♐	21	44	♒	5	46	♒	14	4	♓	29	17	♉	3	52	♊	24	50
21	♑	3	32	♒	17	44	♒	26	9	♈	12	16	♉	17	42	♋	9	43
22	♑	15	19	♒	29	52	♓	8	26	♈	25	34	♊	1	50	♋	24	42
23	♑	27	7	♓	12	10	♓	20	58	♉	9	8	♊	16	13	♌	9	38
24	♒	8	59	♓	24	38	♈	3	43	♉	22	55	♋	0	45	♌	24	25
25	♒	20	57	♈	7	17	♈	16	43	♊	6	54	♋	15	20	♍	8	55
26	♓	3	1	♈	20	8	♈	29	54	♊	20	59	♋	29	53	♍	23	5
27	♓	15	14	♉	3	10	♉	13	18	♋	5	8	♌	14	18	♎	6	53
28	♓	27	38	♉	16	25	♉	26	50	♋	19	19	♌	28	34	♎	20	19
29	♈	10	14				♊	10	32	♌	3	30	♍	12	37	♏	3	25
30	♈	23	5				♊	24	23	♌	17	39	♍	26	26	♏	16	14
31	♉	6	14				♋	8	22				♎	10	0			

Tag	Juli			August			September			Oktober			November			Dezember		
	Z	°	'	Z	°	'	Z	°	'	Z	°	'	Z	°	'	Z	°	'
1	♏	28	47	♑	14	18	♒	28	45	♈	1	50	♉	19	10	♊	25	38
2	♐	11	8	♑	26	10	♓	10	46	♈	14	19	♊	2	36	♋	9	54
3	♐	23	18	♒	8	0	♓	22	53	♈	26	59	♊	16	12	♋	24	17
4	♑	5	20	♒	19	52	♈	5	8	♉	9	50	♊	29	59	♌	8	41
5	♑	17	17	♓	1	46	♈	17	31	♉	22	51	♋	13	54	♌	23	3
6	♑	29	10	♓	13	44	♉	0	5	♊	6	4	♋	27	56	♍	7	19
7	♒	11	0	♓	25	49	♉	12	50	♊	19	30	♌	12	4	♍	21	26
8	♒	22	51	♈	8	2	♉	25	49	♋	3	9	♌	26	16	♎	5	22
9	♓	4	45	♈	20	26	♊	9	6	♋	17	2	♍	10	29	♎	19	8
10	♓	16	44	♉	3	4	♊	22	41	♌	1	9	♍	24	42	♏	2	41
11	♓	28	53	♉	16	0	♋	6	38	♌	15	30	♎	8	50	♏	16	1
12	♈	11	15	♉	29	18	♋	20	56	♍	0	2	♎	22	50	♏	29	9
13	♈	23	54	♊	12	59	♌	5	35	♍	14	40	♏	6	39	♐	12	3
14	♉	6	54	♊	27	7	♌	20	29	♍	29	17	♏	20	12	♐	24	44
15	♉	20	18	♋	11	40	♍	5	31	♎	13	46	♐	3	29	♑	7	13
16	♊	4	8	♋	26	34	♍	20	32	♎	28	1	♐	16	27	♑	19	30
17	♊	18	26	♌	11	45	♎	5	21	♏	11	55	♐	29	7	♒	1	36
18	♋	3	8	♌	27	0	♎	19	51	♏	25	27	♑	11	30	♒	13	34
19	♋	18	9	♍	12	11	♏	3	55	♐	8	34	♑	23	40	♒	25	27
20	♌	3	21	♍	27	5	♏	17	31	♐	21	19	♒	5	39	♓	7	18
21	♌	18	34	♎	11	36	♐	0	39	♑	3	43	♒	17	32	♓	19	12
22	♍	3	38	♎	25	39	♐	13	23	♑	15	53	♒	29	24	♈	1	13
23	♍	18	24	♏	9	11	♐	25	45	♑	27	51	♓	11	20	♈	13	25
24	♎	2	46	♏	22	16	♑	7	52	♒	9	43	♓	23	23	♈	25	54
25	♎	16	40	♐	4	56	♑	19	48	♒	21	35	♈	5	39	♉	8	43
26	♏	0	8	♐	17	16	♒	1	39	♓	3	31	♈	18	11	♉	21	56
27	♏	13	10	♐	29	22	♒	13	30	♓	15	34	♉	1	2	♊	5	35
28	♏	25	50	♑	11	18	♒	25	23	♓	27	49	♉	14	13	♊	19	39
29	♐	8	14	♑	23	9	♓	7	23	♈	10	17	♉	27	44	♋	4	5
30	♐	20	23	♒	4	59	♓	19	32	♈	23	0	♊	11	33	♋	18	48
31	♑	2	24	♒	16	50				♉	5	58				♌	3	40

Tag	Januar			Februar			März			April			Mai			Juni		
	Z	°	'	Z	°	'	Z	°	'	Z	°	'	Z	°	'	Z	°	'
1	♌	18	34	♎	11	57	♎	20	39	♐	10	32	♑	14	15	♒	28	44
2	♍	3	20	♎	26	2	♏	4	59	♐	23	34	♑	26	39	♓	10	39
3	♍	17	53	♏	9	41	♏	18	48	♑	6	12	♒	8	48	♓	22	32
4	♎	2	8	♏	22	54	♐	2	8	♑	18	32	♒	20	47	♈	4	28
5	♎	16	3	♐	5	46	♐	15	3	♒	0	37	♓	2	41	♈	16	32
6	♎	29	38	♐	18	19	♐	27	36	♒	12	34	♓	14	33	♈	28	48
7	♏	12	54	♑	0	39	♑	9	52	♒	24	26	♓	26	29	♉	11	19
8	♏	25	54	♑	12	49	♑	21	56	♓	6	17	♈	8	31	♉	24	7
9	♐	8	40	♑	24	52	♒	3	53	♓	18	10	♈	20	42	♊	7	14
10	♐	21	13	♒	6	50	♒	15	46	♈	0	8	♉	3	5	♊	20	40
11	♑	3	36	♒	18	44	♒	27	37	♈	12	12	♉	15	41	♋	4	24
12	♑	15	51	♓	0	37	♓	9	29	♈	24	25	♉	28	31	♋	18	22
13	♑	27	58	♓	12	29	♓	21	23	♉	6	46	♊	11	35	♌	2	31
14	♒	9	58	♓	24	21	♈	3	20	♉	19	17	♊	24	53	♌	16	46
15	♒	21	53	♈	6	17	♈	15	22	♊	2	0	♋	8	24	♍	1	5
16	♓	3	45	♈	18	17	♈	27	31	♊	14	55	♋	22	7	♍	15	22
17	♓	15	36	♉	0	26	♉	9	47	♊	28	5	♌	6	1	♍	29	36
18	♓	27	29	♉	12	47	♉	22	15	♋	11	30	♌	20	5	♎	13	43
19	♈	9	27	♉	25	24	♊	4	56	♋	25	13	♍	4	18	♎	27	41
20	♈	21	35	♊	8	23	♊	17	54	♌	9	14	♍	18	35	♏	11	31
21	♉	3	58	♊	21	47	♋	1	14	♌	23	32	♎	2	56	♏	25	10
22	♉	16	41	♋	5	40	♋	14	57	♍	8	5	♎	17	16	♐	8	37
23	♉	29	47	♋	20	2	♋	29	5	♍	22	48	♏	1	31	♐	21	52
24	♊	13	21	♌	4	51	♌	13	38	♎	7	35	♏	15	37	♑	4	53
25	♊	27	24	♌	20	1	♌	28	31	♎	22	18	♏	29	30	♑	17	41
26	♋	11	56	♍	5	22	♍	13	38	♏	6	50	♐	13	7	♒	0	14
27	♋	26	51	♍	20	43	♍	28	49	♏	21	5	♐	26	26	♒	12	34
28	♌	12	2	♎	5	52	♎	13	54	♐	4	58	♑	9	26	♒	24	42
29	♌	27	19				♎	28	42	♐	18	27	♑	22	8	♓	6	42
30	♍	12	29				♏	13	7	♑	1	32	♒	4	32	♓	18	36
31	♍	27	25				♏	27	4				♒	16	43			

Tag	Juli			August			September			Oktober			November			Dezember		
	Z	°	'	Z	°	'	Z	°	'	Z	°	'	Z	°	'	Z	°	'
1	♈	0	28	♉	14	48	♋	1	55	♌	8	39	♎	1	54	♏	10	29
2	♈	12	24	♉	27	19	♋	15	40	♌	23	10	♎	16	51	♏	24	54
3	♈	24	27	♊	10	13	♋	29	55	♍	8	4	♏	1	47	♐	9	8
4	♉	6	43	♊	23	34	♌	14	37	♍	23	14	♏	16	34	♐	23	8
5	♉	19	17	♋	7	22	♌	29	41	♎	8	29	♐	1	6	♑	6	48
6	♊	2	11	♋	21	39	♍	14	57	♎	23	39	♐	15	15	♑	20	8
7	♊	15	29	♌	6	19	♎	0	14	♏	8	34	♐	29	0	♒	3	6
8	♊	29	12	♌	21	16	♎	15	21	♏	23	7	♑	12	20	♒	15	43
9	♋	13	17	♍	6	21	♏	0	8	♐	7	14	♑	25	15	♒	28	2
10	♋	27	40	♍	21	24	♏	14	32	♐	20	53	♒	7	49	♓	10	7
11	♌	12	17	♎	6	15	♏	28	28	♑	4	5	♒	20	5	♓	22	3
12	♌	26	59	♎	20	48	♐	11	58	♑	16	54	♓	2	9	♈	3	53
13	♍	11	39	♏	4	59	♐	25	4	♑	29	24	♓	14	4	♈	15	44
14	♍	26	11	♏	18	47	♑	7	50	♒	11	38	♓	25	54	♈	27	40
15	♎	10	30	♐	2	13	♑	20	20	♒	23	41	♈	7	45	♉	9	45
16	♎	24	34	♐	15	20	♒	2	37	♓	5	37	♈	19	40	♉	22	4
17	♏	8	22	♐	28	11	♒	14	44	♓	17	29	♉	1	42	♊	4	38
18	♏	21	55	♑	10	49	♒	26	45	♓	29	20	♉	13	52	♊	17	30
19	♐	5	13	♑	23	15	♓	8	40	♈	11	13	♉	26	14	♋	0	39
20	♐	18	18	♒	5	32	♓	20	33	♈	23	8	♊	8	48	♋	14	5
21	♑	1	11	♒	17	41	♈	2	24	♉	5	9	♊	21	34	♋	27	45
22	♑	13	53	♒	29	44	♈	14	16	♉	17	17	♋	4	34	♌	11	37
23	♑	26	25	♓	11	41	♈	26	9	♉	29	33	♋	17	47	♌	25	37
24	♒	8	46	♓	23	34	♉	8	7	♊	12	0	♌	1	14	♍	9	43
25	♒	20	57	♈	5	24	♉	20	12	♊	24	40	♌	14	54	♍	23	50
26	♓	3	1	♈	17	14	♊	2	27	♋	7	36	♌	28	47	♎	7	58
27	♓	14	57	♈	29	8	♊	14	57	♋	20	49	♍	12	52	♎	22	5
28	♓	26	49	♉	11	8	♊	27	46	♌	4	22	♍	27	8	♏	6	10
29	♈	8	39	♉	23	20	♋	10	57	♌	18	16	♎	11	31	♏	20	11
30	♈	20	33	♊	5	49	♋	24	34	♍	2	32	♎	26	0	♐	4	7
31	♉	2	34	♊	18	39				♍	17	6				♐	17	55

Mond 1976

Tag	Januar Z	°	'	Februar Z	°	'	März Z	°	'	April Z	°	'	Mai Z	°	'	Juni Z	°	'
1	♑	1	32	♒	19	14	♓	10	18	♈	24	48	♉	27	27	♋	13	58
2	♑	14	56	♓	1	39	♓	22	21	♉	6	36	♊	9	32	♋	26	55
3	♑	28	5	♓	13	51	♈	4	16	♉	18	26	♊	21	47	♌	10	7
4	♒	10	56	♓	25	53	♈	16	6	♊	0	22	♋	4	14	♌	23	33
5	♒	23	31	♈	7	46	♈	27	53	♊	12	27	♋	16	56	♍	7	14
6	♓	5	49	♈	19	34	♉	9	40	♊	24	44	♋	29	55	♍	21	10
7	♓	17	54	♉	1	22	♉	21	32	♋	7	19	♌	13	14	♎	5	20
8	♓	29	49	♉	13	14	♊	3	33	♋	20	15	♌	26	54	♎	19	43
9	♈	11	39	♉	25	17	♊	15	49	♌	3	36	♍	10	56	♏	4	16
10	♈	23	29	♊	7	35	♊	28	24	♌	17	23	♍	25	20	♏	18	56
11	♉	5	24	♊	20	15	♋	11	24	♍	1	39	♎	10	2	♐	3	35
12	♉	17	29	♋	3	19	♋	24	52	♍	16	19	♎	24	58	♐	18	9
13	♉	29	50	♋	16	51	♌	8	49	♎	1	19	♏	9	59	♑	2	31
14	♊	12	30	♌	0	52	♌	23	15	♎	16	31	♏	24	59	♑	16	35
15	♊	25	33	♌	15	16	♍	8	5	♏	1	45	♐	9	49	♒	0	16
16	♋	9	0	♍	0	0	♍	23	11	♏	16	51	♐	24	20	♒	13	33
17	♋	22	49	♍	14	55	♎	8	24	♐	1	41	♑	8	28	♒	26	27
18	♌	6	57	♍	29	51	♎	23	33	♐	16	8	♑	22	11	♓	8	59
19	♌	21	18	♎	14	40	♏	8	29	♑	0	9	♒	5	27	♓	21	12
20	♍	5	47	♎	29	15	♏	23	6	♑	13	44	♒	18	18	♈	3	13
21	♍	20	16	♏	13	33	♐	7	19	♑	26	53	♓	0	48	♈	15	4
22	♎	4	41	♏	27	31	♐	21	7	♒	9	39	♓	13	0	♈	26	52
23	♎	18	57	♐	11	11	♑	4	32	♒	22	7	♓	24	59	♉	8	42
24	♏	3	2	♐	24	33	♑	17	36	♓	4	19	♈	6	50	♉	20	38
25	♏	16	56	♑	7	40	♒	0	21	♓	16	20	♈	18	38	♊	2	44
26	♐	0	39	♑	20	34	♒	12	51	♓	28	13	♉	0	26	♊	15	3
27	♐	14	11	♒	3	15	♒	25	9	♈	10	2	♉	12	18	♊	27	37
28	♐	27	34	♒	15	46	♓	7	16	♈	21	49	♉	24	16	♋	10	27
29	♑	10	46	♒	28	7	♓	19	16	♉	3	38	♊	6	24	♋	23	33
30	♑	23	47				♈	1	10	♉	15	30	♊	18	43	♌	6	53
31	♒	6	37				♈	13	0				♋	1	14			

Tag	Juli Z	°	'	August Z	°	'	September Z	°	'	Oktober Z	°	'	November Z	°	'	Dezember Z	°	'
1	♌	20	25	♎	12	54	♐	6	9	♑	14	4	♓	2	39	♈	5	59
2	♍	4	9	♎	27	5	♐	20	1	♑	27	22	♓	14	59	♈	17	52
3	♍	18	1	♏	11	14	♑	3	41	♒	10	22	♓	27	7	♈	29	39
4	♎	2	0	♏	25	18	♑	17	8	♒	23	6	♈	9	5	♉	11	26
5	♎	16	5	♐	9	16	♒	0	22	♓	5	37	♈	20	57	♉	23	15
6	♏	0	15	♐	23	9	♒	13	23	♓	17	56	♉	2	45	♊	5	9
7	♏	14	29	♑	6	55	♒	26	12	♈	0	5	♉	14	33	♊	17	9
8	♏	28	45	♑	20	30	♓	8	48	♈	12	5	♉	26	22	♊	29	18
9	♐	13	0	♒	3	55	♓	21	11	♈	23	59	♊	8	14	♋	11	37
10	♐	27	10	♒	17	5	♈	3	23	♉	5	48	♊	20	12	♋	24	6
11	♑	11	11	♒	29	59	♈	15	24	♉	17	35	♋	2	18	♌	6	47
12	♑	24	58	♓	12	38	♈	27	17	♉	29	23	♋	14	33	♌	19	40
13	♒	8	27	♓	25	0	♉	9	5	♊	11	14	♋	27	3	♍	2	48
14	♒	21	37	♈	7	9	♉	20	52	♊	23	13	♌	9	48	♍	16	11
15	♓	4	27	♈	19	6	♊	2	42	♋	5	24	♌	22	53	♍	29	52
16	♓	16	57	♉	0	56	♊	14	40	♋	17	51	♍	6	20	♎	13	52
17	♓	29	9	♉	12	44	♊	26	51	♌	0	38	♍	20	12	♎	28	10
18	♈	11	9	♉	24	35	♋	9	20	♌	13	49	♎	4	27	♏	12	46
19	♈	23	1	♊	6	33	♋	22	12	♌	27	26	♎	19	6	♏	27	35
20	♉	4	49	♊	18	46	♌	5	29	♍	11	31	♏	4	3	♐	12	30
21	♉	16	40	♋	1	17	♌	19	14	♍	26	2	♏	19	12	♐	27	24
22	♉	28	39	♋	14	10	♍	3	25	♎	10	54	♐	4	23	♑	12	8
23	♊	10	50	♋	27	27	♍	17	59	♎	26	1	♐	19	27	♑	26	34
24	♊	23	18	♌	11	9	♎	2	49	♏	11	13	♑	4	14	♒	10	35
25	♋	6	5	♌	25	12	♎	17	47	♏	26	22	♑	18	38	♒	24	9
26	♋	19	12	♍	9	33	♏	2	45	♐	11	17	♒	2	34	♓	7	16
27	♌	2	39	♍	24	6	♏	17	36	♐	25	52	♒	16	2	♓	19	56
28	♌	16	23	♎	8	43	♐	2	12	♑	10	2	♒	29	2	♈	2	16
29	♍	0	21	♎	23	18	♐	16	29	♑	23	47	♓	11	39	♈	14	19
30	♍	14	28	♏	7	46	♑	0	27	♒	7	7	♓	23	56	♈	26	12
31	♍	28	41	♏	22	4				♒	20	3				♉	7	59

Tag	Januar Z ° '	Februar Z ° '	März Z ° '	April Z ° '	Mai Z ° '	Juni Z ° '	Juli Z ° '	August Z ° '	September Z ° '	Oktober Z ° '	November Z ° '	Dezember Z ° '
1	♉ 19 46	♋ 3 57	♋ 11 47	♌ 28 38	♎ 4 38	♏ 27 31	♑ 6 25	♒ 28 36	♈ 16 32	♉ 19 12	♋ 3 7	♌ 5 33
2	♊ 1 38	♋ 16 30	♋ 24 25	♍ 12 25	♎ 19 13	♐ 12 47	♑ 21 25	♓ 12 22	♈ 29 2	♊ 1 13	♋ 15 0	♌ 17 39
3	♊ 13 37	♋ 29 21	♌ 7 23	♍ 26 36	♏ 4 8	♐ 28 2	♒ 6 7	♓ 25 42	♉ 11 17	♊ 13 7	♋ 26 57	♌ 29 57
4	♊ 25 47	♌ 12 29	♌ 20 44	♎ 11 7	♏ 19 15	♑ 13 4	♒ 20 25	♈ 8 37	♉ 23 19	♊ 24 59	♌ 9 5	♍ 12 31
5	♋ 8 10	♌ 25 53	♍ 4 25	♎ 25 53	♐ 4 26	♑ 27 45	♓ 4 15	♈ 21 9	♊ 5 13	♋ 6 52	♌ 21 26	♍ 25 26
6	♋ 20 46	♍ 9 30	♍ 18 25	♏ 10 44	♐ 19 31	♒ 11 60	♓ 17 36	♉ 3 23	♊ 17 5	♋ 18 52	♍ 4 7	♎ 8 46
7	♌ 3 34	♍ 23 17	♎ 2 38	♏ 25 36	♑ 4 21	♒ 25 45	♈ 0 30	♉ 15 24	♊ 28 59	♌ 1 2	♍ 17 10	♎ 22 35
8	♌ 16 35	♎ 7 12	♎ 17 0	♐ 10 19	♑ 18 50	♓ 9 1	♈ 13 0	♉ 27 17	♋ 10 59	♌ 13 28	♎ 0 39	♏ 6 52
9	♌ 29 47	♎ 21 11	♏ 1 26	♐ 24 49	♒ 2 54	♓ 21 52	♈ 25 12	♊ 9 7	♋ 23 11	♌ 26 13	♎ 14 35	♏ 21 37
10	♍ 13 9	♏ 5 14	♏ 15 51	♑ 9 2	♒ 16 31	♈ 4 21	♉ 7 12	♊ 21 0	♌ 5 36	♍ 9 20	♎ 28 58	♐ 6 44
11	♍ 26 42	♏ 19 19	♐ 0 11	♑ 22 57	♒ 29 44	♈ 16 32	♉ 19 3	♋ 2 58	♌ 18 19	♍ 22 49	♏ 13 42	♐ 22 3
12	♎ 10 25	♐ 3 25	♐ 14 23	♒ 6 31	♓ 12 35	♈ 28 32	♊ 0 51	♋ 15 6	♍ 1 19	♎ 6 41	♏ 28 42	♑ 7 23
13	♎ 24 18	♐ 17 32	♐ 28 27	♒ 19 47	♓ 25 7	♉ 10 24	♊ 12 41	♋ 27 26	♍ 14 38	♎ 20 53	♐ 13 48	♑ 22 32
14	♏ 8 23	♑ 1 37	♑ 12 20	♓ 2 46	♈ 7 24	♉ 22 13	♊ 24 35	♌ 9 59	♍ 28 13	♏ 5 20	♐ 28 51	♒ 7 22
15	♏ 22 38	♑ 15 39	♑ 26 2	♓ 15 30	♈ 19 29	♊ 4 1	♋ 6 37	♌ 22 45	♎ 12 1	♏ 19 56	♑ 13 41	♒ 21 45
16	♐ 7 2	♑ 29 34	♒ 9 32	♓ 28 0	♉ 1 27	♊ 15 51	♋ 18 47	♍ 5 45	♎ 26 2	♐ 4 36	♑ 28 12	♓ 5 38
17	♐ 21 31	♒ 13 18	♒ 22 50	♈ 10 19	♉ 13 19	♊ 27 46	♌ 1 6	♍ 18 57	♏ 10 10	♐ 19 13	♒ 12 21	♓ 19 3
18	♑ 6 1	♒ 26 48	♓ 5 54	♈ 22 27	♉ 25 9	♋ 9 46	♌ 13 36	♎ 2 21	♏ 24 23	♑ 3 41	♒ 26 5	♈ 2 2
19	♑ 20 24	♓ 10 1	♓ 18 45	♉ 4 28	♊ 6 58	♋ 21 54	♌ 26 17	♎ 15 55	♐ 8 37	♑ 17 57	♓ 9 26	♈ 14 39
20	♒ 4 34	♓ 22 56	♈ 1 22	♉ 16 22	♊ 18 48	♌ 4 9	♍ 9 8	♎ 29 39	♐ 22 51	♒ 1 58	♓ 22 26	♈ 27 0
21	♒ 18 27	♈ 5 32	♈ 13 45	♉ 28 13	♋ 0 42	♌ 16 35	♍ 22 12	♏ 13 33	♑ 7 2	♒ 15 43	♈ 5 9	♉ 9 8
22	♓ 1 56	♈ 17 52	♈ 25 56	♊ 10 2	♋ 12 41	♌ 29 13	♎ 5 28	♏ 27 37	♑ 21 8	♒ 29 12	♈ 17 37	♉ 21 8
23	♓ 15 2	♈ 29 57	♉ 7 56	♊ 21 52	♋ 24 47	♍ 12 4	♎ 18 59	♐ 11 48	♒ 5 6	♓ 12 25	♈ 29 55	♊ 3 2
24	♓ 27 45	♉ 11 52	♉ 19 50	♋ 3 46	♌ 7 5	♍ 25 13	♏ 2 46	♐ 26 6	♒ 18 55	♓ 25 25	♉ 12 4	♊ 14 55
25	♈ 10 7	♉ 23 41	♊ 1 39	♋ 15 49	♌ 19 36	♎ 8 41	♏ 16 49	♑ 10 28	♓ 2 32	♈ 8 11	♉ 24 6	♊ 26 47
26	♈ 22 12	♊ 5 30	♊ 13 28	♋ 28 4	♍ 2 25	♎ 22 31	♐ 1 9	♑ 24 49	♓ 15 56	♈ 20 45	♊ 6 4	♋ 8 40
27	♉ 4 6	♊ 17 24	♊ 25 22	♌ 10 36	♍ 15 35	♏ 6 44	♐ 15 44	♒ 9 5	♓ 29 5	♉ 3 8	♊ 17 58	♋ 20 35
28	♉ 15 55	♊ 29 28	♋ 7 25	♌ 23 29	♍ 29 9	♏ 21 19	♑ 0 28	♒ 23 10	♈ 11 59	♉ 15 21	♊ 29 50	♌ 2 34
29	♉ 27 43		♋ 19 42	♍ 6 46	♎ 13 9	♐ 6 13	♑ 15 15	♓ 7 0	♈ 24 37	♉ 27 26	♋ 11 42	♌ 14 38
30	♊ 9 36		♌ 2 17	♍ 20 29	♎ 27 35	♐ 21 18	♑ 29 57	♓ 20 31	♉ 7 1	♊ 9 23	♋ 23 35	♌ 26 49
31	♊ 21 40		♌ 15 15		♏ 12 24		♒ 14 26	♈ 3 42		♊ 21 16		♍ 9 9

Tag	Januar			Februar			März			April			Mai			Juni		
	Z	°	'	Z	°	'	Z	°	'	Z	°	'	Z	°	'	Z	°	'
1	♍	21	43	♏	11	16	♏	21	53	♑	15	10	♒	24	16	♈	14	42
2	♎	4	34	♏	25	9	♐	5	48	♑	29	21	♓	7	58	♈	27	27
3	♎	17	46	♐	9	24	♐	19	55	♒	13	28	♓	21	26	♉	10	0
4	♏	1	23	♐	23	57	♑	4	12	♒	27	29	♈	4	42	♉	22	23
5	♏	15	27	♑	8	46	♑	18	37	♓	11	20	♈	17	45	♊	4	37
6	♏	29	58	♑	23	43	♒	3	7	♓	25	0	♉	0	36	♊	16	44
7	♐	14	52	♒	8	39	♒	17	34	♈	8	28	♉	13	15	♊	28	45
8	♑	0	3	♒	23	26	♓	1	55	♈	21	41	♉	25	43	♋	10	40
9	♑	15	21	♓	7	55	♓	16	4	♉	4	38	♊	8	1	♋	22	32
10	♒	0	34	♓	22	1	♓	29	55	♉	17	19	♊	20	9	♌	4	23
11	♒	15	32	♈	5	40	♈	13	26	♉	29	46	♋	2	8	♌	16	15
12	♓	0	5	♈	18	52	♈	26	36	♊	11	59	♋	14	3	♌	28	12
13	♓	14	10	♉	1	40	♉	9	25	♊	24	2	♋	25	54	♍	10	19
14	♓	27	44	♉	14	6	♉	21	55	♋	5	57	♌	7	47	♍	22	41
15	♈	10	50	♉	26	17	♊	4	9	♋	17	50	♌	19	46	♎	5	22
16	♈	23	31	♊	8	16	♊	16	11	♋	29	45	♍	1	55	♎	18	28
17	♉	5	53	♊	20	9	♊	28	6	♌	11	45	♍	14	19	♏	2	1
18	♉	17	59	♋	2	0	♋	9	59	♌	23	57	♍	27	4	♏	16	4
19	♉	29	56	♋	13	54	♋	21	54	♍	6	24	♎	10	13	♐	0	36
20	♊	11	48	♋	25	53	♌	3	55	♍	19	9	♎	23	49	♐	15	32
21	♊	23	39	♌	8	1	♌	16	6	♎	2	16	♏	7	52	♑	0	43
22	♋	5	31	♌	20	19	♌	28	31	♎	15	46	♏	22	19	♑	16	0
23	♋	17	27	♍	2	47	♍	11	11	♎	29	37	♐	7	6	♒	1	10
24	♋	29	28	♍	15	28	♍	24	8	♏	13	47	♐	22	4	♒	16	5
25	♌	11	36	♍	28	20	♎	7	22	♏	28	11	♑	7	3	♓	0	37
26	♌	23	51	♎	11	25	♎	20	51	♐	12	43	♑	21	56	♓	14	44
27	♍	6	15	♎	24	42	♏	4	35	♐	27	18	♒	6	34	♓	28	23
28	♍	18	48	♏	8	11	♏	18	30	♑	11	48	♒	20	53	♈	11	38
29	♎	1	32				♐	2	34	♑	26	10	♓	4	50	♈	24	32
30	♎	14	30				♐	16	44	♒	10	19	♓	18	26	♉	7	8
31	♎	27	44				♑	0	57				♈	1	43			

Tag	Juli			August			September			Oktober			November			Dezember		
	Z	°	'	Z	°	'	Z	°	'	Z	°	'	Z	°	'	Z	°	'
1	♉	19	30	♋	4	43	♌	19	3	♍	21	59	♏	9	41	♐	16	40
2	♊	1	42	♋	16	34	♍	1	7	♎	4	37	♏	23	32	♑	1	23
3	♊	13	46	♋	28	26	♍	13	20	♎	17	31	♐	7	37	♑	16	10
4	♊	25	45	♌	10	19	♍	25	42	♏	0	40	♐	21	51	♒	0	51
5	♋	7	39	♌	22	15	♎	8	15	♏	14	3	♑	6	9	♒	15	22
6	♋	19	31	♍	4	16	♎	21	1	♏	27	39	♑	20	27	♒	29	38
7	♌	1	22	♍	16	25	♏	4	0	♐	11	26	♒	4	42	♓	13	38
8	♌	13	14	♍	28	42	♏	17	15	♐	25	23	♒	18	50	♓	27	22
9	♌	25	8	♎	11	12	♐	0	46	♑	9	28	♓	2	51	♈	10	50
10	♍	7	8	♎	23	57	♐	14	33	♑	23	39	♓	16	43	♈	24	5
11	♍	19	17	♏	7	0	♐	28	37	♒	7	53	♈	0	27	♉	7	7
12	♎	1	40	♏	20	25	♑	12	56	♒	22	9	♈	14	2	♉	19	59
13	♎	14	19	♐	4	14	♑	27	28	♓	6	24	♈	27	27	♊	2	40
14	♎	27	21	♐	18	27	♒	12	8	♓	20	34	♉	10	41	♊	15	11
15	♏	10	49	♑	3	2	♒	26	51	♈	4	36	♉	23	42	♊	27	32
16	♏	24	45	♑	17	55	♓	11	29	♈	18	26	♊	6	30	♋	9	43
17	♐	9	9	♒	2	59	♓	25	56	♉	2	2	♊	19	4	♋	21	44
18	♐	24	0	♒	18	5	♈	10	6	♉	15	21	♋	1	23	♌	3	39
19	♑	9	9	♓	3	3	♈	23	56	♉	28	21	♋	13	31	♌	15	28
20	♑	24	27	♓	17	45	♉	7	24	♊	11	2	♋	25	28	♌	27	15
21	♒	9	43	♈	2	4	♉	20	28	♊	23	27	♌	7	19	♍	9	6
22	♒	24	47	♈	15	57	♊	3	11	♋	5	36	♌	19	8	♍	21	3
23	♓	9	29	♈	29	24	♊	15	35	♋	17	36	♍	1	1	♎	3	14
24	♓	23	45	♉	12	25	♊	27	44	♋	29	28	♍	13	1	♎	15	43
25	♈	7	33	♉	25	4	♋	9	42	♌	11	19	♍	25	16	♎	28	36
26	♈	20	53	♊	7	25	♋	21	35	♌	23	14	♎	7	49	♏	11	57
27	♉	3	49	♊	19	32	♌	3	27	♍	5	16	♎	20	46	♏	25	47
28	♉	16	24	♋	1	30	♌	15	21	♍	17	32	♏	4	8	♐	10	7
29	♉	28	43	♋	13	22	♌	27	23	♎	0	5	♏	17	57	♐	24	51
30	♊	10	50	♋	25	13	♍	9	34	♎	12	56	♐	2	9	♑	9	52
31	♊	22	49	♌	7	6				♎	26	9				♑	25	1

Mond 1979

Tag	Januar Z	°	'	Februar Z	°	'	März Z	°	'	April Z	°	'	Mai Z	°	'	Juni Z	°	'
1	♒	10	7	♈	2	52	♈	11	0	♊	0	28	♋	4	5	♌	18	20
2	♒	25	1	♈	16	55	♈	25	15	♊	13	30	♋	16	26	♍	0	9
3	♓	9	36	♉	0	32	♉	9	4	♊	26	10	♋	28	32	♍	11	58
4	♓	23	48	♉	13	43	♉	22	25	♋	8	30	♌	10	27	♍	23	53
5	♈	7	37	♉	26	33	♊	5	21	♋	20	35	♌	22	16	♎	5	58
6	♈	21	3	♊	9	4	♊	17	56	♌	2	29	♍	4	6	♎	18	20
7	♉	4	11	♊	21	22	♋	0	13	♌	14	18	♍	16	0	♏	1	1
8	♉	17	1	♋	3	28	♋	12	16	♌	26	7	♍	28	4	♏	14	6
9	♉	29	38	♋	15	26	♋	24	11	♍	7	59	♎	10	22	♏	27	34
10	♊	12	3	♋	27	19	♌	6	0	♍	19	59	♎	22	57	♐	11	25
11	♊	24	18	♌	9	9	♌	17	49	♎	2	10	♏	5	52	♐	25	35
12	♋	6	26	♌	20	58	♌	29	39	♎	14	34	♏	19	5	♑	9	58
13	♋	18	26	♍	2	49	♍	11	33	♎	27	12	♐	2	36	♑	24	29
14	♌	0	21	♍	14	42	♍	23	35	♏	10	4	♐	16	22	♒	9	0
15	♌	12	12	♍	26	40	♎	5	45	♏	23	11	♑	0	20	♒	23	27
16	♌	24	1	♎	8	47	♎	18	5	♐	6	31	♑	14	25	♓	7	46
17	♍	5	49	♎	21	3	♏	0	37	♐	20	4	♑	28	34	♓	21	54
18	♍	17	41	♏	3	34	♏	13	22	♑	3	48	♒	12	44	♈	5	52
19	♍	29	39	♏	16	22	♏	26	21	♑	17	42	♒	26	52	♈	19	37
20	♎	11	49	♏	29	31	♐	9	37	♒	1	44	♓	10	59	♉	3	12
21	♎	24	16	♐	13	4	♐	23	9	♒	15	54	♓	25	2	♉	16	35
22	♏	7	3	♐	27	2	♑	6	59	♓	0	11	♈	9	1	♉	29	47
23	♏	20	16	♑	11	24	♑	21	7	♓	14	32	♈	22	54	♊	12	47
24	♐	3	58	♑	26	8	♒	5	30	♓	28	53	♉	6	40	♊	25	34
25	♐	18	9	♒	11	9	♒	20	7	♈	13	12	♉	20	15	♋	8	8
26	♑	2	48	♒	26	17	♓	4	53	♈	27	23	♊	3	37	♋	20	29
27	♑	17	49	♓	11	25	♓	19	41	♉	11	21	♊	16	43	♌	2	37
28	♒	3	3	♓	26	22	♈	4	24	♉	25	3	♊	29	33	♌	14	36
29	♒	18	20				♈	18	56	♊	8	25	♋	12	6	♌	26	26
30	♓	3	30				♉	3	10	♊	21	25	♋	24	23	♍	8	14
31	♓	18	23				♉	17	1				♌	6	26			

Tag	Juli Z	°	'	August Z	°	'	September Z	°	'	Oktober Z	°	'	November Z	°	'	Dezember Z	°	'
1	♍	20	2	♏	4	46	♐	22	49	♒	0	6	♓	23	12	♉	1	50
2	♎	1	55	♏	17	26	♑	6	38	♒	14	28	♈	7	51	♉	15	59
3	♎	14	0	♐	0	30	♑	20	53	♒	29	8	♈	22	31	♉	29	59
4	♎	26	21	♐	14	1	♒	5	32	♓	14	3	♉	7	7	♊	13	45
5	♏	9	4	♐	27	59	♒	20	30	♓	29	4	♉	21	30	♊	27	13
6	♏	22	11	♑	12	25	♓	5	40	♈	14	5	♊	5	34	♋	10	21
7	♐	5	45	♑	27	12	♓	20	52	♈	28	56	♊	19	15	♋	23	8
8	♐	19	45	♒	12	15	♈	5	57	♉	13	28	♋	2	30	♌	5	35
9	♑	4	9	♒	27	25	♈	20	47	♉	27	37	♋	15	21	♌	17	46
10	♑	18	52	♓	12	31	♉	5	15	♊	11	18	♋	27	50	♌	29	43
11	♒	3	44	♓	27	26	♉	19	16	♊	24	32	♌	9	60	♍	11	33
12	♒	18	38	♈	12	3	♊	2	50	♋	7	20	♌	21	56	♍	23	21
13	♓	3	27	♈	26	17	♊	15	58	♋	19	46	♍	3	46	♎	5	12
14	♓	18	3	♉	10	8	♊	28	43	♌	1	54	♍	15	33	♎	17	12
15	♈	2	24	♉	23	35	♋	11	8	♌	13	50	♍	27	23	♎	29	25
16	♈	16	26	♊	6	40	♋	23	17	♌	25	39	♎	9	21	♏	11	55
17	♉	0	9	♊	19	25	♌	5	15	♍	7	25	♎	21	30	♏	24	45
18	♉	13	35	♋	1	55	♌	17	6	♍	19	14	♏	3	54	♐	7	56
19	♉	26	45	♋	14	10	♌	28	53	♎	1	7	♏	16	34	♐	21	27
20	♊	9	40	♋	26	16	♍	10	40	♎	13	9	♏	29	29	♑	5	15
21	♊	22	21	♌	8	13	♍	22	29	♎	25	21	♐	12	39	♑	19	16
22	♋	4	49	♌	20	4	♎	4	23	♏	7	45	♐	26	2	♒	3	25
23	♋	17	7	♍	1	52	♎	16	23	♏	20	20	♑	9	37	♒	17	38
24	♋	29	15	♍	13	39	♎	28	31	♐	3	8	♑	23	19	♓	1	52
25	♌	11	14	♍	25	27	♏	10	50	♐	16	8	♒	7	9	♓	16	4
26	♌	23	6	♎	7	18	♏	23	20	♐	29	20	♒	21	5	♈	0	11
27	♍	4	54	♎	19	17	♐	6	5	♑	12	45	♓	5	6	♈	14	14
28	♍	16	40	♏	1	25	♐	19	6	♑	26	23	♓	19	12	♈	28	11
29	♍	28	28	♏	13	47	♑	2	26	♒	10	16	♈	3	23	♉	12	1
30	♎	10	22	♏	26	26	♑	16	5	♒	24	22	♈	17	36	♉	25	44
31	♎	22	27	♐	9	25				♓	8	41				♊	9	16

Mond 1980

Tag	Januar Z	°	'	Februar Z	°	'	März Z	°	'	April Z	°	'
1	♊	22	36	♌	9	40	♍	0	33	♎	14	54
2	♋	5	42	♌	21	48	♍	12	25	♎	26	49
3	♋	18	33	♍	3	48	♍	24	15	♏	8	51
4	♌	1	9	♍	15	41	♎	6	4	♏	21	0
5	♌	13	29	♍	27	30	♎	17	54	♐	3	18
6	♌	25	36	♎	9	18	♎	29	48	♐	15	48
7	♍	7	32	♎	21	9	♏	11	49	♐	28	32
8	♍	19	22	♏	3	7	♏	24	0	♑	11	33
9	♎	1	10	♏	15	17	♐	6	25	♑	24	54
10	♎	13	0	♏	27	43	♐	19	7	♒	8	37
11	♎	24	59	♐	10	30	♑	2	11	♒	22	43
12	♏	7	11	♐	23	42	♑	15	39	♓	7	13
13	♏	19	41	♑	7	19	♑	29	33	♓	22	4
14	♐	2	33	♑	21	24	♒	13	54	♈	7	8
15	♐	15	49	♒	5	53	♒	28	38	♈	22	19
16	♐	29	30	♒	20	41	♓	13	42	♉	7	25
17	♑	13	34	♓	5	42	♓	28	56	♉	22	17
18	♑	27	56	♓	20	47	♈	14	10	♊	6	47
19	♒	12	31	♈	5	47	♈	29	14	♊	20	48
20	♒	27	12	♈	20	34	♉	14	0	♋	4	21
21	♓	11	53	♉	5	2	♉	28	21	♋	17	25
22	♓	26	28	♉	19	8	♊	12	15	♌	0	4
23	♈	10	51	♊	2	50	♊	25	40	♌	12	23
24	♈	25	1	♊	16	10	♋	8	39	♌	24	26
25	♉	8	56	♊	29	9	♋	21	16	♍	6	19
26	♉	22	36	♋	11	51	♌	3	34	♍	18	8
27	♊	6	1	♋	24	17	♌	15	39	♍	29	55
28	♊	19	11	♌	6	31	♌	27	35	♎	11	46
29	♋	2	7	♌	18	35	♍	9	26	♎	23	42
30	♋	14	50				♍	21	14	♏	5	45
31	♋	27	21				♎	3	3			

Tag	Mai Z	°	'	Juni Z	°	'	Juli Z	°	'	August Z	°	'
1	♏	17	57	♑	5	19	♒	12	3	♈	4	53
2	♐	0	20	♑	18	33	♒	26	1	♈	19	19
3	♐	12	52	♒	1	58	♓	10	5	♉	3	36
4	♐	25	35	♒	15	33	♓	24	13	♉	17	43
5	♑	8	30	♒	29	19	♈	8	24	♊	1	38
6	♑	21	38	♓	13	16	♈	22	36	♊	15	19
7	♒	5	0	♓	27	24	♉	6	47	♊	28	46
8	♒	18	39	♈	11	41	♉	20	54	♋	11	60
9	♓	2	36	♈	26	5	♊	4	54	♋	24	59
10	♓	16	51	♉	10	33	♊	18	45	♌	7	44
11	♈	1	22	♉	24	59	♋	2	24	♌	20	16
12	♈	16	7	♊	9	17	♋	15	47	♍	2	36
13	♉	0	59	♊	23	22	♋	28	54	♍	14	45
14	♉	15	50	♋	7	8	♌	11	42	♍	26	45
15	♊	0	32	♋	20	32	♌	24	14	♎	8	39
16	♊	14	55	♌	3	34	♍	6	31	♎	20	29
17	♊	28	56	♌	16	14	♍	18	36	♏	2	21
18	♋	12	29	♌	28	35	♎	0	32	♏	14	17
19	♋	25	36	♍	10	41	♎	12	24	♏	26	22
20	♌	8	17	♍	22	37	♎	24	16	♐	8	41
21	♌	20	38	♎	4	29	♏	6	13	♐	21	17
22	♍	2	44	♎	16	20	♏	18	19	♑	4	16
23	♍	14	38	♎	28	16	♐	0	40	♑	17	38
24	♍	26	28	♏	10	22	♐	13	19	♒	1	26
25	♎	8	17	♏	22	41	♐	26	17	♒	15	37
26	♎	20	11	♐	5	15	♑	9	37	♓	0	10
27	♏	2	12	♐	18	6	♑	23	17	♓	14	58
28	♏	14	25	♑	1	14	♒	7	16	♓	29	53
29	♏	26	49	♑	14	37	♒	21	30	♈	14	48
30	♐	9	27	♑	28	15	♓	5	54	♈	29	35
31	♐	22	17				♓	20	24	♉	14	7

Tag	September Z	°	'	Oktober Z	°	'	November Z	°	'	Dezember Z	°	'
1	♉	28	20	♋	5	43	♌	23	13	♍	25	55
2	♊	12	13	♋	18	50	♍	5	23	♎	7	47
3	♊	25	45	♌	1	36	♍	17	22	♎	19	37
4	♋	8	57	♌	14	4	♍	29	15	♏	1	29
5	♋	21	52	♌	26	18	♎	11	5	♏	13	25
6	♌	4	31	♍	8	22	♎	22	55	♏	25	28
7	♌	16	58	♍	20	20	♏	4	48	♐	7	39
8	♌	29	14	♎	2	13	♏	16	44	♐	20	0
9	♍	11	21	♎	14	4	♏	28	46	♑	2	31
10	♍	23	21	♎	25	55	♐	10	55	♑	15	12
11	♎	5	16	♏	7	47	♐	23	10	♑	28	3
12	♎	17	7	♏	19	42	♑	5	34	♒	11	6
13	♎	28	58	♐	1	41	♑	18	10	♒	24	22
14	♏	10	49	♐	13	47	♒	0	59	♓	7	52
15	♏	22	45	♐	26	4	♒	14	5	♓	21	38
16	♐	4	48	♑	8	33	♒	27	31	♈	5	40
17	♐	17	4	♑	21	20	♓	11	20	♈	19	58
18	♐	29	36	♒	4	29	♓	25	33	♉	4	29
19	♑	12	28	♒	18	2	♈	10	9	♉	19	10
20	♑	25	45	♓	2	3	♈	25	4	♊	3	53
21	♒	9	29	♓	16	32	♉	10	11	♊	18	31
22	♒	23	40	♈	1	26	♉	25	19	♋	2	57
23	♓	8	18	♈	16	37	♊	10	19	♋	17	4
24	♓	23	17	♉	1	58	♊	25	0	♌	0	48
25	♈	8	29	♉	17	15	♋	9	16	♌	14	8
26	♈	23	44	♊	2	18	♋	23	4	♌	27	4
27	♉	8	52	♊	16	58	♌	6	23	♍	9	38
28	♉	23	43	♋	1	9	♌	19	15	♍	21	54
29	♊	8	10	♋	14	50	♍	1	44	♎	3	57
30	♊	22	10	♋	28	2	♍	13	56	♎	15	52
31				♌	10	48				♎	27	43

Mond 1981

Tag	Januar			Februar			März			April			Mai			Juni		
	Z	°	'	Z	°	'	Z	°	'	Z	°	'	Z	°	'	Z	°	'
1	♏	9	36	♐	23	54	♑	1	40	♒	18	40	♓	25	10	♉	18	43
2	♏	21	35	♑	6	34	♑	14	19	♓	2	31	♈	9	52	♊	3	55
3	♐	3	42	♑	19	32	♑	27	19	♓	16	51	♈	24	55	♊	19	2
4	♐	16	2	♒	2	50	♒	10	44	♈	1	36	♉	10	13	♋	3	54
5	♐	28	35	♒	16	28	♒	24	35	♈	16	39	♉	25	32	♋	18	25
6	♑	11	22	♓	0	22	♓	8	49	♉	1	51	♊	10	42	♌	2	28
7	♑	24	23	♓	14	30	♓	23	22	♉	17	1	♊	25	34	♌	16	4
8	♒	7	38	♓	28	47	♈	8	8	♊	1	59	♋	9	59	♌	29	14
9	♒	21	5	♈	13	9	♈	22	58	♊	16	37	♋	23	57	♍	11	59
10	♓	4	44	♈	27	30	♉	7	45	♋	0	50	♌	7	26	♍	24	25
11	♓	18	32	♉	11	48	♉	22	22	♋	14	38	♌	20	29	♎	6	37
12	♈	2	29	♉	25	58	♊	6	43	♋	28	1	♍	3	11	♎	18	38
13	♈	16	34	♊	10	0	♊	20	45	♌	11	2	♍	15	35	♏	0	32
14	♉	0	44	♊	23	52	♋	4	29	♌	23	46	♍	27	47	♏	12	24
15	♉	14	58	♋	7	33	♋	17	54	♍	6	14	♎	9	49	♏	24	17
16	♉	29	14	♋	21	2	♌	1	3	♍	18	32	♎	21	45	♐	6	12
17	♊	13	27	♌	4	18	♌	13	58	♎	0	41	♏	3	39	♐	18	13
18	♊	27	35	♌	17	22	♌	26	41	♎	12	44	♏	15	31	♑	0	20
19	♋	11	33	♍	0	13	♍	9	12	♎	24	42	♏	27	24	♑	12	35
20	♋	25	17	♍	12	52	♍	21	34	♏	6	37	♐	9	19	♑	24	59
21	♌	8	45	♍	25	17	♎	3	48	♏	18	30	♐	21	18	♒	7	34
22	♌	21	54	♎	7	31	♎	15	54	♐	0	22	♑	3	21	♒	20	23
23	♍	4	46	♎	19	35	♎	27	53	♐	12	16	♑	15	33	♓	3	26
24	♍	17	19	♏	1	32	♏	9	48	♐	24	13	♑	27	55	♓	16	45
25	♍	29	37	♏	13	24	♏	21	40	♑	6	18	♒	10	30	♈	0	24
26	♎	11	42	♏	25	17	♐	3	32	♑	18	33	♒	23	23	♈	14	21
27	♎	23	39	♐	7	14	♐	15	28	♒	1	5	♓	6	36	♈	28	38
28	♏	5	32	♐	19	20	♐	27	31	♒	13	56	♓	20	14	♉	13	11
29	♏	17	25				♑	9	48	♒	27	13	♈	4	18	♉	27	55
30	♏	29	24				♑	22	22	♓	10	57	♈	18	47	♊	12	46
31	♐	11	32				♒	5	18				♉	3	38			

Tag	Juli			August			September			Oktober			November			Dezember		
	Z	°	'	Z	°	'	Z	°	'	Z	°	'	Z	°	'	Z	°	'
1	♊	27	34	♌	18	48	♎	6	17	♏	9	8	♐	23	13	♑	25	54
2	♋	12	13	♍	2	16	♎	18	43	♏	21	6	♑	5	3	♒	8	2
3	♋	26	35	♍	15	24	♏	0	55	♐	2	57	♑	16	58	♒	20	24
4	♌	10	36	♍	28	12	♏	12	57	♐	14	47	♑	29	3	♓	3	3
5	♌	24	12	♎	10	43	♏	24	51	♐	26	37	♒	11	24	♓	16	5
6	♍	7	25	♎	22	58	♐	6	43	♑	8	34	♒	24	6	♓	29	32
7	♍	20	14	♏	5	1	♐	18	36	♑	20	42	♓	7	14	♈	13	27
8	♎	2	44	♏	16	56	♑	0	36	♒	3	7	♓	20	51	♈	27	51
9	♎	14	57	♏	28	49	♑	12	47	♒	15	55	♈	4	58	♉	12	39
10	♎	26	60	♐	10	44	♑	25	15	♒	29	8	♈	19	34	♉	27	46
11	♏	8	55	♐	22	44	♒	8	3	♓	12	49	♉	4	34	♊	13	3
12	♏	20	47	♑	4	56	♒	21	14	♓	26	59	♉	19	48	♊	28	18
13	♐	2	41	♑	17	20	♓	4	49	♈	11	33	♊	5	6	♋	13	22
14	♐	14	40	♒	0	2	♓	18	46	♈	26	25	♊	20	16	♋	28	6
15	♐	26	47	♒	13	1	♈	3	2	♉	11	27	♋	5	10	♌	12	24
16	♑	9	4	♒	26	18	♈	17	32	♉	26	27	♋	19	40	♌	26	15
17	♑	21	32	♓	9	53	♉	2	8	♊	11	18	♌	3	44	♍	9	38
18	♒	4	14	♓	23	42	♉	16	43	♊	25	53	♌	17	22	♍	22	37
19	♒	17	10	♈	7	43	♊	1	12	♋	10	7	♍	0	36	♎	5	14
20	♓	0	19	♈	21	52	♊	15	31	♋	23	60	♍	13	29	♎	17	34
21	♓	13	41	♉	6	5	♊	29	37	♌	7	32	♍	26	5	♎	29	40
22	♓	27	17	♉	20	20	♋	13	28	♌	20	45	♎	8	27	♏	11	38
23	♈	11	6	♊	4	33	♋	27	6	♍	3	42	♎	20	38	♏	23	30
24	♈	25	6	♊	18	42	♌	10	31	♍	16	27	♏	2	42	♐	5	19
25	♉	9	17	♋	2	45	♌	23	44	♍	28	59	♏	14	39	♐	17	9
26	♉	23	35	♋	16	41	♍	6	46	♎	11	22	♏	26	32	♐	29	1
27	♊	7	59	♌	0	28	♍	19	37	♎	23	36	♐	8	22	♑	10	57
28	♊	22	24	♌	14	5	♎	2	16	♏	5	43	♐	20	12	♑	22	58
29	♋	6	46	♌	27	29	♎	14	44	♏	17	42	♑	2	2	♒	5	8
30	♋	21	0	♍	10	40	♎	27	1	♏	29	36	♑	13	55	♒	17	28
31	♌	5	2	♍	23	36				♐	11	25				♒	29	59

Tag	Januar			Februar			März			April			Mai			Juni		
	Z	°	'	Z	°	'	Z	°	'	Z	°	'	Z	°	'	Z	°	'
1	♓	12	46	♉	3	25	♉	14	16	♋	7	33	♌	16	2	♎	5	51
2	♓	25	49	♉	17	24	♉	28	20	♋	21	33	♌	29	35	♎	18	30
3	♈	9	13	♊	1	35	♊	12	27	♌	5	24	♍	12	52	♏	0	55
4	♈	22	58	♊	15	56	♊	26	34	♌	19	5	♍	25	56	♏	13	9
5	♉	7	5	♋	0	25	♋	10	42	♍	2	38	♎	8	47	♏	25	14
6	♉	21	32	♋	14	58	♋	24	49	♍	16	1	♎	21	27	♐	7	12
7	♊	6	17	♋	29	30	♌	8	52	♍	29	12	♏	3	56	♐	19	4
8	♊	21	14	♌	13	54	♌	22	49	♎	12	12	♏	16	13	♑	0	53
9	♋	6	14	♌	28	6	♍	6	37	♎	24	59	♏	28	21	♑	12	40
10	♋	21	10	♍	12	0	♍	20	13	♏	7	31	♐	10	20	♑	24	30
11	♌	5	53	♍	25	33	♎	3	33	♏	19	50	♐	22	12	♒	6	23
12	♌	20	16	♎	8	43	♎	16	35	♐	1	57	♑	4	1	♒	18	25
13	♍	4	15	♎	21	31	♎	29	20	♐	13	53	♑	15	48	♓	0	39
14	♍	17	48	♏	3	59	♏	11	46	♐	25	43	♑	27	39	♓	13	9
15	♎	0	55	♏	16	10	♏	23	57	♑	7	31	♒	9	37	♓	25	60
16	♎	13	39	♏	28	8	♐	5	56	♑	19	22	♒	21	49	♈	9	14
17	♎	26	3	♐	9	59	♐	17	48	♒	1	21	♓	4	19	♈	22	55
18	♏	8	10	♐	21	48	♐	29	37	♒	13	34	♓	17	12	♉	7	3
19	♏	20	7	♑	3	40	♑	11	28	♒	26	6	♈	0	31	♉	21	36
20	♐	1	58	♑	15	39	♑	23	28	♓	9	1	♈	14	19	♊	6	30
21	♐	13	46	♑	27	49	♒	5	41	♓	22	22	♈	28	34	♊	21	38
22	♐	25	37	♒	10	14	♒	18	12	♈	6	9	♉	13	13	♋	6	50
23	♑	7	32	♒	22	55	♓	1	4	♈	20	21	♉	28	10	♋	21	56
24	♑	19	36	♓	5	54	♓	14	19	♉	4	53	♊	13	16	♌	6	49
25	♒	1	50	♓	19	9	♓	27	55	♉	19	37	♊	28	21	♌	21	21
26	♒	14	16	♈	2	40	♈	11	51	♊	4	26	♋	13	16	♍	5	29
27	♒	26	54	♈	16	23	♈	26	2	♊	19	12	♋	27	55	♍	19	11
28	♓	9	45	♉	0	16	♉	10	22	♋	3	47	♌	12	14	♎	2	27
29	♓	22	50				♉	24	46	♋	18	9	♌	26	10	♎	15	21
30	♈	6	8				♊	9	8	♌	2	14	♍	9	44	♎	27	55
31	♈	19	40				♊	23	24				♍	22	57			

Tag	Juli			August			September			Oktober			November			Dezember		
	Z	°	'	Z	°	'	Z	°	'	Z	°	'	Z	°	'	Z	°	'
1	♏	10	13	♐	24	47	♒	8	51	♓	11	59	♉	0	33	♊	7	38
2	♏	22	18	♑	6	35	♒	21	6	♓	24	59	♉	14	45	♊	22	32
3	♐	4	15	♑	18	25	♓	3	34	♈	8	18	♉	29	10	♋	7	30
4	♐	16	6	♒	0	21	♓	16	17	♈	21	53	♊	13	41	♋	22	22
5	♐	27	54	♒	12	25	♓	29	14	♉	5	41	♊	28	12	♌	7	2
6	♑	9	42	♒	24	39	♈	12	25	♉	19	39	♋	12	38	♌	21	26
7	♑	21	33	♓	7	3	♈	25	48	♊	3	44	♋	26	56	♍	5	30
8	♒	3	27	♓	19	40	♉	9	22	♊	17	50	♌	11	4	♍	19	15
9	♒	15	29	♈	2	30	♉	23	6	♋	1	58	♌	25	1	♎	2	40
10	♒	27	39	♈	15	34	♊	6	59	♋	16	4	♍	8	46	♎	15	47
11	♓	10	1	♈	28	52	♊	20	59	♌	0	9	♍	22	19	♎	28	38
12	♓	22	37	♉	12	26	♋	5	8	♌	14	11	♎	5	40	♏	11	14
13	♈	5	30	♉	26	17	♋	19	23	♌	28	10	♎	18	49	♏	23	38
14	♈	18	43	♊	10	23	♌	3	43	♍	12	3	♏	1	46	♐	5	51
15	♉	2	17	♊	24	45	♌	18	5	♍	25	48	♏	14	29	♐	17	55
16	♉	16	14	♋	9	19	♍	2	24	♎	9	22	♏	26	59	♐	29	52
17	♊	0	34	♋	24	3	♍	16	35	♎	22	42	♐	9	16	♑	11	43
18	♊	15	14	♌	8	49	♎	0	33	♏	5	46	♐	21	21	♑	23	31
19	♋	0	9	♌	23	31	♎	14	12	♏	18	32	♑	3	17	♒	5	18
20	♋	15	12	♍	8	2	♎	27	31	♐	1	0	♑	15	7	♒	17	7
21	♌	0	15	♍	22	15	♏	10	28	♐	13	13	♑	26	53	♒	29	2
22	♌	15	10	♎	6	5	♏	23	3	♐	25	13	♒	8	41	♓	11	7
23	♌	29	48	♎	19	29	♐	5	20	♑	7	5	♒	20	35	♓	23	26
24	♍	14	3	♏	2	29	♐	17	22	♑	18	52	♓	2	41	♈	6	3
25	♍	27	53	♏	15	6	♐	29	15	♒	0	41	♓	15	3	♈	19	3
26	♎	11	15	♏	27	23	♑	11	3	♒	12	37	♓	27	46	♉	2	29
27	♎	24	12	♐	9	25	♑	22	52	♒	24	45	♈	10	54	♉	16	22
28	♏	6	47	♐	21	17	♒	4	49	♓	7	10	♈	24	29	♊	0	43
29	♏	19	3	♑	3	6	♒	16	56	♓	19	56	♉	8	30	♊	15	27
30	♐	1	6	♑	14	54	♒	29	19	♈	3	5	♉	22	55	♋	0	30
31	♐	12	59	♑	26	48				♈	16	38				♋	15	42

Tag	Januar Z ° '	Februar Z ° '	März Z ° '	April Z ° '	Mai Z ° '	Juni Z ° '	Juli Z ° '	August Z ° '	September Z ° '	Oktober Z ° '	November Z ° '	Dezember Z ° '
1	♌ 0 55	♍ 23 34	♎ 1 30	♏ 20 40	♐ 23 52	♒ 7 54	♓ 9 59	♈ 25 28	♊ 14 0	♋ 21 45	♍ 15 16	♎ 23 52
2	♌ 15 57	♎ 7 44	♎ 15 44	♐ 3 32	♑ 6 3	♒ 19 45	♓ 22 0	♉ 8 11	♊ 27 44	♌ 6 3	♍ 29 41	♏ 7 36
3	♍ 0 43	♎ 21 24	♎ 29 31	♐ 16 2	♑ 18 3	♓ 1 38	♈ 4 11	♉ 21 14	♋ 11 53	♌ 20 37	♎ 14 4	♏ 21 8
4	♍ 15 4	♏ 4 36	♏ 12 49	♐ 28 14	♑ 29 55	♓ 13 39	♈ 16 38	♊ 4 41	♋ 26 26	♍ 5 24	♎ 28 18	♐ 4 26
5	♍ 29 0	♏ 17 21	♏ 25 40	♑ 10 13	♒ 11 46	♓ 25 52	♈ 29 24	♊ 18 35	♌ 11 19	♍ 20 17	♏ 12 18	♐ 17 29
6	♎ 12 30	♏ 29 45	♐ 8 8	♑ 22 4	♒ 23 39	♈ 8 22	♉ 12 34	♋ 2 56	♌ 26 27	♎ 5 7	♏ 25 59	♑ 0 17
7	♎ 25 34	♐ 11 52	♐ 20 17	♒ 3 53	♓ 5 40	♈ 21 11	♉ 26 8	♋ 17 41	♍ 11 39	♎ 19 45	♐ 9 20	♑ 12 48
8	♏ 8 18	♐ 23 48	♑ 2 14	♒ 15 44	♓ 17 53	♉ 4 24	♊ 10 9	♌ 2 46	♍ 26 45	♏ 4 5	♐ 22 19	♑ 25 6
9	♏ 20 43	♑ 5 37	♑ 14 3	♒ 27 43	♈ 0 23	♉ 18 0	♊ 24 35	♌ 18 1	♎ 11 34	♏ 17 60	♑ 4 57	♒ 7 12
10	♐ 2 55	♑ 17 23	♑ 25 49	♓ 9 54	♈ 13 11	♊ 1 59	♋ 9 22	♍ 3 17	♎ 25 59	♐ 1 28	♑ 17 18	♒ 19 10
11	♐ 14 56	♑ 29 10	♒ 7 38	♓ 22 18	♈ 26 19	♊ 16 19	♋ 24 24	♍ 18 22	♏ 9 56	♐ 14 30	♑ 29 24	♓ 1 2
12	♐ 26 49	♒ 11 1	♒ 19 33	♈ 4 59	♉ 9 48	♋ 0 53	♌ 9 31	♎ 3 7	♏ 23 23	♐ 27 9	♒ 11 22	♓ 12 54
13	♑ 8 39	♒ 22 58	♓ 1 37	♈ 17 55	♉ 23 34	♋ 15 37	♌ 24 34	♎ 17 27	♐ 6 22	♑ 9 28	♒ 23 14	♓ 24 51
14	♑ 20 26	♓ 5 1	♓ 13 52	♉ 1 7	♊ 7 35	♌ 0 23	♍ 9 25	♏ 1 17	♐ 18 57	♑ 21 32	♓ 5 6	♈ 6 56
15	♒ 2 14	♓ 17 14	♓ 26 19	♉ 14 32	♊ 21 47	♌ 15 5	♍ 23 57	♏ 14 39	♑ 1 14	♒ 3 28	♓ 17 4	♈ 19 14
16	♒ 14 5	♓ 29 36	♈ 8 59	♉ 28 9	♋ 6 5	♌ 29 37	♎ 8 6	♏ 27 35	♑ 13 17	♒ 15 19	♓ 29 11	♉ 1 50
17	♒ 25 59	♈ 12 9	♈ 21 50	♊ 11 54	♋ 20 26	♍ 13 54	♎ 21 49	♐ 10 9	♑ 25 11	♒ 27 11	♈ 11 30	♉ 14 46
18	♓ 8 0	♈ 24 53	♉ 4 52	♊ 25 47	♌ 4 45	♍ 27 55	♏ 5 9	♐ 22 26	♒ 7 1	♓ 9 7	♈ 24 5	♉ 28 5
19	♓ 20 10	♉ 7 51	♉ 18 5	♋ 9 47	♌ 19 1	♎ 11 38	♏ 18 7	♑ 4 30	♒ 18 51	♓ 21 11	♉ 6 56	♊ 11 47
20	♈ 2 31	♉ 21 5	♊ 1 30	♋ 23 51	♍ 3 10	♎ 25 3	♐ 0 46	♑ 16 27	♓ 0 44	♈ 3 26	♉ 20 5	♊ 25 49
21	♈ 15 7	♊ 4 37	♊ 15 6	♌ 7 60	♍ 17 11	♏ 8 11	♐ 13 10	♑ 28 18	♓ 12 43	♈ 15 52	♊ 3 31	♋ 10 9
22	♈ 28 2	♊ 18 28	♊ 28 54	♌ 22 11	♎ 1 2	♏ 21 3	♐ 25 22	♒ 10 8	♓ 24 50	♈ 28 31	♊ 17 11	♋ 24 41
23	♉ 11 18	♋ 2 40	♋ 12 56	♍ 6 23	♎ 14 42	♐ 3 42	♑ 7 25	♒ 21 59	♈ 7 4	♉ 11 22	♋ 1 3	♌ 9 18
24	♉ 24 57	♋ 17 12	♋ 27 10	♍ 20 34	♎ 28 10	♐ 16 9	♑ 19 22	♓ 3 53	♈ 19 27	♉ 24 25	♋ 15 5	♌ 23 55
25	♊ 9 3	♌ 2 0	♌ 11 36	♎ 4 38	♏ 11 24	♐ 28 24	♒ 1 16	♓ 15 51	♉ 1 59	♊ 7 39	♋ 29 13	♍ 8 25
26	♊ 23 33	♌ 16 58	♌ 26 10	♎ 18 32	♏ 24 24	♑ 10 31	♒ 13 7	♓ 27 54	♉ 14 42	♊ 21 4	♌ 13 24	♍ 22 44
27	♋ 8 25	♍ 1 59	♍ 10 46	♏ 2 13	♐ 7 10	♑ 22 30	♒ 24 58	♈ 10 5	♉ 27 36	♋ 4 40	♌ 27 37	♎ 6 50
28	♋ 23 32	♍ 16 53	♍ 25 18	♏ 15 36	♐ 19 41	♒ 4 24	♓ 6 50	♈ 22 24	♊ 10 44	♋ 18 28	♍ 11 48	♎ 20 40
29	♌ 8 47		♎ 9 39	♏ 28 40	♑ 1 58	♒ 16 14	♓ 18 47	♉ 4 54	♊ 24 6	♌ 2 26	♍ 25 55	♏ 4 15
30	♌ 23 59		♎ 23 42	♐ 11 25	♑ 14 5	♒ 28 5	♈ 0 50	♉ 17 38	♋ 7 46	♌ 16 34	♎ 9 57	♏ 17 35
31	♍ 8 58		♏ 7 23		♑ 26 2		♈ 13 2	♊ 0 39		♍ 0 52		♐ 0 41

Tag	Januar Z	°	'	Februar Z	°	'	März Z	°	'	April Z	°	'	Mai Z	°	'	Juni Z	°	'
1	♐	13	34	♑	29	54	♒	20	51	♈	5	22	♉	8	29	♊	26	8
2	♐	26	16	♒	11	55	♓	2	43	♈	17	23	♉	21	0	♋	9	41
3	♑	8	46	♒	23	52	♓	14	35	♈	29	32	♊	3	42	♋	23	26
4	♑	21	6	♓	5	45	♓	26	28	♉	11	47	♊	16	37	♌	7	23
5	♒	3	16	♓	17	37	♈	8	23	♉	24	12	♊	29	45	♌	21	28
6	♒	15	18	♓	29	28	♈	20	22	♊	6	49	♋	13	7	♍	5	39
7	♒	27	14	♈	11	22	♉	2	27	♊	19	39	♋	26	43	♍	19	52
8	♓	9	6	♈	23	23	♉	14	41	♋	2	45	♌	10	34	♎	4	7
9	♓	20	57	♉	5	33	♉	27	7	♋	16	11	♌	24	38	♎	18	20
10	♈	2	51	♉	17	58	♊	9	49	♋	29	59	♍	8	56	♏	2	28
11	♈	14	53	♊	0	43	♊	22	52	♌	14	9	♍	23	23	♏	16	28
12	♈	27	6	♊	13	52	♋	6	20	♌	28	40	♎	7	57	♐	0	19
13	♉	9	37	♊	27	29	♋	20	15	♍	13	28	♎	22	31	♐	13	57
14	♉	22	29	♋	11	35	♌	4	38	♍	28	26	♏	7	0	♐	27	21
15	♊	5	46	♋	26	11	♌	19	26	♎	13	27	♏	21	18	♑	10	28
16	♊	19	31	♌	11	11	♍	4	34	♎	28	21	♐	5	19	♑	23	19
17	♋	3	43	♌	26	27	♍	19	53	♏	12	58	♐	19	1	♒	5	54
18	♋	18	19	♍	11	49	♎	5	10	♏	27	14	♑	2	21	♒	18	13
19	♌	3	14	♍	27	4	♎	20	15	♐	11	4	♑	15	19	♓	0	21
20	♌	18	18	♎	12	2	♏	4	58	♐	24	27	♑	27	57	♓	12	19
21	♍	3	23	♎	26	35	♏	19	14	♑	7	25	♒	10	18	♓	24	13
22	♍	18	19	♏	10	40	♐	3	0	♑	20	1	♒	22	26	♈	6	6
23	♎	2	57	♏	24	16	♐	16	17	♒	2	18	♓	4	24	♈	18	4
24	♎	17	13	♐	7	25	♐	29	9	♒	14	23	♓	16	17	♉	0	11
25	♏	1	6	♐	20	11	♑	11	39	♒	26	19	♓	28	11	♉	12	31
26	♏	14	35	♑	2	40	♑	23	53	♓	8	11	♈	10	8	♉	25	9
27	♏	27	44	♑	14	54	♒	5	55	♓	20	3	♈	22	14	♊	8	6
28	♐	10	34	♑	26	59	♒	17	50	♈	1	58	♉	4	31	♊	21	25
29	♐	23	9	♒	8	57	♒	29	41	♈	13	60	♉	17	1	♋	5	4
30	♑	5	33				♓	11	32	♈	26	9	♉	29	47	♋	19	3
31	♑	17	47				♓	23	25				♊	12	50			

Tag	Juli Z	°	'	August Z	°	'	September Z	°	'	Oktober Z	°	'	November Z	°	'	Dezember Z	°	'
1	♌	3	16	♍	26	54	♏	19	56	♐	26	27	♒	13	22	♓	15	47
2	♌	17	40	♎	11	31	♐	3	41	♑	9	29	♒	25	34	♓	27	41
3	♍	2	8	♎	25	50	♐	17	2	♑	22	11	♓	7	34	♈	9	31
4	♍	16	34	♏	9	51	♑	0	3	♒	4	36	♓	19	28	♈	21	22
5	♎	0	55	♏	23	33	♑	12	46	♒	16	48	♈	1	18	♉	3	19
6	♎	15	7	♐	6	57	♑	25	16	♒	28	50	♈	13	10	♉	15	25
7	♎	29	8	♐	20	5	♒	7	34	♓	10	47	♈	25	4	♉	27	43
8	♏	12	58	♑	2	59	♒	19	44	♓	22	40	♉	7	4	♊	10	15
9	♏	26	35	♑	15	41	♓	1	48	♈	4	31	♉	19	11	♊	23	1
10	♐	10	1	♑	28	13	♓	13	46	♈	16	23	♊	1	27	♋	6	1
11	♐	23	15	♒	10	36	♓	25	39	♈	28	16	♊	13	53	♋	19	16
12	♑	6	17	♒	22	49	♈	7	31	♉	10	14	♊	26	32	♌	2	44
13	♑	19	6	♓	4	55	♈	19	21	♉	22	17	♋	9	23	♌	16	24
14	♒	1	43	♓	16	53	♉	1	12	♊	4	28	♋	22	29	♍	0	14
15	♒	14	9	♓	28	47	♉	13	8	♊	16	51	♌	5	51	♍	14	13
16	♒	26	22	♈	10	37	♉	25	12	♊	29	28	♌	19	29	♍	28	18
17	♓	8	26	♈	22	27	♊	7	28	♋	12	23	♍	3	26	♎	12	30
18	♓	20	23	♉	4	22	♊	20	1	♋	25	40	♍	17	39	♎	26	45
19	♈	2	15	♉	16	25	♋	2	56	♌	9	20	♎	2	7	♏	11	2
20	♈	14	7	♉	28	41	♋	16	17	♌	23	26	♎	16	47	♏	25	17
21	♈	26	3	♊	11	17	♌	0	6	♍	7	56	♏	1	32	♐	9	26
22	♉	8	8	♊	24	16	♌	14	25	♍	22	47	♏	16	16	♐	23	27
23	♉	20	28	♋	7	42	♌	29	10	♎	7	51	♐	0	52	♑	7	14
24	♊	3	6	♋	21	38	♍	14	16	♎	22	59	♐	15	13	♑	20	44
25	♊	16	7	♌	6	3	♍	29	34	♏	8	3	♐	29	15	♒	3	55
26	♊	29	35	♌	20	52	♎	14	51	♏	22	53	♑	12	54	♒	16	47
27	♋	13	28	♍	5	58	♎	29	57	♐	7	21	♑	26	9	♒	29	19
28	♋	27	46	♍	21	11	♏	14	44	♐	21	24	♒	9	1	♓	11	35
29	♌	12	23	♎	6	19	♏	29	6	♑	5	0	♒	21	32	♓	23	38
30	♌	27	13	♎	21	13	♐	13	0	♑	18	10	♓	3	46	♈	5	31
31	♍	12	6	♏	5	47				♒	0	56				♈	17	21

Tag	Januar Z	°	'	Februar Z	°	'	März Z	°	'	April Z	°	'	Mai Z	°	'	Juni Z	°	'	Juli Z	°	'	August Z	°	'	September Z	°	'	Oktober Z	°	'	November Z	°	'	Dezember Z	°	'
1	♈	29	12	♊	13	26	♊	21	21	♌	9	9	♍	16	21	♏	9	48	♐	18	23	♒	9	20	♓	26	34	♈	29	13	♊	13	19	♋	16	34
2	♉	11	10	♊	26	12	♋	4	4	♌	23	10	♎	1	0	♏	24	41	♑	2	45	♒	22	37	♈	8	48	♉	11	3	♊	25	14	♋	28	58
3	♉	23	19	♋	9	23	♋	17	14	♍	7	39	♎	15	57	♐	9	32	♑	16	55	♓	5	36	♈	20	50	♉	22	50	♋	7	18	♌	11	34
4	♊	5	43	♋	23	1	♌	0	53	♍	22	31	♏	1	5	♐	24	13	♒	0	48	♓	18	17	♉	2	44	♊	4	37	♋	19	33	♌	24	25
5	♊	18	26	♌	7	2	♌	15	0	♎	7	39	♏	16	15	♑	8	37	♒	14	20	♈	0	39	♉	14	32	♊	16	28	♌	2	4	♍	7	35
6	♋	1	29	♌	21	24	♌	29	34	♎	22	54	♐	1	17	♑	22	39	♒	27	29	♈	12	47	♉	26	19	♊	28	29	♌	14	55	♍	21	4
7	♋	14	52	♍	6	0	♍	14	26	♏	8	6	♐	16	4	♒	6	15	♓	10	16	♈	24	43	♊	8	11	♋	10	44	♌	28	8	♎	4	55
8	♋	28	34	♍	20	42	♍	29	30	♏	23	4	♑	0	28	♒	19	26	♓	22	42	♉	6	33	♊	20	13	♋	23	17	♍	11	47	♎	19	8
9	♌	12	31	♎	5	23	♎	14	34	♐	7	42	♑	14	27	♓	2	13	♈	4	52	♉	18	21	♋	2	29	♌	6	13	♍	25	53	♏	3	42
10	♌	26	39	♎	19	56	♎	29	31	♐	21	55	♑	27	59	♓	14	39	♈	16	49	♊	0	14	♋	15	6	♌	19	35	♎	10	24	♏	18	34
11	♍	10	52	♏	4	16	♏	14	11	♑	5	43	♒	11	5	♓	26	48	♈	28	39	♊	12	16	♋	28	5	♍	3	24	♎	25	17	♐	3	38
12	♍	25	7	♏	18	21	♏	28	32	♑	19	6	♒	23	48	♈	8	44	♉	10	27	♊	24	33	♌	11	31	♍	17	41	♏	10	24	♐	18	44
13	♎	9	20	♐	2	12	♐	12	31	♒	2	6	♓	6	11	♈	20	34	♉	22	19	♋	7	8	♌	25	22	♎	2	20	♏	25	38	♑	3	44
14	♎	23	28	♐	15	48	♐	26	8	♒	14	47	♓	18	20	♉	2	21	♊	4	19	♋	20	4	♍	9	36	♎	17	17	♐	10	49	♑	18	27
15	♏	7	31	♐	29	12	♑	9	26	♒	27	11	♈	0	17	♉	14	11	♊	16	32	♌	3	23	♍	24	8	♏	2	23	♐	25	46	♒	2	48
16	♏	21	27	♑	12	23	♑	22	26	♓	9	22	♈	12	7	♉	26	7	♊	28	60	♌	17	3	♎	8	52	♏	17	28	♑	10	22	♒	16	41
17	♐	5	17	♑	25	23	♒	5	11	♓	21	24	♈	23	55	♊	8	11	♋	11	45	♍	1	1	♎	23	40	♐	2	25	♑	24	33	♓	0	5
18	♐	18	59	♒	8	12	♒	17	43	♈	3	19	♉	5	42	♊	20	28	♋	24	48	♍	15	13	♏	8	24	♐	17	5	♒	8	16	♓	13	2
19	♑	2	32	♒	20	50	♓	0	5	♈	15	9	♉	17	33	♋	2	57	♌	8	8	♍	29	34	♏	22	59	♑	1	25	♒	21	32	♓	25	35
20	♑	15	55	♓	3	17	♓	12	17	♈	26	57	♉	29	29	♋	15	40	♌	21	42	♎	13	56	♐	7	20	♑	15	22	♓	4	24	♈	7	48
21	♑	29	6	♓	15	33	♓	24	20	♉	8	45	♊	11	33	♋	28	37	♍	5	28	♎	28	18	♐	21	26	♑	28	56	♓	16	54	♈	19	47
22	♒	12	3	♓	27	38	♈	6	17	♉	20	34	♊	23	47	♌	11	47	♍	19	24	♏	12	34	♑	5	15	♒	12	8	♓	29	8	♉	1	38
23	♒	24	46	♈	9	35	♈	18	9	♊	2	29	♋	6	11	♌	25	11	♎	3	25	♏	26	43	♑	18	48	♒	25	0	♈	11	9	♉	13	24
24	♓	7	13	♈	21	25	♈	29	57	♊	14	30	♋	18	48	♍	8	46	♎	17	29	♐	10	44	♒	2	5	♓	7	36	♈	23	3	♉	25	11
25	♓	19	26	♉	3	12	♉	11	43	♊	26	41	♌	1	40	♍	22	34	♏	1	36	♐	24	36	♒	15	8	♓	19	57	♉	4	51	♊	7	3
26	♈	1	27	♉	15	0	♉	23	32	♋	9	6	♌	14	48	♎	6	33	♏	15	44	♑	8	19	♒	27	58	♈	2	7	♉	16	38	♊	19	1
27	♈	13	19	♉	26	54	♊	5	27	♋	21	48	♌	28	14	♎	20	42	♏	29	52	♑	21	53	♓	10	34	♈	14	8	♉	28	27	♋	1	9
28	♈	25	8	♊	8	59	♊	17	33	♌	4	50	♍	11	58	♏	5	0	♐	13	59	♒	5	15	♓	22	59	♈	26	3	♊	10	19	♋	13	27
29	♉	6	57				♊	29	53	♌	18	15	♍	26	2	♏	19	26	♐	28	2	♒	18	26	♈	5	13	♉	7	53	♊	22	16	♋	25	56
30	♉	18	53				♋	12	33	♍	2	6	♎	10	23	♐	3	55	♑	11	59	♓	1	23	♈	17	17	♉	19	41	♋	4	21	♌	8	36
31	♊	1	1				♋	25	37				♎	25	0				♑	25	46	♓	14	5				♊	1	29				♌	21	28

Mond 1986

Tag	Januar Z	°	'	Februar Z	°	'	März Z	°	'	April Z	°	'
1	♍	4	31	♎	25	45	♏	6	26	♐	29	45
2	♍	17	47	♏	9	43	♏	20	38	♑	13	48
3	♎	1	16	♏	23	47	♐	4	48	♑	27	37
4	♎	14	59	♐	7	58	♐	18	55	♒	11	10
5	♎	28	58	♐	22	14	♑	2	57	♒	24	29
6	♏	13	13	♑	6	32	♑	16	54	♓	7	34
7	♏	27	42	♑	20	48	♒	0	44	♓	20	24
8	♐	12	21	♒	4	56	♒	14	24	♈	3	2
9	♐	27	6	♒	18	52	♒	27	53	♈	15	26
10	♑	11	50	♓	2	30	♓	11	7	♈	27	40
11	♑	26	23	♓	15	49	♓	24	6	♉	9	44
12	♒	10	39	♓	28	45	♈	6	49	♉	21	40
13	♒	24	32	♈	11	21	♈	19	16	♊	3	31
14	♓	7	59	♈	23	38	♉	1	29	♊	15	20
15	♓	21	0	♉	5	40	♉	13	30	♊	27	10
16	♈	3	36	♉	17	33	♉	25	22	♋	9	6
17	♈	15	53	♉	29	22	♊	7	11	♋	21	12
18	♈	27	54	♊	11	12	♊	19	1	♌	3	32
19	♉	9	45	♊	23	8	♋	0	58	♌	16	12
20	♉	21	32	♋	5	15	♋	13	5	♌	29	13
21	♊	3	21	♋	17	38	♋	25	28	♍	12	40
22	♊	15	15	♌	0	19	♌	8	10	♍	26	33
23	♊	27	20	♌	13	19	♌	21	15	♎	10	51
24	♋	9	37	♌	26	38	♍	4	43	♎	25	30
25	♋	22	9	♍	10	15	♍	18	34	♏	10	25
26	♌	4	56	♍	24	6	♎	2	45	♏	25	26
27	♌	17	57	♎	8	7	♎	17	11	♐	10	27
28	♍	1	11	♎	22	15	♏	1	46	♐	25	18
29	♍	14	37				♏	16	25	♑	9	53
30	♍	28	12				♐	1	0	♑	24	7
31	♎	11	55				♐	15	28			

Tag	Mai Z	°	'	Juni Z	°	'	Juli Z	°	'	August Z	°	'
1	♒	7	59	♓	27	1	♉	0	33	♊	14	37
2	♒	21	28	♈	9	26	♉	12	29	♊	26	29
3	♓	4	36	♈	21	36	♉	24	19	♋	8	27
4	♓	17	26	♉	3	36	♊	6	7	♋	20	34
5	♓	29	59	♉	15	29	♊	17	57	♌	2	52
6	♈	12	19	♉	27	19	♊	29	50	♌	15	20
7	♈	24	29	♊	9	8	♋	11	49	♌	28	0
8	♉	6	30	♊	20	57	♋	23	56	♍	10	52
9	♉	18	25	♋	2	50	♌	6	10	♍	23	55
10	♊	0	17	♋	14	48	♌	18	34	♎	7	9
11	♊	12	6	♋	26	52	♍	1	8	♎	20	35
12	♊	23	55	♌	9	4	♍	13	54	♏	4	14
13	♋	5	47	♌	21	27	♍	26	53	♏	18	6
14	♋	17	45	♍	4	4	♎	10	8	♐	2	11
15	♋	29	52	♍	16	58	♎	23	41	♐	16	30
16	♌	12	11	♎	0	12	♏	7	34	♑	0	59
17	♌	24	47	♎	13	49	♏	21	48	♑	15	34
18	♍	7	43	♎	27	51	♐	6	21	♒	0	9
19	♍	21	3	♏	12	18	♐	21	10	♒	14	38
20	♎	4	49	♏	27	7	♑	6	9	♒	28	54
21	♎	19	2	♐	12	13	♑	21	8	♓	12	51
22	♏	3	40	♐	27	27	♒	5	58	♓	26	25
23	♏	18	39	♑	12	39	♒	20	31	♈	9	35
24	♐	3	50	♑	27	38	♓	4	41	♈	22	23
25	♐	19	6	♒	12	15	♓	18	22	♉	4	50
26	♑	4	14	♒	26	25	♈	1	36	♉	17	1
27	♑	19	6	♓	10	5	♈	14	24	♉	29	0
28	♒	3	35	♓	23	16	♈	26	50	♊	10	53
29	♒	17	36	♈	6	1	♉	8	59	♊	22	44
30	♓	1	10	♈	18	25	♉	20	57	♋	4	38
31	♓	14	17				♊	2	48	♋	16	41

Tag	September Z	°	'	Oktober Z	°	'	November Z	°	'	Dezember Z	°	'
1	♋	28	54	♍	2	11	♎	20	51	♏	28	2
2	♌	11	20	♍	15	20	♏	5	14	♐	13	11
3	♌	24	2	♍	28	50	♏	19	55	♐	28	26
4	♍	6	60	♎	12	38	♐	4	45	♑	13	36
5	♍	20	12	♎	26	41	♐	19	38	♑	28	32
6	♎	3	37	♏	10	57	♑	4	24	♒	13	6
7	♎	17	15	♏	25	19	♑	18	58	♒	27	13
8	♏	1	2	♐	9	44	♒	3	15	♓	10	54
9	♏	14	58	♐	24	6	♒	17	13	♓	24	9
10	♏	29	1	♑	8	24	♓	0	50	♈	7	2
11	♐	13	9	♑	22	33	♓	14	9	♈	19	36
12	♐	27	21	♒	6	32	♓	27	11	♉	1	57
13	♑	11	35	♒	20	19	♈	9	58	♉	14	7
14	♑	25	47	♓	3	54	♈	22	32	♉	26	9
15	♒	9	56	♓	17	16	♉	4	56	♊	8	7
16	♒	23	57	♈	0	25	♉	17	10	♊	20	1
17	♓	7	46	♈	13	20	♉	29	16	♋	1	54
18	♓	21	21	♈	26	2	♊	11	16	♋	13	46
19	♈	4	38	♉	8	30	♊	23	11	♋	25	40
20	♈	17	37	♉	20	47	♋	5	3	♌	7	36
21	♉	0	18	♊	2	53	♋	16	54	♌	19	37
22	♉	12	42	♊	14	51	♋	28	48	♍	1	46
23	♉	24	52	♊	26	44	♌	10	47	♍	14	8
24	♊	6	52	♋	8	35	♌	22	55	♍	26	45
25	♊	18	45	♋	20	29	♍	5	19	♎	9	42
26	♋	0	37	♌	2	30	♍	18	1	♎	23	5
27	♋	12	32	♌	14	42	♎	1	7	♏	6	55
28	♋	24	35	♌	27	11	♎	14	39	♏	21	14
29	♌	6	50	♍	9	60	♎	28	40	♐	6	0
30	♌	19	21	♍	23	12	♏	13	9	♐	21	8
31				♎	6	49				♑	6	28

Mond 1987

Tag	Januar Z	°	'	Februar Z	°	'	März Z	°	'	April Z	°	'	Mai Z	°	'	Juni Z	°	'
1	♑	21	49	♓	14	12	♓	22	3	♉	10	24	♊	13	31	♋	27	49
2	♒	6	59	♓	28	11	♈	5	58	♉	23	6	♊	25	39	♌	9	40
3	♒	21	48	♈	11	42	♈	19	29	♊	5	31	♋	7	39	♌	21	33
4	♓	6	10	♈	24	45	♉	2	35	♊	17	42	♋	19	33	♍	3	33
5	♓	20	1	♉	7	23	♉	15	19	♊	29	43	♌	1	26	♍	15	44
6	♈	3	23	♉	19	43	♉	27	44	♋	11	38	♌	13	20	♍	28	12
7	♈	16	18	♊	1	48	♊	9	53	♋	23	31	♌	25	22	♎	11	1
8	♈	28	51	♊	13	44	♊	21	52	♌	5	27	♍	7	37	♎	24	16
9	♉	11	7	♊	25	36	♋	3	45	♌	17	30	♍	20	7	♏	8	0
10	♉	23	11	♋	7	27	♋	15	37	♌	29	45	♎	2	59	♏	22	12
11	♊	5	8	♋	19	20	♋	27	33	♍	12	16	♎	16	14	♐	6	49
12	♊	17	0	♌	1	19	♌	9	35	♍	25	4	♎	29	54	♐	21	46
13	♊	28	51	♌	13	25	♌	21	17	♎	8	11	♏	13	58	♑	6	53
14	♋	10	44	♌	25	40	♍	4	12	♎	21	37	♏	28	22	♑	22	1
15	♋	22	39	♍	8	3	♍	16	50	♏	5	22	♐	13	1	♒	6	59
16	♌	4	37	♍	20	36	♍	29	41	♏	19	21	♐	27	46	♒	21	40
17	♌	16	41	♎	3	20	♎	12	47	♐	3	32	♑	12	31	♓	5	58
18	♌	28	51	♎	16	16	♎	26	6	♐	17	50	♑	27	9	♓	19	52
19	♍	11	9	♎	29	24	♏	9	37	♑	2	11	♒	11	33	♈	3	22
20	♍	23	36	♏	12	47	♏	23	20	♑	16	30	♒	25	42	♈	16	32
21	♎	6	17	♏	26	27	♐	7	14	♒	0	44	♓	9	32	♈	29	23
22	♎	19	14	♐	10	24	♐	21	16	♒	14	51	♓	23	6	♉	12	0
23	♏	2	31	♐	24	37	♑	5	26	♒	28	49	♈	6	24	♉	24	24
24	♏	16	10	♑	9	6	♑	19	41	♓	12	37	♈	19	28	♊	6	40
25	♐	0	14	♑	23	46	♒	3	59	♓	26	14	♉	2	19	♊	18	47
26	♐	14	43	♒	8	31	♒	18	17	♈	9	40	♉	14	58	♋	0	49
27	♐	29	33	♒	23	14	♓	2	30	♈	22	53	♉	27	27	♋	12	45
28	♑	14	38	♓	7	47	♓	16	35	♉	5	52	♊	9	47	♋	24	38
29	♑	29	49				♈	0	27	♉	18	38	♊	21	57	♌	6	28
30	♒	14	55				♈	14	4	♊	1	11	♋	4	0	♌	18	19
31	♒	29	45				♈	27	23				♋	15	57			

Tag	Juli Z	°	'	August Z	°	'	September Z	°	'	Oktober Z	°	'	November Z	°	'	Dezember Z	°	'
1	♍	0	13	♎	16	4	♐	5	27	♑	14	1	♓	7	26	♈	15	28
2	♍	12	12	♎	28	50	♐	19	19	♑	28	17	♓	21	28	♈	28	50
3	♍	24	23	♏	11	58	♑	3	33	♒	12	42	♈	5	24	♉	12	2
4	♎	6	49	♏	25	30	♑	18	5	♒	27	11	♈	19	11	♉	25	3
5	♎	19	34	♐	9	30	♒	2	52	♓	11	40	♉	2	48	♊	7	52
6	♏	2	45	♐	23	57	♒	17	47	♓	26	4	♉	16	11	♊	20	29
7	♏	16	24	♑	8	47	♓	2	43	♈	10	18	♉	29	19	♋	2	55
8	♐	0	33	♑	23	54	♓	17	31	♈	24	17	♊	12	10	♋	15	8
9	♐	15	10	♒	9	8	♈	2	3	♉	7	57	♊	24	45	♋	27	10
10	♑	0	10	♒	24	20	♈	16	15	♉	21	17	♋	7	4	♌	9	5
11	♑	15	25	♓	9	19	♉	0	1	♊	4	15	♋	19	10	♌	20	54
12	♒	0	45	♓	23	56	♉	13	23	♊	16	53	♌	1	7	♍	2	42
13	♒	15	57	♈	8	7	♉	26	20	♊	29	14	♌	12	58	♍	14	35
14	♓	0	51	♈	21	51	♊	8	56	♋	11	20	♌	24	48	♍	26	37
15	♓	15	22	♉	5	7	♊	21	14	♋	23	17	♍	6	43	♎	8	54
16	♓	29	25	♉	17	60	♋	3	19	♌	5	9	♍	18	48	♎	21	31
17	♈	13	1	♊	0	31	♋	15	15	♌	17	0	♎	1	8	♏	4	34
18	♈	26	11	♊	12	47	♋	27	7	♌	28	57	♎	13	47	♏	18	4
19	♉	9	0	♊	24	51	♌	8	58	♍	11	2	♎	26	48	♐	2	2
20	♉	21	30	♋	6	47	♌	20	53	♍	23	19	♏	10	13	♐	16	26
21	♊	3	47	♋	18	39	♍	2	54	♎	5	52	♏	23	60	♑	1	9
22	♊	15	54	♌	0	30	♍	15	4	♎	18	42	♐	8	6	♑	16	5
23	♊	27	54	♌	12	23	♍	27	25	♏	1	49	♐	22	27	♒	1	2
24	♋	9	49	♌	24	18	♎	9	58	♏	15	13	♑	6	56	♒	15	53
25	♋	21	41	♍	6	19	♎	22	43	♏	28	53	♑	21	26	♓	0	30
26	♌	3	32	♍	18	27	♏	5	42	♐	12	44	♒	5	52	♓	14	49
27	♌	15	24	♎	0	43	♏	18	55	♐	26	44	♒	20	10	♓	28	48
28	♌	27	18	♎	13	10	♐	2	21	♑	10	51	♓	4	17	♈	12	27
29	♍	9	16	♎	25	49	♐	16	1	♑	25	0	♓	18	12	♈	25	49
30	♍	21	21	♏	8	43	♐	29	55	♒	9	11	♈	1	56	♉	8	55
31	♎	3	36	♏	21	55				♒	23	20				♉	21	48

Tag	Januar			Februar			März			April			Mai			Juni		
	Z	°	'	Z	°	'	Z	°	'	Z	°	'	Z	°	'	Z	°	'
1	♊	4	29	♋	20	30	♌	11	14	♍	25	25	♎	28	35	♐	17	10
2	♊	16	59	♌	2	25	♌	23	3	♎	7	33	♏	11	25	♑	1	11
3	♊	29	21	♌	14	17	♍	4	53	♎	19	53	♏	24	32	♑	15	23
4	♋	11	33	♌	26	6	♍	16	45	♏	2	24	♐	7	53	♑	29	40
5	♋	23	37	♍	7	55	♍	28	44	♏	15	8	♐	21	28	♒	13	58
6	♌	5	34	♍	19	46	♎	10	49	♏	28	6	♑	5	14	♒	28	13
7	♌	17	25	♎	1	41	♎	23	3	♐	11	17	♑	19	8	♓	12	23
8	♌	29	13	♎	13	45	♏	5	29	♐	24	43	♒	3	9	♓	26	27
9	♍	11	1	♎	26	1	♏	18	9	♑	8	23	♒	17	14	♈	10	25
10	♍	22	52	♏	8	32	♐	1	6	♑	22	16	♓	1	23	♈	24	15
11	♎	4	52	♏	21	25	♐	14	21	♒	6	23	♓	15	34	♉	7	57
12	♎	17	6	♐	4	42	♐	27	58	♒	20	43	♓	29	46	♉	21	29
13	♎	29	39	♐	18	26	♑	11	57	♓	5	12	♈	13	56	♊	4	51
14	♏	12	36	♑	2	38	♑	26	17	♓	19	47	♈	28	2	♊	17	59
15	♏	26	0	♑	17	16	♒	10	56	♈	4	23	♉	11	59	♋	0	54
16	♐	9	55	♒	2	15	♒	25	49	♈	18	55	♉	25	44	♋	13	32
17	♐	24	19	♒	17	27	♓	10	49	♉	3	15	♊	9	13	♋	25	56
18	♑	9	9	♓	2	42	♓	25	48	♉	17	19	♊	22	24	♌	8	6
19	♑	24	16	♓	17	50	♈	10	38	♊	1	2	♋	5	16	♌	20	5
20	♒	9	30	♈	2	42	♈	25	11	♊	14	22	♋	17	48	♍	1	56
21	♒	24	42	♈	17	12	♉	9	21	♊	27	18	♌	0	4	♍	13	44
22	♓	9	40	♉	1	14	♉	23	6	♋	9	53	♌	12	6	♍	25	33
23	♓	24	18	♉	14	50	♊	6	24	♋	22	10	♌	23	59	♎	7	30
24	♈	8	32	♉	28	0	♊	19	18	♌	4	12	♍	5	48	♎	19	39
25	♈	22	21	♊	10	47	♋	1	50	♌	16	5	♍	17	38	♏	2	6
26	♉	5	45	♊	23	15	♋	14	4	♌	27	54	♍	29	35	♏	14	55
27	♉	18	48	♋	5	28	♋	26	5	♍	9	43	♎	11	44	♏	28	9
28	♊	1	33	♋	17	30	♌	7	57	♍	21	39	♎	24	9	♐	11	48
29	♊	14	3	♋	29	24	♌	19	45	♎	3	44	♏	6	53	♐	25	50
30	♊	26	21				♍	1	34	♎	16	2	♏	19	58	♑	10	12
31	♋	8	29				♍	13	26				♐	3	25			

Tag	Juli			August			September			Oktober			November			Dezember		
	Z	°	'	Z	°	'	Z	°	'	Z	°	'	Z	°	'	Z	°	'
1	♑	24	48	♓	18	25	♉	11	1	♊	17	7	♌	3	32	♍	5	26
2	♒	9	30	♈	3	6	♉	24	49	♋	0	11	♌	15	37	♍	17	15
3	♒	24	11	♈	17	28	♊	8	12	♋	12	51	♌	27	31	♍	29	3
4	♓	8	44	♉	1	30	♊	21	12	♋	25	11	♍	9	19	♎	10	55
5	♓	23	7	♉	15	10	♋	3	51	♌	7	16	♍	21	5	♎	22	57
6	♈	7	16	♉	28	30	♋	16	13	♌	19	10	♎	2	56	♏	5	13
7	♈	21	10	♊	11	32	♋	28	22	♍	0	58	♎	14	54	♏	17	45
8	♉	4	50	♊	24	18	♌	10	21	♍	12	44	♎	27	3	♐	0	35
9	♉	18	16	♋	6	49	♌	22	13	♍	24	32	♏	9	24	♐	13	42
10	♊	1	29	♋	19	8	♍	4	2	♎	6	25	♏	21	58	♐	27	7
11	♊	14	29	♌	1	17	♍	15	48	♎	18	24	♐	4	46	♑	10	44
12	♊	27	17	♌	13	17	♍	27	36	♏	0	31	♐	17	47	♑	24	32
13	♋	9	52	♌	25	11	♎	9	27	♏	12	49	♑	0	59	♒	8	28
14	♋	22	15	♍	7	0	♎	21	24	♏	25	17	♑	14	23	♒	22	28
15	♌	4	27	♍	18	46	♏	3	28	♐	7	58	♑	27	57	♓	6	30
16	♌	16	29	♎	0	33	♏	15	43	♐	20	51	♒	11	40	♓	20	35
17	♌	28	22	♎	12	24	♏	28	12	♑	4	0	♒	25	35	♈	4	40
18	♍	10	11	♎	24	21	♐	10	57	♑	17	24	♓	9	39	♈	18	45
19	♍	21	57	♏	6	30	♐	24	1	♒	1	6	♓	23	54	♉	2	49
20	♎	3	46	♏	18	55	♑	7	28	♒	15	6	♈	8	16	♉	16	50
21	♎	15	42	♐	1	39	♑	21	18	♒	29	24	♈	22	44	♊	0	44
22	♎	27	50	♐	14	48	♒	5	33	♓	13	59	♉	7	12	♊	14	29
23	♏	10	16	♐	28	22	♒	20	10	♓	28	46	♉	21	35	♊	28	0
24	♏	23	3	♑	12	24	♓	5	6	♈	13	40	♊	5	45	♋	11	15
25	♐	6	17	♑	26	53	♓	20	12	♈	28	32	♊	19	38	♋	24	11
26	♐	19	57	♒	11	43	♈	5	22	♉	13	15	♋	3	9	♌	6	49
27	♑	4	6	♒	26	49	♈	20	25	♉	27	40	♋	16	17	♌	19	10
28	♑	18	38	♓	12	2	♉	5	13	♊	11	43	♋	29	1	♍	1	16
29	♒	3	28	♓	27	11	♉	19	38	♊	25	18	♌	11	25	♍	13	11
30	♒	18	29	♈	12	8	♊	3	37	♋	8	27	♌	23	32	♍	25	0
31	♓	3	31	♈	26	46				♋	21	10				♎	6	48

Mond 1989

Tag	Januar	Februar	März	April	Mai	Juni	Juli	August	September	Oktober	November	Dezember
	Z ° '	Z ° '	Z ° '	Z ° '	Z ° '	Z ° '	Z ° '	Z ° '	Z ° '	Z ° '	Z ° '	Z ° '
1	♎ 18 41	♐ 3 26	♐ 11 43	♒ 0 8	♓ 7 39	♉ 1 13	♊ 9 58	♌ 0 10	♍ 16 33	♎ 19 12	♐ 3 48	♑ 7 32
2	♏ 0 43	♐ 16 22	♐ 24 33	♒ 14 4	♓ 22 7	♉ 15 56	♊ 24 1	♌ 13 3	♍ 28 36	♏ 1 2	♐ 15 52	♑ 20 5
3	♏ 13 1	♐ 29 43	♑ 7 47	♒ 28 24	♈ 6 54	♊ 0 35	♋ 7 51	♌ 25 41	♎ 10 32	♏ 12 53	♐ 28 4	♒ 2 50
4	♏ 25 37	♑ 13 30	♑ 21 27	♓ 13 9	♈ 21 53	♊ 15 4	♋ 21 22	♍ 8 4	♎ 22 24	♏ 24 47	♑ 10 25	♒ 15 47
5	♐ 8 34	♑ 27 41	♒ 5 34	♓ 28 12	♉ 6 57	♊ 29 15	♌ 4 34	♍ 20 15	♏ 4 15	♐ 6 45	♑ 22 59	♒ 29 0
6	♐ 21 55	♒ 12 13	♒ 20 7	♈ 13 25	♉ 21 56	♋ 13 4	♌ 17 25	♎ 2 15	♏ 16 7	♐ 18 51	♒ 5 50	♓ 12 31
7	♑ 5 37	♒ 26 59	♓ 5 0	♈ 28 39	♊ 6 41	♋ 26 27	♌ 29 57	♎ 14 9	♏ 28 4	♑ 1 9	♒ 19 2	♓ 26 22
8	♑ 19 37	♓ 11 52	♓ 20 7	♉ 13 43	♊ 21 3	♌ 9 26	♍ 12 13	♎ 26 0	♐ 10 11	♑ 13 44	♓ 2 38	♈ 10 34
9	♒ 3 52	♓ 26 44	♈ 5 18	♉ 28 28	♋ 4 58	♌ 22 2	♍ 24 16	♏ 7 53	♐ 22 32	♑ 26 39	♓ 16 40	♈ 25 6
10	♒ 18 15	♈ 11 28	♈ 20 25	♊ 12 48	♋ 18 25	♍ 4 19	♎ 6 11	♏ 19 52	♑ 5 12	♒ 9 58	♈ 1 8	♉ 9 54
11	♓ 2 42	♈ 25 58	♉ 5 17	♊ 26 38	♌ 1 23	♍ 16 22	♎ 18 2	♐ 2 1	♑ 18 14	♒ 23 45	♈ 16 0	♉ 24 51
12	♓ 17 6	♉ 10 11	♉ 19 48	♋ 9 59	♌ 13 58	♍ 28 16	♎ 29 55	♐ 14 26	♒ 1 41	♓ 8 0	♉ 1 10	♊ 9 48
13	♈ 1 26	♉ 21 5	♊ 3 55	♋ 22 51	♌ 26 13	♎ 10 6	♏ 11 54	♐ 27 9	♒ 15 35	♓ 22 42	♉ 16 28	♊ 24 37
14	♈ 15 37	♊ 7 40	♊ 17 35	♌ 5 26	♍ 8 14	♎ 21 57	♏ 24 4	♑ 10 14	♒ 29 55	♈ 7 45	♊ 1 42	♋ 9 9
15	♈ 29 39	♊ 20 57	♋ 0 50	♌ 17 39	♍ 20 6	♏ 3 54	♐ 6 29	♑ 23 42	♓ 14 37	♈ 23 3	♊ 16 41	♋ 23 16
16	♉ 13 31	♋ 3 56	♋ 13 43	♌ 29 40	♎ 1 54	♏ 16 1	♐ 19 10	♒ 7 33	♓ 29 36	♉ 8 22	♋ 1 17	♌ 6 57
17	♉ 27 12	♋ 16 41	♋ 26 16	♍ 11 33	♎ 13 43	♏ 28 20	♑ 2 10	♒ 21 44	♈ 14 42	♉ 23 33	♋ 15 24	♌ 20 11
18	♊ 10 42	♋ 29 12	♌ 8 35	♍ 23 21	♎ 25 37	♐ 10 53	♑ 15 29	♓ 6 11	♈ 29 46	♊ 8 25	♋ 29 1	♍ 2 59
19	♊ 24 0	♌ 11 31	♌ 20 41	♎ 5 9	♏ 7 37	♐ 23 41	♑ 29 5	♓ 20 49	♉ 14 39	♊ 22 52	♌ 12 9	♍ 15 26
20	♋ 7 5	♌ 23 41	♍ 2 39	♎ 16 59	♏ 19 48	♑ 6 42	♒ 12 56	♈ 5 31	♉ 29 14	♋ 6 49	♌ 24 51	♍ 27 37
21	♋ 19 57	♍ 5 42	♍ 14 32	♎ 28 53	♐ 2 8	♑ 19 57	♒ 26 59	♈ 20 11	♊ 13 27	♋ 20 18	♍ 7 13	♎ 9 35
22	♌ 2 35	♍ 17 37	♍ 26 21	♏ 10 54	♐ 14 40	♒ 3 24	♓ 11 10	♉ 4 43	♊ 27 16	♌ 3 20	♍ 19 20	♎ 21 27
23	♌ 15 0	♍ 29 28	♎ 8 10	♏ 23 2	♐ 27 23	♒ 17 2	♓ 25 26	♉ 19 2	♋ 10 40	♌ 15 59	♎ 1 16	♏ 3 18
24	♌ 27 12	♎ 11 16	♎ 20 0	♐ 5 19	♑ 10 17	♓ 0 48	♈ 9 43	♊ 3 7	♋ 23 44	♌ 28 20	♎ 13 8	♏ 15 11
25	♍ 9 14	♎ 23 6	♏ 1 54	♐ 17 45	♑ 23 22	♓ 14 43	♈ 23 58	♊ 16 55	♌ 6 28	♍ 10 29	♎ 24 57	♏ 27 10
26	♍ 21 7	♏ 4 59	♏ 13 52	♑ 0 24	♒ 6 39	♓ 28 46	♉ 8 10	♋ 0 26	♌ 18 58	♍ 22 28	♏ 6 49	♐ 9 18
27	♎ 2 56	♏ 17 1	♏ 25 59	♑ 13 15	♒ 20 10	♈ 12 55	♉ 22 16	♋ 13 41	♍ 1 15	♎ 4 21	♏ 18 44	♐ 21 36
28	♎ 14 44	♏ 29 14	♐ 8 15	♑ 26 22	♓ 3 54	♈ 27 10	♊ 6 14	♋ 26 41	♍ 13 23	♎ 16 12	♐ 0 45	♑ 4 5
29	♎ 26 36		♐ 20 45	♒ 9 47	♓ 17 54	♉ 11 28	♊ 20 2	♌ 9 27	♍ 25 23	♎ 28 3	♐ 12 53	♑ 16 47
30	♏ 8 37		♑ 3 32	♒ 23 32	♈ 2 8	♉ 25 45	♋ 3 39	♌ 22 0	♎ 7 19	♏ 9 55	♐ 25 8	♑ 29 39
31	♏ 20 52		♑ 16 38		♈ 16 36		♋ 17 2	♍ 4 22		♏ 21 50		♒ 12 44

Tag	Januar Z	°	'	Februar Z	°	'	März Z	°	'	April Z	°	'	Mai Z	°	'	Juni Z	°	'
1	♒	26	0	♈	17	54	♈	28	21	♊	21	53	♋	29	21	♍	17	23
2	♓	9	27	♉	2	6	♉	12	52	♋	5	53	♌	12	40	♍	29	44
3	♓	23	7	♉	16	18	♉	27	15	♋	19	32	♌	25	36	♎	11	52
4	♈	6	59	♊	0	28	♊	11	26	♌	2	50	♍	8	13	♎	23	51
5	♈	21	4	♊	14	34	♊	25	23	♌	15	50	♍	20	36	♏	5	46
6	♉	5	19	♊	28	34	♋	9	5	♌	28	35	♎	2	47	♏	17	38
7	♉	19	43	♋	12	26	♋	22	34	♍	11	7	♎	14	51	♏	29	30
8	♊	4	12	♋	26	7	♌	5	49	♍	23	29	♎	26	50	♐	11	25
9	♊	18	41	♌	9	36	♌	18	52	♎	5	43	♏	8	45	♐	23	23
10	♋	3	3	♌	22	49	♍	1	42	♎	17	50	♏	20	38	♑	5	26
11	♋	17	14	♍	5	47	♍	14	22	♎	29	51	♐	2	30	♑	17	36
12	♌	1	7	♍	18	30	♍	26	50	♏	11	47	♐	14	23	♑	29	55
13	♌	14	40	♎	0	57	♎	9	8	♏	23	40	♐	26	20	♒	12	25
14	♌	27	51	♎	13	10	♎	21	16	♐	5	32	♑	8	21	♒	25	9
15	♍	10	41	♎	25	14	♏	3	17	♐	17	25	♑	20	30	♓	8	10
16	♍	23	11	♏	7	9	♏	15	12	♐	29	22	♒	2	51	♓	21	31
17	♎	5	25	♏	19	2	♏	27	4	♑	11	28	♒	15	27	♈	5	14
18	♎	17	27	♐	0	56	♐	8	56	♑	23	48	♒	28	24	♈	19	21
19	♎	29	22	♐	12	56	♐	20	54	♒	6	25	♓	11	46	♉	3	49
20	♏	11	14	♐	25	6	♑	3	2	♒	19	25	♓	25	34	♉	18	37
21	♏	23	8	♑	7	32	♑	15	24	♓	2	52	♈	9	51	♊	3	36
22	♐	5	9	♑	20	17	♑	28	6	♓	16	48	♈	24	34	♊	18	39
23	♐	17	21	♒	3	22	♒	11	11	♈	1	14	♉	9	38	♋	3	37
24	♐	29	45	♒	16	51	♒	24	43	♈	16	5	♉	24	54	♋	18	20
25	♑	12	26	♓	0	41	♓	8	42	♉	1	14	♊	10	11	♌	2	43
26	♑	25	23	♓	14	50	♓	23	7	♉	16	32	♊	25	18	♌	16	39
27	♒	8	37	♓	29	14	♈	7	52	♊	1	46	♋	10	5	♍	0	10
28	♒	22	6	♈	13	46	♈	22	50	♊	16	46	♋	24	27	♍	13	15
29	♓	5	49				♉	7	52	♋	1	25	♌	8	20	♍	25	57
30	♓	19	44				♉	22	48	♋	15	37	♌	21	45	♎	8	20
31	♈	3	46				♊	7	30				♍	4	45			

Tag	Juli Z	°	'	August Z	°	'	September Z	°	'	Oktober Z	°	'	November Z	°	'	Dezember Z	°	'
1	♎	20	29	♐	4	27	♑	18	36	♒	21	53	♈	11	13	♉	18	57
2	♏	2	28	♐	16	23	♒	1	8	♓	5	13	♈	25	56	♊	4	13
3	♏	14	22	♐	28	24	♒	13	58	♓	18	59	♉	10	58	♊	19	33
4	♏	26	14	♑	10	36	♒	27	9	♈	3	10	♉	26	8	♋	4	45
5	♐	8	8	♑	23	1	♓	10	41	♈	17	40	♊	11	17	♋	19	40
6	♐	20	6	♒	5	39	♓	24	31	♉	2	24	♊	26	14	♌	4	11
7	♑	2	11	♒	18	33	♈	8	36	♉	17	13	♋	10	51	♌	18	15
8	♑	14	25	♓	1	42	♈	22	52	♊	1	58	♋	25	6	♍	1	52
9	♑	26	49	♓	15	6	♉	7	14	♊	16	33	♌	8	57	♍	15	4
10	♒	9	23	♓	28	44	♉	21	36	♋	0	53	♌	22	25	♍	27	53
11	♒	22	10	♈	12	33	♊	5	54	♋	14	57	♍	5	32	♎	10	24
12	♓	5	11	♈	26	32	♊	20	6	♋	28	42	♍	18	22	♎	22	41
13	♓	18	25	♉	10	38	♋	4	9	♌	12	12	♎	0	58	♏	4	47
14	♈	1	55	♉	24	50	♋	18	3	♌	25	27	♎	13	22	♏	16	45
15	♈	15	41	♊	9	5	♌	1	47	♍	8	28	♎	25	37	♏	28	39
16	♈	29	43	♊	23	21	♌	15	20	♍	21	18	♏	7	44	♐	10	29
17	♉	13	59	♋	7	34	♌	28	43	♎	3	58	♏	19	44	♐	22	19
18	♉	28	28	♋	21	42	♍	11	54	♎	16	27	♐	1	39	♑	4	9
19	♊	13	4	♌	5	42	♍	24	53	♎	28	46	♐	13	30	♑	16	2
20	♊	27	43	♌	19	30	♎	7	39	♏	10	56	♐	25	19	♑	28	0
21	♋	12	19	♍	3	3	♎	20	11	♏	22	58	♑	7	7	♒	10	5
22	♋	26	44	♍	16	20	♏	2	30	♐	4	52	♑	18	58	♒	22	20
23	♌	10	54	♍	29	19	♏	14	37	♐	16	42	♒	0	56	♓	4	49
24	♌	24	44	♎	12	0	♏	26	35	♐	28	30	♒	13	5	♓	17	35
25	♍	8	12	♎	24	25	♐	8	28	♑	10	20	♒	25	30	♈	0	41
26	♍	21	18	♏	6	36	♐	20	18	♑	22	18	♓	8	16	♈	14	12
27	♎	4	3	♏	18	37	♑	2	11	♒	4	28	♓	21	27	♈	28	8
28	♎	16	29	♐	0	31	♑	14	11	♒	16	56	♈	5	7	♉	12	30
29	♎	28	40	♐	12	23	♑	26	26	♒	29	48	♈	19	17	♉	27	14
30	♏	10	40	♐	24	18	♒	8	58	♓	13	6	♉	3	56	♊	12	16
31	♏	22	34	♑	6	21				♓	26	55				♊	27	26

	1951			1952			1953			1954			1955		
Datum	Z	°	'	Z	°	'	Z	°	'	Z	°	'	Z	°	'
01.01.	♑	9	42	♑	9	28	♑	10	14	♑	9	59	♑	9	45
10.01.	♑	18	53	♑	18	38	♑	19	25	♑	19	10	♑	18	55
20.01.	♑	29	4	♑	28	49	♑	29	36	♑	29	21	♑	29	6
01.02.	♒	11	16	♒	11	2	♒	11	48	♒	11	33	♒	11	18
10.02.	♒	20	23	♒	20	9	♒	20	55	♒	20	40	♒	20	26
20.02.	♓	0	29	♓	0	15	♓	1	1	♓	0	46	♓	0	32
01.03.	♓	9	33	♓	10	19	♓	10	4	♓	9	49	♓	9	35
10.03.	♓	18	34	♓	19	19	♓	19	5	♓	18	50	♓	18	36
20.03.	♓	28	32	♓	29	17	♓	29	3	♓	28	48	♓	28	34
01.04.	♈	10	25	♈	11	10	♈	10	55	♈	10	41	♈	10	27
10.04.	♈	19	17	♈	20	1	♈	19	47	♈	19	33	♈	19	19
20.04.	♈	29	4	♈	29	48	♈	29	34	♈	29	20	♈	29	6
01.05.	♉	9	47	♉	10	31	♉	10	16	♉	10	2	♉	9	49
10.05.	♉	18	30	♉	19	14	♉	18	59	♉	18	46	♉	18	32
20.05.	♉	28	8	♉	28	52	♉	28	38	♉	28	24	♉	28	10
01.06.	♊	9	40	♊	10	24	♊	10	9	♊	9	55	♊	9	42
10.06.	♊	18	17	♊	19	0	♊	18	46	♊	18	32	♊	18	19
20.06.	♊	27	50	♊	28	33	♊	28	19	♊	28	5	♊	27	52
01.07.	♋	8	19	♋	9	3	♋	8	49	♋	8	35	♋	8	22
10.07.	♋	16	54	♋	17	38	♋	17	24	♋	17	10	♋	16	56
20.07.	♋	26	27	♋	27	10	♋	26	56	♋	26	42	♋	26	29
01.08.	♌	7	54	♌	8	38	♌	8	24	♌	8	10	♌	7	57
10.08.	♌	16	32	♌	17	15	♌	17	1	♌	16	48	♌	16	34
20.08.	♌	26	8	♌	26	52	♌	26	38	♌	26	24	♌	26	10
01.09.	♍	7	43	♍	8	27	♍	8	13	♍	7	59	♍	7	45
10.09.	♍	16	26	♍	17	10	♍	16	57	♍	16	43	♍	16	28
20.09.	♍	26	11	♍	26	55	♍	26	41	♍	26	27	♍	26	13
01.10.	♎	6	58	♎	7	42	♎	7	28	♎	7	14	♎	7	0
10.10.	♎	15	50	♎	16	35	♎	16	21	♎	16	6	♎	15	52
20.10.	♎	25	44	♎	26	30	♎	26	16	♎	26	1	♎	25	47
01.11.	♏	7	43	♏	8	28	♏	8	14	♏	7	59	♏	7	44
10.11.	♏	16	44	♏	17	29	♏	17	15	♏	17	1	♏	16	46
20.11.	♏	26	48	♏	27	34	♏	27	20	♏	27	5	♏	26	50
01.12.	♐	7	56	♐	8	42	♐	8	27	♐	8	13	♐	7	58
10.12.	♐	17	4	♐	17	50	♐	17	36	♐	17	21	♐	17	6
20.12.	♐	27	14	♐	28	1	♐	27	46	♐	27	31	♐	27	16

	1956			1957			1958			1959			1960		
Datum	Z	°	'	Z	°	'	Z	°	'	Z	°	'	Z	°	'
01.01.	♑	9	30	♑	10	16	♑	10	1	♑	9	46	♑	9	32
10.01.	♑	18	40	♑	19	27	♑	19	12	♑	18	57	♑	18	42
20.01.	♑	28	51	♑	29	38	♑	29	23	♑	29	8	♑	28	53
01.02.	♒	11	3	♒	11	50	♒	11	35	♒	11	20	♒	11	5
10.02.	♒	20	11	♒	20	57	♒	20	42	♒	20	27	♒	20	13
20.02.	♓	0	17	♓	1	3	♓	0	48	♓	0	33	♓	0	19
01.03.	♓	10	21	♓	10	6	♓	9	51	♓	9	36	♓	10	22
10.03.	♓	19	21	♓	19	7	♓	18	52	♓	18	37	♓	19	23
20.03.	♓	29	19	♓	29	4	♓	28	50	♓	28	35	♓	29	21
01.04.	♈	11	12	♈	10	57	♈	10	43	♈	10	28	♈	11	14
10.04.	♈	20	3	♈	19	49	♈	19	34	♈	19	20	♈	20	5
20.04.	♈	29	51	♈	29	36	♈	29	22	♈	29	8	♈	29	52
01.05.	♉	10	33	♉	10	19	♉	10	5	♉	9	50	♉	10	35
10.05.	♉	19	16	♉	19	2	♉	18	47	♉	18	33	♉	19	17
20.05.	♉	28	54	♉	28	40	♉	28	26	♉	28	12	♉	28	56
01.06.	♊	10	25	♊	10	11	♊	9	58	♊	9	44	♊	10	27
10.06.	♊	19	2	♊	18	48	♊	18	34	♊	18	21	♊	19	4
20.06.	♊	28	35	♊	28	21	♊	28	8	♊	27	54	♊	28	37
01.07.	♋	9	5	♋	8	51	♋	8	37	♋	8	23	♋	9	6
10.07.	♋	17	40	♋	17	25	♋	17	12	♋	16	58	♋	17	41
20.07.	♋	27	12	♋	26	58	♋	26	44	♋	26	30	♋	27	13
01.08.	♌	8	40	♌	8	26	♌	8	12	♌	7	58	♌	8	42
10.08.	♌	17	17	♌	17	3	♌	16	49	♌	16	35	♌	17	19
20.08.	♌	26	54	♌	26	39	♌	26	26	♌	26	12	♌	26	55
01.09.	♍	8	29	♍	8	15	♍	8	1	♍	7	46	♍	8	30
10.09.	♍	17	13	♍	16	58	♍	16	44	♍	16	30	♍	17	14
20.09.	♍	26	57	♍	26	43	♍	26	29	♍	26	14	♍	26	59
01.10.	♎	7	44	♎	7	30	♎	7	16	♎	7	1	♎	7	46
10.10.	♎	16	37	♎	16	22	♎	16	8	♎	15	54	♎	16	38
20.10.	♎	26	32	♎	26	17	♎	26	3	♎	25	48	♎	26	33
01.11.	♏	8	30	♏	8	15	♏	8	1	♏	7	46	♏	8	31
10.11.	♏	17	32	♏	17	17	♏	17	2	♏	16	48	♏	17	33
20.11.	♏	27	36	♏	27	21	♏	27	7	♏	26	52	♏	27	37
01.12.	♐	8	44	♐	8	29	♐	8	14	♐	7	59	♐	8	45
10.12.	♐	17	52	♐	17	37	♐	17	22	♐	17	8	♐	17	53
20.12.	♐	28	3	♐	27	48	♐	27	33	♐	27	18	♐	28	4

	1961			1962			1963			1964			1965		
Datum	Z	°	'	Z	°	'	Z	°	'	Z	°	'	Z	°	'
01.01.	♑	10	18	♑	10	2	♑	9	48	♑	9	33	♑	10	19
10.01.	♑	19	28	♑	19	13	♑	18	58	♑	18	43	♑	19	30
20.01.	♑	29	39	♑	29	24	♑	29	9	♑	28	54	♑	29	41
01.02.	♒	11	51	♒	11	36	♒	11	21	♒	11	6	♒	11	53
10.02.	♒	20	58	♒	20	43	♒	20	29	♒	20	14	♒	21	0
20.02.	♓	1	5	♓	0	49	♓	0	35	♓	0	20	♓	1	6
01.03.	♓	10	8	♓	9	53	♓	9	38	♓	10	23	♓	10	9
10.03.	♓	19	8	♓	18	54	♓	18	39	♓	19	24	♓	19	10
20.03.	♓	29	6	♓	28	51	♓	28	37	♓	29	22	♓	29	7
01.04.	♈	10	59	♈	10	44	♈	10	30	♈	11	15	♈	11	0
10.04.	♈	19	50	♈	19	36	♈	19	22	♈	20	6	♈	19	52
20.04.	♈	29	38	♈	29	23	♈	29	9	♈	29	54	♈	29	39
01.05.	♉	10	20	♉	10	6	♉	9	52	♉	10	36	♉	10	22
10.05.	♉	19	3	♉	18	49	♉	18	35	♉	19	19	♉	19	5
20.05.	♉	28	42	♉	28	28	♉	28	14	♉	28	58	♉	28	43
01.06.	♊	10	13	♊	9	59	♊	9	46	♊	10	29	♊	10	15
10.06.	♊	18	50	♊	18	36	♊	18	22	♊	19	6	♊	18	52
20.06.	♊	28	23	♊	28	9	♊	27	55	♊	28	39	♊	28	24
01.07.	♋	8	52	♋	8	39	♋	8	25	♋	9	8	♋	8	54
10.07.	♋	17	27	♋	17	14	♋	17	0	♋	17	43	♋	17	29
20.07.	♋	27	0	♋	26	46	♋	26	32	♋	27	15	♋	27	1
01.08.	♌	8	28	♌	8	14	♌	8	0	♌	8	43	♌	8	29
10.08.	♌	17	5	♌	16	51	♌	16	37	♌	17	21	♌	17	6
20.08.	♌	26	41	♌	26	27	♌	26	13	♌	26	57	♌	26	43
01.09.	♍	8	16	♍	8	2	♍	7	48	♍	8	32	♍	8	18
10.09.	♍	17	0	♍	16	46	♍	16	31	♍	17	16	♍	17	2
20.09.	♍	26	45	♍	26	30	♍	26	16	♍	27	1	♍	26	46
01.10.	♎	7	32	♎	7	17	♎	7	3	♎	7	47	♎	7	33
10.10.	♎	16	24	♎	16	10	♎	15	55	♎	16	40	♎	16	26
20.10.	♎	26	19	♎	26	4	♎	25	50	♎	26	35	♎	26	20
01.11.	♏	8	17	♏	8	2	♏	7	48	♏	8	33	♏	8	19
10.11.	♏	17	18	♏	17	4	♏	16	49	♏	17	35	♏	17	20
20.11.	♏	27	23	♏	27	8	♏	26	53	♏	27	39	♏	27	24
01.12.	♐	8	30	♐	8	16	♐	8	1	♐	8	47	♐	8	32
10.12.	♐	17	39	♐	17	24	♐	17	9	♐	17	55	♐	17	40
20.12.	♐	27	49	♐	27	34	♐	27	19	♐	28	6	♐	27	51

Datum	1966 Z	°	'	1967 Z	°	'	1968 Z	°	'	1969 Z	°	'	1970 Z	°	'
01.01.	♑	10	4	♑	9	49	♑	9	35	♑	10	21	♑	10	6
10.01.	♑	19	15	♑	19	0	♑	18	45	♑	19	32	♑	19	17
20.01.	♑	29	26	♑	29	11	♑	28	56	♑	29	43	♑	29	28
01.02.	♒	11	38	♒	11	23	♒	11	8	♒	11	55	♒	11	40
10.02.	♒	20	45	♒	20	30	♒	20	16	♒	21	2	♒	20	47
20.02.	♓	0	51	♓	0	36	♓	0	22	♓	1	8	♓	0	53
01.03.	♓	9	54	♓	9	40	♓	10	26	♓	10	11	♓	9	56
10.03.	♓	18	55	♓	18	41	♓	19	26	♓	19	12	♓	18	57
20.03.	♓	28	53	♓	28	39	♓	29	24	♓	29	10	♓	28	55
01.04.	♈	10	46	♈	10	32	♈	11	17	♈	11	3	♈	10	48
10.04.	♈	19	37	♈	19	23	♈	20	8	♈	19	54	♈	19	40
20.04.	♈	29	25	♈	29	11	♈	29	56	♈	29	41	♈	29	27
01.05.	♉	10	8	♉	9	53	♉	10	38	♉	10	24	♉	10	10
10.05.	♉	18	51	♉	18	37	♉	19	21	♉	19	7	♉	18	53
20.05.	♉	28	29	♉	28	16	♉	28	59	♉	28	45	♉	28	32
01.06.	♊	10	1	♊	9	47	♊	10	31	♊	10	17	♊	10	3
10.06.	♊	18	38	♊	18	24	♊	19	8	♊	18	54	♊	18	40
20.06.	♊	28	11	♊	27	57	♊	28	40	♊	28	27	♊	28	13
01.07.	♋	8	41	♋	8	27	♋	9	10	♋	8	56	♋	8	43
10.07.	♋	17	15	♋	17	2	♋	17	45	♋	17	31	♋	17	18
20.07.	♋	26	48	♋	26	34	♋	27	17	♋	27	4	♋	26	50
01.08.	♌	8	16	♌	8	2	♌	8	45	♌	8	31	♌	8	18
10.08.	♌	16	53	♌	16	39	♌	17	22	♌	17	9	♌	16	55
20.08.	♌	26	29	♌	26	15	♌	26	59	♌	26	45	♌	26	31
01.09.	♍	8	4	♍	7	50	♍	8	34	♍	8	20	♍	8	6
10.09.	♍	16	48	♍	16	34	♍	17	18	♍	17	4	♍	16	50
20.09.	♍	26	33	♍	26	18	♍	27	2	♍	26	49	♍	26	34
01.10.	♎	7	19	♎	7	5	♎	7	50	♎	7	35	♎	7	21
10.10.	♎	16	11	♎	15	57	♎	16	42	♎	16	28	♎	16	14
20.10.	♎	26	6	♎	25	52	♎	26	37	♎	26	23	♎	26	8
01.11.	♏	8	4	♏	7	50	♏	8	35	♏	8	21	♏	8	6
10.11.	♏	17	5	♏	16	51	♏	17	37	♏	17	22	♏	17	8
20.11.	♏	27	10	♏	26	55	♏	27	41	♏	27	27	♏	27	12
01.12.	♐	8	17	♐	8	3	♐	8	49	♐	8	34	♐	8	20
10.12.	♐	17	25	♐	17	11	♐	17	57	♐	17	43	♐	17	28
20.12.	♐	27	36	♐	27	21	♐	28	8	♐	27	53	♐	27	38

Datum	1971 Z	°	'	1972 Z	°	'	1973 Z	°	'	1974 Z	°	'	1975 Z	°	'
01.01.	♑	9	52	♑	9	37	♑	10	23	♑	10	8	♑	9	53
10.01.	♑	19	2	♑	18	47	♑	19	34	♑	19	19	♑	19	4
20.01.	♑	29	13	♑	28	59	♑	29	45	♑	29	30	♑	29	15
01.02.	♒	11	26	♒	11	11	♒	11	57	♒	11	42	♒	11	27
10.02.	♒	20	33	♒	20	18	♒	21	4	♒	20	49	♒	20	34
20.02.	♓	0	39	♓	0	24	♓	1	10	♓	0	55	♓	0	40
01.03.	♓	9	42	♓	10	28	♓	10	13	♓	9	59	♓	9	44
10.03.	♓	18	43	♓	19	29	♓	19	14	♓	18	59	♓	18	45
20.03.	♓	28	41	♓	29	26	♓	29	12	♓	28	57	♓	28	43
01.04.	♈	10	34	♈	11	19	♈	11	5	♈	10	51	♈	10	36
10.04.	♈	19	26	♈	20	11	♈	19	57	♈	19	42	♈	19	28
20.04.	♈	29	14	♈	29	58	♈	29	44	♈	29	30	♈	29	15
01.05.	♉	9	56	♉	10	40	♉	10	26	♉	10	12	♉	9	58
10.05.	♉	18	39	♉	19	23	♉	19	9	♉	18	55	♉	18	41
20.05.	♉	28	18	♉	29	2	♉	28	48	♉	28	34	♉	28	20
01.06.	♊	9	50	♊	10	33	♊	10	19	♊	10	6	♊	9	51
10.06.	♊	18	26	♊	19	10	♊	18	56	♊	18	42	♊	18	29
20.06.	♊	27	60	♊	28	43	♊	28	29	♊	28	16	♊	28	2
01.07.	♋	8	29	♋	9	12	♋	8	59	♋	8	45	♋	8	31
10.07.	♋	17	4	♋	17	47	♋	17	33	♋	17	20	♋	17	6
20.07.	♋	26	36	♋	27	20	♋	27	6	♋	26	52	♋	26	38
01.08.	♌	8	4	♌	8	47	♌	8	34	♌	8	20	♌	8	6
10.08.	♌	16	41	♌	17	25	♌	17	11	♌	16	57	♌	16	43
20.08.	♌	26	17	♌	27	1	♌	26	47	♌	26	34	♌	26	20
01.09.	♍	7	52	♍	8	36	♍	8	22	♍	8	9	♍	7	54
10.09.	♍	16	36	♍	17	20	♍	17	6	♍	16	52	♍	16	38
20.09.	♍	26	20	♍	27	5	♍	26	50	♍	26	37	♍	26	22
01.10.	♎	7	7	♎	7	52	♎	7	38	♎	7	24	♎	7	9
10.10.	♎	15	59	♎	16	44	♎	16	30	♎	16	16	♎	16	1
20.10.	♎	25	54	♎	26	39	♎	26	24	♎	26	10	♎	25	56
01.11.	♏	7	52	♏	8	37	♏	8	23	♏	8	8	♏	7	54
10.11.	♏	16	53	♏	17	39	♏	17	24	♏	17	9	♏	16	55
20.11.	♏	26	57	♏	27	43	♏	27	28	♏	27	14	♏	26	59
01.12.	♐	8	5	♐	8	51	♐	8	36	♐	8	21	♐	8	7
10.12.	♐	17	13	♐	17	59	♐	17	44	♐	17	29	♐	17	15
20.12.	♐	27	23	♐	28	10	♐	27	55	♐	27	40	♐	27	25

Datum	1976			1977			1978			1979			1980		
	Z	°	'	Z	°	'	Z	°	'	Z	°	'	Z	°	'
01.01.	♑	9	39	♑	10	25	♑	10	10	♑	9	55	♑	9	40
10.01.	♑	18	49	♑	19	35	♑	19	20	♑	19	5	♑	18	50
20.01.	♑	29	0	♑	29	46	♑	29	32	♑	29	16	♑	29	2
01.02.	♒	11	12	♒	11	58	♒	11	43	♒	11	29	♒	11	14
10.02.	♒	20	20	♒	21	5	♒	20	51	♒	20	36	♒	20	21
20.02.	♓	0	26	♓	1	12	♓	0	57	♓	0	42	♓	0	27
01.03.	♓	10	29	♓	10	15	♓	10	0	♓	9	45	♓	10	31
10.03.	♓	19	30	♓	19	15	♓	19	1	♓	18	46	♓	19	31
20.03.	♓	29	28	♓	29	13	♓	28	59	♓	28	44	♓	29	29
01.04.	♈	11	21	♈	11	6	♈	10	52	♈	10	38	♈	11	22
10.04.	♈	20	12	♈	19	58	♈	19	43	♈	19	29	♈	20	14
20.04.	♈	29	60	♈	29	45	♈	29	31	♈	29	17	♉	0	1
01.05.	♉	10	42	♉	10	28	♉	10	13	♉	9	60	♉	10	43
10.05.	♉	19	25	♉	19	11	♉	18	56	♉	18	43	♉	19	26
20.05.	♉	29	4	♉	28	49	♉	28	35	♉	28	21	♉	29	5
01.06.	♊	10	35	♊	10	21	♊	10	7	♊	9	53	♊	10	36
10.06.	♊	19	12	♊	18	58	♊	18	44	♊	18	30	♊	19	13
20.06.	♊	28	45	♊	28	31	♊	28	17	♊	28	3	♊	28	46
01.07.	♋	9	14	♋	9	0	♋	8	46	♋	8	33	♋	9	16
10.07.	♋	17	49	♋	17	35	♋	17	21	♋	17	7	♋	17	50
20.07.	♋	27	21	♋	27	8	♋	26	54	♋	26	40	♋	27	23
01.08.	♌	8	50	♌	8	36	♌	8	21	♌	8	8	♌	8	51
10.08.	♌	17	27	♌	17	13	♌	16	59	♌	16	45	♌	17	28
20.08.	♌	27	3	♌	26	49	♌	26	35	♌	26	21	♌	27	5
01.09.	♍	8	38	♍	8	24	♍	8	10	♍	7	56	♍	8	39
10.09.	♍	17	22	♍	17	8	♍	16	54	♍	16	39	♍	17	23
20.09.	♍	27	6	♍	26	53	♍	26	38	♍	26	24	♍	27	8
01.10.	♎	7	54	♎	7	39	♎	7	25	♎	7	11	♎	7	55
10.10.	♎	16	46	♎	16	32	♎	16	17	♎	16	3	♎	16	48
20.10.	♎	26	41	♎	26	27	♎	26	12	♎	25	57	♎	26	42
01.11.	♏	8	39	♏	8	24	♏	8	10	♏	7	55	♏	8	40
10.11.	♏	17	40	♏	17	26	♏	17	11	♏	16	56	♏	17	42
20.11.	♏	27	45	♏	27	30	♏	27	15	♏	27	1	♏	27	47
01.12.	♐	8	53	♐	8	38	♐	8	23	♐	8	8	♐	8	54
10.12.	♐	18	1	♐	17	46	♐	17	31	♐	17	16	♐	18	3
20.12.	♐	28	11	♐	27	57	♐	27	41	♐	27	26	♐	28	13

	1981			1982			1983			1984			1985		
Datum	Z	°	'	Z	°	'	Z	°	'	Z	°	'	Z	°	'
01.01.	♑	10	26	♑	10	12	♑	9	57	♑	9	42	♑	10	28
10.01.	♑	19	37	♑	19	22	♑	19	7	♑	18	52	♑	19	38
20.01.	♑	29	48	♑	29	33	♑	29	18	♑	29	3	♑	29	50
01.02.	♒	12	0	♒	11	45	♒	11	30	♒	11	16	♒	12	2
10.02.	♒	21	7	♒	20	52	♒	20	37	♒	20	23	♒	21	9
20.02.	♓	1	13	♓	0	58	♓	0	44	♓	0	29	♓	1	15
01.03.	♓	10	16	♓	10	2	♓	9	47	♓	10	33	♓	10	18
10.03.	♓	19	17	♓	19	2	♓	18	48	♓	19	34	♓	19	19
20.03.	♓	29	15	♓	29	0	♓	28	46	♓	29	31	♓	29	17
01.04.	♈	11	8	♈	10	54	♈	10	39	♈	11	24	♈	11	10
10.04.	♈	19	59	♈	19	45	♈	19	31	♈	20	16	♈	20	1
20.04.	♈	29	47	♈	29	33	♈	29	19	♉	0	3	♈	29	49
01.05.	♉	10	29	♉	10	15	♉	10	1	♉	10	45	♉	10	31
10.05.	♉	19	12	♉	18	58	♉	18	44	♉	19	28	♉	19	14
20.05.	♉	28	51	♉	28	37	♉	28	23	♉	29	7	♉	28	53
01.06.	♊	10	22	♊	10	9	♊	9	55	♊	10	38	♊	10	24
10.06.	♊	18	59	♊	18	45	♊	18	32	♊	19	15	♊	19	1
20.06.	♊	28	32	♊	28	19	♊	28	5	♊	28	48	♊	28	34
01.07.	♋	9	2	♋	8	48	♋	8	34	♋	9	18	♋	9	4
10.07.	♋	17	37	♋	17	23	♋	17	9	♋	17	52	♋	17	39
20.07.	♋	27	9	♋	26	55	♋	26	41	♋	27	25	♋	27	11
01.08.	♌	8	37	♌	8	23	♌	8	9	♌	8	53	♌	8	39
10.08.	♌	17	14	♌	17	0	♌	16	46	♌	17	30	♌	17	16
20.08.	♌	26	50	♌	26	37	♌	26	23	♌	27	6	♌	26	53
01.09.	♍	8	25	♍	8	11	♍	7	57	♍	8	41	♍	8	28
10.09.	♍	17	9	♍	16	55	♍	16	41	♍	17	25	♍	17	11
20.09.	♍	26	54	♍	26	40	♍	26	25	♍	27	10	♍	26	56
01.10.	♎	7	41	♎	7	27	♎	7	12	♎	7	57	♎	7	43
10.10.	♎	16	33	♎	16	19	♎	16	4	♎	16	49	♎	16	35
20.10.	♎	26	28	♎	26	13	♎	25	59	♎	26	44	♎	26	30
01.11.	♏	8	26	♏	8	11	♏	7	56	♏	8	42	♏	8	28
10.11.	♏	17	27	♏	17	13	♏	16	58	♏	17	43	♏	17	29
20.11.	♏	27	32	♏	27	17	♏	27	2	♏	27	48	♏	27	34
01.12.	♐	8	40	♐	8	25	♐	8	10	♐	8	56	♐	8	41
10.12.	♐	17	48	♐	17	33	♐	17	18	♐	18	4	♐	17	49
20.12.	♐	27	58	♐	27	43	♐	27	28	♐	28	14	♐	28	0

Datum	1986			1987			1988			1989			1990		
	Z	°	'	Z	°	'	Z	°	'	Z	°	'	Z	°	'
01.01.	♑	10	13	♑	9	58	♑	9	44	♑	10	30	♑	10	15
10.01.	♑	19	24	♑	19	9	♑	18	54	♑	19	41	♑	19	26
20.01.	♑	29	35	♑	29	20	♑	29	5	♑	29	52	♑	29	37
01.02.	♒	11	47	♒	11	32	♒	11	17	♒	12	3	♒	11	49
10.02.	♒	20	54	♒	20	39	♒	20	25	♒	21	11	♒	20	56
20.02.	♓	1	0	♓	0	45	♓	0	31	♓	1	17	♓	1	2
01.03.	♓	10	3	♓	9	49	♓	10	35	♓	10	20	♓	10	6
10.03.	♓	19	4	♓	18	50	♓	19	35	♓	19	21	♓	19	6
20.03.	♓	29	2	♓	28	48	♓	29	33	♓	29	19	♓	29	4
01.04.	♈	10	55	♈	10	41	♈	11	26	♈	11	12	♈	10	58
10.04.	♈	19	47	♈	19	33	♈	20	18	♈	20	3	♈	19	49
20.04.	♈	29	35	♈	29	21	♉	0	5	♈	29	51	♈	29	37
01.05.	♉	10	17	♉	10	4	♉	10	48	♉	10	33	♉	10	19
10.05.	♉	19	0	♉	18	47	♉	19	30	♉	19	16	♉	19	2
20.05.	♉	28	39	♉	28	25	♉	29	9	♉	28	55	♉	28	41
01.06.	♊	10	10	♊	9	57	♊	10	41	♊	10	26	♊	10	13
10.06.	♊	18	48	♊	18	34	♊	19	17	♊	19	3	♊	18	50
20.06.	♊	28	21	♊	28	7	♊	28	51	♊	28	36	♊	28	23
01.07.	♋	8	50	♋	8	37	♋	9	20	♋	9	6	♋	8	53
10.07.	♋	17	25	♋	17	12	♋	17	55	♋	17	41	♋	17	27
20.07.	♋	26	57	♋	26	44	♋	27	27	♋	27	13	♋	27	0
01.08.	♌	8	25	♌	8	12	♌	8	55	♌	8	41	♌	8	28
10.08.	♌	17	3	♌	16	49	♌	17	32	♌	17	19	♌	17	5
20.08.	♌	26	39	♌	26	25	♌	27	9	♌	26	55	♌	26	41
01.09.	♍	8	14	♍	8	0	♍	8	44	♍	8	30	♍	8	16
10.09.	♍	16	57	♍	16	43	♍	17	27	♍	17	13	♍	16	60
20.09.	♍	26	42	♍	26	28	♍	27	12	♍	26	58	♍	26	44
01.10.	♎	7	29	♎	7	14	♎	7	59	♎	7	45	♎	7	31
10.10.	♎	16	21	♎	16	6	♎	16	51	♎	16	37	♎	16	23
20.10.	♎	26	15	♎	26	1	♎	26	46	♎	26	32	♎	26	18
01.11.	♏	8	13	♏	7	59	♏	8	44	♏	8	30	♏	8	16
10.11.	♏	17	15	♏	17	0	♏	17	46	♏	17	31	♏	17	17
20.11.	♏	27	19	♏	27	4	♏	27	50	♏	27	36	♏	27	21
01.12.	♐	8	26	♐	8	12	♐	8	58	♐	8	43	♐	8	29
10.12.	♐	17	35	♐	17	20	♐	18	6	♐	17	51	♐	17	36
20.12.	♐	27	45	♐	27	30	♐	28	17	♐	28	2	♐	27	47

Datum	Jupiter Z	°	'	Saturn Z	°	'	Uranus Z	°	'	Neptun Z	°	'	Pluto Z	°	'
01.01.90	♋	5	13 R	♑	15	35	♑	5	45	♑	12	1	♏	17	4
15.01.90	♋	3	25 R	♑	17	15	♑	6	35	♑	12	32	♏	17	25
01.02.90	♋	1	44 R	♑	19	13	♑	7	31	♑	13	9	♏	17	41
15.02.90	♋	0	58 R	♑	20	44	♑	8	12	♑	13	36	♏	17	47
01.03.90	♋	0	50	♑	22	6	♑	8	46	♑	13	59	♏	17	45 R
15.03.90	♋	1	21	♑	23	17	♑	9	12	♑	14	17	♏	17	37 R
01.04.90	♋	2	45	♑	24	24	♑	9	31	♑	14	30	♏	17	19 R
15.04.90	♋	4	28	♑	25	0	♑	9	35 R	♑	14	34	♏	17	0 R
01.05.90	♋	6	56	♑	25	19	♑	9	28 R	♑	14	31 R	♏	16	34 R
15.05.90	♋	9	26	♑	25	15 R	♑	9	11 R	♑	14	21 R	♏	16	11 R
01.06.90	♋	12	48	♑	24	46 R	♑	8	42 R	♑	14	3 R	♏	15	44 R
15.06.90	♋	15	46	♑	24	3 R	♑	8	11 R	♑	13	44 R	♏	15	24 R
01.07.90	♋	19	17	♑	23	1 R	♑	7	32 R	♑	13	18 R	♏	15	8 R
15.07.90	♋	22	25	♑	22	0 R	♑	6	59 R	♑	12	56 R	♏	15	0 R
01.08.90	♋	26	13	♑	20	46 R	♑	6	22 R	♑	12	30 R	♏	14	58
15.08.90	♋	29	17	♑	19	53 R	♑	5	59 R	♑	12	12 R	♏	15	5
01.09.90	♌	2	49	♑	19	6 R	♑	5	40 R	♑	11	56 R	♏	15	21
15.09.90	♌	5	32	♑	18	45 R	♑	5	36	♑	11	49 R	♏	15	41
01.10.90	♌	8	17	♑	18	45	♑	5	42	♑	11	48	♏	16	10
15.10.90	♌	10	20	♑	19	5	♑	5	59	♑	11	55	♏	16	40
01.11.90	♌	12	14	♑	19	55	♑	6	31	♑	12	11	♏	17	19
15.11.90	♌	13	13	♑	20	54	♑	7	7	♑	12	31	♏	17	53
01.12.90	♌	13	35 R	♑	22	19	♑	7	55	♑	13	0	♏	18	31
15.12.90	♌	13	14 R	♑	23	45	♑	8	43	♑	13	29	♏	19	2

Datum	Jupiter Z	°	'	Saturn Z	°	'	Uranus Z	°	'	Neptun Z	°	'	Pluto Z	°	'
01.01.91	♌	11	59 R	♑	25	39	♑	9	43	♑	14	7	♏	19	35
15.01.91	♌	10	25 R	♑	27	18	♑	10	33	♑	14	38	♏	19	57
01.02.91	♌	8	11 R	♑	29	19	♑	11	31	♑	15	15	♏	20	14
15.02.91	♌	6	24 R	♒	0	55	♑	12	14	♑	15	43	♏	20	21
01.03.91	♌	4	55 R	♒	2	26	♑	12	50	♑	16	7	♏	20	21 R
15.03.91	♌	3	56 R	♒	3	47	♑	13	18	♑	16	25	♏	20	15 R
01.04.91	♌	3	33	♒	5	9	♑	13	41	♑	16	40	♏	19	58 R
15.04.91	♌	3	55	♒	6	0	♑	13	48	♑	16	45	♏	19	40 R
01.05.91	♌	5	3	♒	6	37	♑	13	45 R	♑	16	43 R	♏	19	14 R
15.05.91	♌	6	34	♒	6	50	♑	13	31 R	♑	16	35 R	♏	18	51 R
01.06.91	♌	8	59	♒	6	40 R	♑	13	4 R	♑	16	18 R	♏	18	24 R
15.06.91	♌	11	21	♒	6	11 R	♑	12	35 R	♑	15	59 R	♏	18	4 R
01.07.91	♌	14	21	♒	5	20 R	♑	11	57 R	♑	15	34 R	♏	17	46 R
15.07.91	♌	17	12	♒	4	23 R	♑	11	24 R	♑	15	11 R	♏	17	37 R
01.08.91	♌	20	48	♒	3	8 R	♑	10	46 R	♑	14	45 R	♏	17	34
15.08.91	♌	23	51	♒	2	8 R	♑	10	20 R	♑	14	26 R	♏	17	38
01.09.91	♌	27	34	♒	1	7 R	♑	9	58 R	♑	14	9 R	♏	17	53
15.09.91	♍	0	34	♒	0	31 R	♑	9	50 R	♑	14	1 R	♏	18	12
01.10.91	♍	3	51	♒	0	12 R	♑	9	53	♑	13	59	♏	18	40
15.10.91	♍	6	32	♒	0	16	♑	10	6	♑	14	5	♏	19	9
01.11.91	♍	9	27	♒	0	47	♑	10	35	♑	14	20	♏	19	48
15.11.91	♍	11	27	♒	1	33	♑	11	8	♑	14	39	♏	20	22
01.12.91	♍	13	14	♒	2	45	♑	11	55	♑	15	7	♏	21	0
15.12.91	♍	14	13	♒	4	3	♑	12	41	♑	15	35	♏	21	31

Datum	Jupiter			Saturn			Uranus			Neptun			Pluto		
	Z	°	'	Z	°	'	Z	°	'	Z	°	'	Z	°	'
01.01.92	♍	14	37 R	♒	5	51	♑	13	40	♑	16	13	♏	22	5
15.01.92	♍	14	15 R	♒	7	27	♑	14	30	♑	16	44	♏	22	28
01.02.92	♍	13	1 R	♒	9	29	♑	15	29	♑	17	22	♏	22	47
15.02.92	♍	11	29 R	♒	11	8	♑	16	13	♑	17	50	♏	22	55
01.03.92	♍	9	33 R	♒	12	51	♑	16	54	♑	18	16	♏	22	57 R
15.03.92	♍	7	46 R	♒	14	20	♑	17	24	♑	18	35	♏	22	51 R
01.04.92	♍	5	58 R	♒	15	55	♑	17	49	♑	18	51	♏	22	35 R
15.04.92	♍	5	1 R	♒	16	58	♑	17	59	♑	18	57	♏	22	17 R
01.05.92	♍	4	38	♒	17	52	♑	17	59 R	♑	18	55 R	♏	21	52 R
15.05.92	♍	4	56	♒	18	20	♑	17	48 R	♑	18	48 R	♏	21	29 R
01.06.92	♍	6	3	♒	18	28 R	♑	17	23 R	♑	18	31 R	♏	21	1 R
15.06.92	♍	7	32	♒	18	14 R	♑	16	55 R	♑	18	12 R	♏	20	41 R
01.07.92	♍	9	43	♒	17	37 R	♑	16	18 R	♑	17	48 R	♏	20	23 R
15.07.92	♍	12	0	♒	16	48 R	♑	15	45 R	♑	17	25 R	♏	20	13 R
01.08.92	♍	15	7	♒	15	37 R	♑	15	6 R	♑	16	59 R	♏	20	9
15.08.92	♍	17	55	♒	14	34 R	♑	14	38 R	♑	16	40 R	♏	20	12
01.09.92	♍	21	29	♒	13	23 R	♑	14	14 R	♑	16	22 R	♏	20	26
15.09.92	♍	24	29	♒	12	36 R	♑	14	4 R	♑	16	13 R	♏	20	44
01.10.92	♍	27	57	♒	12	0 R	♑	14	4	♑	16	11	♏	21	11
15.10.92	♎	0	55	♒	11	49 R	♑	14	15	♑	16	15	♏	21	39
01.11.92	♎	4	22	♒	12	2	♑	14	41	♑	16	30	♏	22	18
15.11.92	♎	7	1	♒	12	34	♑	15	12	♑	16	48	♏	22	52
01.12.92	♎	9	42	♒	13	33	♑	15	56	♑	17	16	♏	23	30
15.12.92	♎	11	40	♒	14	41	♑	16	41	♑	17	44	♏	24	2

	Jupiter			Saturn			Uranus			Neptun			Pluto		
Datum	Z	°	'	Z	°	'	Z	°	'	Z	°	'	Z	°	'
01.01.93	♎	13	29	♒	16	20	♑	17	40	♑	18	21	♏	24	36
15.01.93	♎	14	23	♒	17	53	♑	18	30	♑	18	53	♏	24	59
01.02.93	♎	14	41 R	♒	19	53	♑	19	29	♑	19	30	♏	25	19
15.02.93	♎	14	14 R	♒	21	34	♑	20	14	♑	19	59	♏	25	29
01.03.93	♎	13	13 R	♒	23	14	♑	20	53	♑	20	24	♏	25	31 R
15.03.93	♎	11	44 R	♒	24	49	♑	21	26	♑	20	44	♏	25	26 R
01.04.93	♎	9	36 R	♒	26	36	♑	21	55	♑	21	1	♏	25	12 R
15.04.93	♎	7	51 R	♒	27	51	♑	22	8	♑	21	8	♏	24	55 R
01.05.93	♎	6	11 R	♒	29	1	♑	22	11 R	♑	21	8 R	♏	24	31 R
15.05.93	♎	5	12 R	♒	29	46	♑	22	3 R	♑	21	1 R	♏	24	8 R
01.06.93	♎	4	45	♓	0	15	♑	21	41 R	♑	20	45 R	♏	23	40 R
15.06.93	♎	5	2	♓	0	18 R	♑	21	15 R	♑	20	28 R	♏	23	19 R
01.07.93	♎	6	3	♒	29	58 R	♑	20	40 R	♑	20	4 R	♏	23	0 R
15.07.93	♎	7	28	♒	29	23 R	♑	20	6 R	♑	19	41 R	♏	22	49 R
01.08.93	♎	9	45	♒	28	20 R	♑	19	27 R	♑	19	14 R	♏	22	43 R
15.08.93	♎	12	1	♒	27	20 R	♑	18	58 R	♑	18	55 R	♏	22	45
01.09.93	♎	15	7	♒	26	3 R	♑	18	31 R	♑	18	36 R	♏	22	57
15.09.93	♎	17	55	♒	25	6 R	♑	18	17 R	♑	18	26 R	♏	23	14
01.10.93	♎	21	16	♒	24	14 R	♑	18	14	♑	18	22	♏	23	40
15.10.93	♎	24	18	♒	23	47 R	♑	18	21	♑	18	26	♏	24	7
01.11.93	♎	27	59	♒	23	38	♑	18	43	♑	18	39	♏	24	45
15.11.93	♏	0	58	♒	23	54	♑	19	12	♑	18	56	♏	25	19
01.12.93	♏	4	14	♒	24	36	♑	19	53	♑	19	23	♏	25	57
15.12.93	♏	6	53	♒	25	32	♑	20	37	♑	19	50	♏	26	29

	Jupiter			Saturn			Uranus			Neptun			Pluto		
Datum	Z	°	'	Z	°	'	Z	°	'	Z	°	'	Z	°	'
01.01.94	♏	9	45	♒	26	59	♑	21	34	♑	20	27	♏	27	4
15.01.94	♏	11	42	♒	28	25	♑	22	24	♑	20	59	♏	27	28
01.02.94	♏	13	29	♓	0	20	♑	23	23	♑	21	37	♏	27	50
15.02.94	♏	14	22	♓	2	1	♑	24	10	♑	22	6	♏	28	0
01.03.94	♏	14	39 R	♓	3	43	♑	24	51	♑	22	32	♏	28	4 R
15.03.94	♏	14	20 R	♓	5	23	♑	25	26	♑	22	53	♏	28	1 R
01.04.94	♏	13	10 R	♓	7	19	♑	25	58	♑	23	11	♏	27	48 R
15.04.94	♏	11	41 R	♓	8	45	♑	26	14	♑	23	19	♏	27	32 R
01.05.94	♏	9	42 R	♓	10	10	♑	26	20 R	♑	23	20 R	♏	27	9 R
15.05.94	♏	7	58 R	♓	11	9	♑	26	15 R	♑	23	15 R	♏	26	46 R
01.06.94	♏	6	11 R	♓	11	60	♑	25	57 R	♑	23	0 R	♏	26	18 R
15.06.94	♏	5	12 R	♓	12	21	♑	25	34 R	♑	22	43 R	♏	25	57 R
01.07.94	♏	4	46 R	♓	12	21 R	♑	25	0 R	♑	22	19 R	♏	25	37 R
15.07.94	♏	5	0	♓	12	1 R	♑	24	27 R	♑	21	57 R	♏	25	24 R
01.08.94	♏	6	4	♓	11	13 R	♑	23	46 R	♑	21	30 R	♏	25	17 R
15.08.94	♏	7	29	♓	10	19 R	♑	23	16 R	♑	21	10 R	♏	25	18
01.09.94	♏	9	48	♓	9	4 R	♑	22	46 R	♑	20	50 R	♏	25	28
15.09.94	♏	12	5	♓	8	1 R	♑	22	30 R	♑	20	39 R	♏	25	43
01.10.94	♏	15	3	♓	6	56 R	♑	22	23 R	♑	20	34 R	♏	26	8
15.10.94	♏	17	53	♓	6	13 R	♑	22	27	♑	20	37	♏	26	35
01.11.94	♏	21	31	♓	5	44 R	♑	22	46	♑	20	48	♏	27	12
15.11.94	♏	24	36	♓	5	42	♑	23	11	♑	21	5	♏	27	45
01.12.94	♏	28	8	♓	6	5	♑	23	50	♑	21	30	♏	28	23
15.12.94	♐	1	11	♓	6	46	♑	24	32	♑	21	57	♏	28	55

Datum	Jupiter Z	°	'	Saturn Z	°	'	Uranus Z	°	'	Neptun Z	°	'	Pluto Z	°	'
01.01.95	♐	4	43	♓	7	59	♑	25	28	♑	22	34	♏	29	31
15.01.95	♐	7	25	♓	9	15	♑	26	17	♑	23	5	♏	29	56
01.02.95	♐	10	19	♓	11	3	♑	27	17	♑	23	44	♐	0	19
15.02.95	♐	12	19	♓	12	41	♑	28	4	♑	24	13	♐	0	31
01.03.95	♐	13	52	♓	14	23	♑	28	47	♑	24	39	♐	0	36
15.03.95	♐	14	54	♓	16	6	♑	29	24	♑	25	1	♐	0	34 R
01.04.95	♐	15	23	♓	18	8	♑	29	59	♑	25	21	♐	0	23 R
15.04.95	♐	15	6 R	♓	19	43	♒	0	18	♑	25	30	♐	0	8 R
01.05.95	♐	14	4 R	♓	21	20	♒	0	28	♑	25	33 R	♏	29	45 R
15.05.95	♐	12	40 R	♓	22	34	♒	0	26 R	♑	25	28 R	♏	29	23 R
01.06.95	♐	10	35 R	♓	23	43	♒	0	11 R	♑	25	15 R	♏	28	55 R
15.06.95	♐	8	50 R	♓	24	22	♑	29	50 R	♑	24	58 R	♏	28	33 R
01.07.95	♐	7	6 R	♓	24	43	♑	29	18 R	♑	24	35 R	♏	28	12 R
15.07.95	♐	6	4 R	♓	24	41 R	♑	28	46 R	♑	24	13 R	♏	27	59 R
01.08.95	♐	5	32 R	♓	24	13 R	♑	28	5 R	♑	23	46 R	♏	27	50 R
15.08.95	♐	5	45	♓	23	30 R	♑	27	33 R	♑	23	25 R	♏	27	49
01.09.95	♐	6	48	♓	22	22 R	♑	27	1 R	♑	23	4 R	♏	27	58
15.09.95	♐	8	15	♓	21	18 R	♑	26	43 R	♑	22	53 R	♏	28	12
01.10.95	♐	10	27	♓	20	6 R	♑	26	32 R	♑	22	46 R	♏	28	35
15.10.95	♐	12	46	♓	19	11 R	♑	26	33	♑	22	48	♏	29	1
01.11.95	♐	16	0	♓	18	22 R	♑	26	48	♑	22	58	♏	29	37
15.11.95	♐	18	55	♓	18	2 R	♑	27	10	♑	23	14	♐	0	9
01.12.95	♐	22	25	♓	18	4	♑	27	47	♑	23	38	♐	0	48
15.12.95	♐	25	35	♓	18	28	♑	28	26	♑	24	4	♐	1	20

Datum	Jupiter			Saturn			Uranus			Neptun			Pluto		
	Z	°	'	Z	°	'	Z	°	'	Z	°	'	Z	°	'
01.01.96	♐	29	28	♓	19	23	♑	29	21	♑	24	40	♐	1	57
15.01.96	♑	2	36	♓	20	28	♒	0	9	♑	25	12	♐	2	22
01.02.96	♑	6	15	♓	22	5	♒	1	9	♑	25	50	♐	2	46
15.02.96	♑	9	2	♓	23	37	♒	1	57	♑	26	20	♐	2	60
01.03.96	♑	11	44	♓	25	24	♒	2	44	♑	26	49	♐	3	6
15.03.96	♑	13	53	♓	27	7	♒	3	22	♑	27	11	♐	3	5 R
01.04.96	♑	15	56	♓	29	13	♒	3	59	♑	27	31	♐	2	55 R
15.04.96	♑	17	3	♈	0	54	♒	4	21	♑	27	41	♐	2	41 R
01.05.96	♑	17	38	♈	2	41	♒	4	33	♑	27	45 R	♐	2	19 R
15.05.96	♑	17	29 R	♈	4	6	♒	4	34 R	♑	27	41 R	♐	1	57 R
01.06.96	♑	16	30 R	♈	5	32	♒	4	22 R	♑	27	28 R	♐	1	29 R
15.06.96	♑	15	9 R	♈	6	26	♒	4	2 R	♑	27	13 R	♐	1	7 R
01.07.96	♑	13	13 R	♈	7	7	♒	3	32 R	♑	26	50 R	♐	0	45 R
15.07.96	♑	11	26 R	♈	7	23	♒	3	1 R	♑	26	28 R	♐	0	31 R
01.08.96	♑	9	32 R	♈	7	15 R	♒	2	20 R	♑	26	0 R	♐	0	21 R
15.08.96	♑	8	25 R	♈	6	47 R	♒	1	48 R	♑	25	39 R	♐	0	20
01.09.96	♑	7	50 R	♈	5	52 R	♒	1	14 R	♑	25	18 R	♐	0	27
15.09.96	♑	8	1	♈	4	52 R	♒	0	54 R	♑	25	6 R	♐	0	41
01.10.96	♑	8	59	♈	3	38 R	♒	0	40 R	♑	24	59 R	♐	1	3
15.10.96	♑	10	25	♈	2	35 R	♒	0	39	♑	24	59	♐	1	28
01.11.96	♑	12	48	♈	1	31 R	♒	0	50	♑	25	9	♐	2	3
15.11.96	♑	15	12	♈	0	54 R	♒	1	11	♑	25	24	♐	2	36
01.12.96	♑	18	19	♈	0	37 R	♒	1	45	♑	25	48	♐	3	14
15.12.96	♑	21	19	♈	0	43	♒	2	22	♑	26	14	♐	3	46

Datum	Jupiter Z	°	'	Saturn Z	°	'	Uranus Z	°	'	Neptun Z	°	'	Pluto Z	°	'
01.01.97	♑	25	9	♈	1	20	♒	3	16	♑	26	49	♐	4	23
15.01.97	♑	28	25	♈	2	11	♒	4	3	♑	27	21	♐	4	49
01.02.97	♒	2	25	♈	3	35	♒	5	3	♑	27	59	♐	5	14
15.02.97	♒	5	40	♈	5	0	♒	5	51	♑	28	29	♐	5	28
01.03.97	♒	8	47	♈	6	34	♒	6	36	♑	28	57	♐	5	35
15.03.97	♒	11	45	♈	8	15	♒	7	17	♑	29	20	♐	5	35 R
01.04.97	♒	15	0	♈	10	22	♒	7	57	♑	29	41	♐	5	27 R
15.04.97	♒	17	19	♈	12	7	♒	8	20	♑	29	52	♐	5	13 R
01.05.97	♒	19	29	♈	14	3	♒	8	36	♑	29	57	♐	4	52 R
15.05.97	♒	20	52	♈	15	37	♒	8	40 R	♑	29	54 R	♐	4	31 R
01.06.97	♒	21	48	♈	17	19	♒	8	32 R	♑	29	43 R	♐	4	3 R
15.06.97	♒	21	54 R	♈	18	29	♒	8	15 R	♑	29	28 R	♐	3	41 R
01.07.97	♒	21	15 R	♈	19	30	♒	7	47 R	♑	29	6 R	♐	3	18 R
15.07.97	♒	20	4 R	♈	20	5	♒	7	17 R	♑	28	44 R	♐	3	3 R
01.08.97	♒	18	6 R	♈	20	21	♒	6	36 R	♑	28	17 R	♐	2	52 R
15.08.97	♒	16	18 R	♈	20	12 R	♒	6	3 R	♑	27	55 R	♐	2	49
01.09.97	♒	14	15 R	♈	19	35 R	♒	5	28 R	♑	27	33 R	♐	2	55
15.09.97	♒	12	58 R	♈	18	47 R	♒	5	5 R	♑	27	20 R	♐	3	7
01.10.97	♒	12	10 R	♈	17	38 R	♒	4	48 R	♑	27	12 R	♐	3	28
15.10.97	♒	12	10	♈	16	32 R	♒	4	44	♑	27	11	♐	3	52
01.11.97	♒	13	0	♈	15	15 R	♒	4	52	♑	27	19	♐	4	26
15.11.97	♒	14	22	♈	14	24 R	♒	5	9	♑	27	33	♐	4	58
01.12.97	♒	16	32	♈	13	45 R	♒	5	40	♑	27	56	♐	5	36
15.12.97	♒	18	54	♈	13	32 R	♒	6	15	♑	28	21	♐	6	8

Datum	Jupiter Z	°	'	Saturn Z	°	'	Uranus Z	°	'	Neptun Z	°	'	Pluto Z	°	'
01.01.98	♒	22	14	♈	13	45	♒	7	7	♑	28	56	♐	6	45
15.01.98	♒	25	16	♈	14	19	♒	7	54	♑	29	27	♐	7	12
01.02.98	♒	29	10	♈	15	26	♒	8	53	♒	0	6	♐	7	38
15.02.98	♓	2	30	♈	16	39	♒	9	41	♒	0	37	♐	7	53
01.03.98	♓	5	52	♈	18	5	♒	10	28	♒	1	5	♐	8	2
15.03.98	♓	9	13	♈	19	41	♒	11	9	♒	1	29	♐	8	3 R
01.04.98	♓	13	10	♈	21	46	♒	11	52	♒	1	51	♐	7	56 R
15.04.98	♓	16	16	♈	23	32	♒	12	18	♒	2	3	♐	7	44 R
01.05.98	♓	19	31	♈	25	32	♒	12	37	♒	2	9	♐	7	24 R
15.05.98	♓	22	4	♈	27	14	♒	12	44	♒	2	8 R	♐	7	3 R
01.06.98	♓	24	41	♈	29	9	♒	12	39 R	♒	1	58 R	♐	6	35 R
15.06.98	♓	26	20	♉	0	32	♒	12	25 R	♒	1	43 R	♐	6	13 R
01.07.98	♓	27	35	♉	1	52	♒	11	60 R	♒	1	22 R	♐	5	50 R
15.07.98	♓	28	2	♉	2	45	♒	11	31 R	♒	1	0 R	♐	5	34 R
01.08.98	♓	27	44 R	♉	3	26	♒	10	51 R	♒	0	33 R	♐	5	21 R
15.08.98	♓	26	49 R	♉	3	37	♒	10	18 R	♒	0	11 R	♐	5	17 R
01.09.98	♓	25	1 R	♉	3	24 R	♒	9	41 R	♑	29	48 R	♐	5	22
15.09.98	♓	23	12 R	♉	2	51 R	♒	9	16 R	♑	29	34 R	♐	5	32
01.10.98	♓	21	8 R	♉	1	54 R	♒	8	56 R	♑	29	25 R	♐	5	52
15.10.98	♓	19	36 R	♉	0	51 R	♒	8	49 R	♑	29	23	♐	6	14
01.11.98	♓	18	26 R	♈	29	30 R	♒	8	53	♑	29	30	♐	6	48
15.11.98	♓	18	10	♈	28	28 R	♒	9	7	♑	29	42	♐	7	19
01.12.98	♓	18	40	♈	27	30 R	♒	9	35	♒	0	4	♐	7	56
15.12.98	♓	19	48	♈	26	58 R	♒	10	8	♒	0	28	♐	8	29

Datum	Jupiter Z ° '	Saturn Z ° '	Uranus Z ° '	Neptun Z ° '	Pluto Z ° '
01.01.99	♓ 21 56	♈ 26 46	♒ 10 57	♒ 1 3	♐ 9 6
15.01.99	♓ 24 12	♈ 27 0	♒ 11 43	♒ 1 34	♐ 9 34
01.02.99	♓ 27 26	♈ 27 46	♒ 12 41	♒ 2 13	♐ 10 1
15.02.99	♈ 0 25	♈ 28 45	♒ 13 30	♒ 2 44	♐ 10 17
01.03.99	♈ 3 35	♈ 29 59	♒ 14 17	♒ 3 12	♐ 10 27
15.03.99	♈ 6 54	♉ 1 26	♒ 15 0	♒ 3 37	♐ 10 29 R
01.04.99	♈ 11 0	♉ 3 25	♒ 15 45	♒ 4 1	♐ 10 24 R
15.04.99	♈ 14 23	♉ 5 9	♒ 16 14	♒ 4 14	♐ 10 13 R
01.05.99	♈ 18 10	♉ 7 12	♒ 16 36	♒ 4 21	♐ 9 54 R
15.05.99	♈ 21 21	♉ 8 58	♒ 16 46	♒ 4 21 R	♐ 9 33 R
01.06.99	♈ 24 59	♉ 11 2	♒ 16 45 R	♒ 4 12 R	♐ 9 6 R
15.06.99	♈ 27 41	♉ 12 37	♒ 16 34 R	♒ 3 59 R	♐ 8 43 R
01.07.99	♉ 0 24	♉ 14 13	♒ 16 11 R	♒ 3 38 R	♐ 8 20 R
15.07.99	♉ 2 20	♉ 15 23	♒ 15 43 R	♒ 3 17 R	♐ 8 3 R
01.08.99	♉ 4 2	♉ 16 26	♒ 15 5 R	♒ 2 49 R	♐ 7 49 R
15.08.99	♉ 4 49	♉ 16 58	♒ 14 31 R	♒ 2 27 R	♐ 7 44 R
01.09.99	♉ 4 54 R	♉ 17 10 R	♒ 13 53 R	♒ 2 4 R	♐ 7 47
15.09.99	♉ 4 16 R	♉ 16 57 R	♒ 13 26 R	♒ 1 48 R	♐ 7 56
01.10.99	♉ 2 49 R	♉ 16 18 R	♒ 13 4 R	♒ 1 38 R	♐ 8 14
15.10.99	♉ 1 6 R	♉ 15 26 R	♒ 12 53 R	♒ 1 35	♐ 8 36
01.11.99	♈ 28 49 R	♉ 14 9 R	♒ 12 53	♒ 1 40	♐ 9 8
15.11.99	♈ 27 6 R	♉ 13 1 R	♒ 13 5	♒ 1 52	♐ 9 39
01.12.99	♈ 25 40 R	♉ 11 50 R	♒ 13 29	♒ 2 13	♐ 10 15
15.12.99	♈ 25 4 R	♉ 11 0 R	♒ 14 0	♒ 2 36	♐ 10 48

Datum	Jupiter Z	°	'	Saturn Z	°	'	Uranus Z	°	'	Neptun Z	°	'	Pluto Z	°	'
01.01.00	♈	25	14	♉	10	24 R	♒	14	47	♒	3	10	♐	11	26
15.01.00	♈	26	6	♉	10	17	♒	15	31	♒	3	41	♐	11	54
01.02.00	♈	27	56	♉	10	39	♒	16	29	♒	4	20	♐	12	22
15.02.00	♉	0	0	♉	11	20	♒	17	18	♒	4	51	♐	12	39
01.03.00	♉	2	40	♉	12	24	♒	18	9	♒	5	22	♐	12	50
15.03.00	♉	5	28	♉	13	40	♒	18	53	♒	5	47	♐	12	54
01.04.00	♉	9	10	♉	15	29	♒	19	39	♒	6	11	♐	12	49 R
15.04.00	♉	12	23	♉	17	9	♒	20	10	♒	6	25	♐	12	39 R
01.05.00	♉	16	9	♉	19	10	♒	20	35	♒	6	33	♐	12	20 R
15.05.00	♉	19	29	♉	20	58	♒	20	46	♒	6	33 R	♐	12	0 R
01.06.00	♉	23	29	♉	23	8	♒	20	48 R	♒	6	25 R	♐	11	33 R
15.06.00	♉	26	40	♉	24	50	♒	20	39 R	♒	6	12 R	♐	11	11 R
01.07.00	♊	0	8	♉	26	38	♒	20	18 R	♒	5	52 R	♐	10	47 R
15.07.00	♊	2	55	♉	28	1	♒	19	52 R	♒	5	31 R	♐	10	30 R
01.08.00	♊	5	56	♉	29	25	♒	19	15 R	♒	5	4 R	♐	10	15 R
15.08.00	♊	8	0	♊	0	15	♒	18	42 R	♒	4	42 R	♐	10	9 R
01.09.00	♊	9	54	♊	0	51	♒	18	2 R	♒	4	18 R	♐	10	11
15.09.00	♊	10	53	♊	0	58 R	♒	17	34 R	♒	4	2 R	♐	10	19
01.10.00	♊	11	14 R	♊	0	40 R	♒	17	9 R	♒	3	51 R	♐	10	36
15.10.00	♊	10	50 R	♊	0	3 R	♒	16	57 R	♒	3	47 R	♐	10	57
01.11.00	♊	9	31 R	♉	28	57 R	♒	16	54	♒	3	52	♐	11	29
15.11.00	♊	7	54 R	♉	27	51 R	♒	17	3	♒	4	3	♐	11	59
01.12.00	♊	5	45 R	♉	26	34 R	♒	17	25	♒	4	23	♐	12	35
15.12.00	♊	3	56 R	♉	25	32 R	♒	17	54	♒	4	46	♐	13	8

	Jupiter			Saturn			Uranus			Neptun			Pluto		
Datum	Z	°	'	Z	°	'	Z	°	'	Z	°	'	Z	°	'
01.01.01	♊	2	11 R	♉	24	35 R	♒	18	39	♒	5	19	♐	13	46
15.01.01	♊	1	22 R	♉	24	9 R	♒	19	22	♒	5	50	♐	14	14
01.02.01	♊	1	15	♉	24	6	♒	20	19	♒	6	28	♐	14	42
15.02.01	♊	1	54	♉	24	28	♒	21	8	♒	7	0	♐	15	0
01.03.01	♊	3	8	♉	25	10	♒	21	56	♒	7	29	♐	15	11
15.03.01	♊	4	54	♉	26	12	♒	22	41	♒	7	55	♐	15	16
01.04.01	♊	7	36	♉	27	46	♒	23	29	♒	8	20	♐	15	13 R
15.04.01	♊	10	12	♉	29	18	♒	24	2	♒	8	35	♐	15	4 R
01.05.01	♊	13	29	♊	1	13	♒	24	30	♒	8	45	♐	14	47 R
15.05.01	♊	16	32	♊	2	59	♒	24	45	♒	8	46 R	♐	14	27 R
01.06.01	♊	20	23	♊	5	11	♒	24	50 R	♒	8	39 R	♐	14	1 R
15.06.01	♊	23	36	♊	6	59	♒	24	44 R	♒	8	27 R	♐	13	38 R
01.07.01	♊	27	17	♊	8	56	♒	24	26 R	♒	8	8 R	♐	13	14 R
15.07.01	♋	0	26	♊	10	31	♒	24	2 R	♒	7	47 R	♐	12	56 R
01.08.01	♋	4	5	♊	12	12	♒	23	26 R	♒	7	20 R	♐	12	40 R
15.08.01	♋	6	53	♊	13	21	♒	22	53 R	♒	6	58 R	♐	12	33 R
01.09.01	♋	9	56	♊	14	21	♒	22	13 R	♒	6	33 R	♐	12	33
15.09.01	♋	12	4	♊	14	50	♒	21	43 R	♒	6	17 R	♐	12	40
01.10.01	♋	13	59	♊	14	57 R	♒	21	16 R	♒	6	4 R	♐	12	56
15.10.01	♋	15	7	♊	14	40 R	♒	21	1 R	♒	5	59 R	♐	13	16
01.11.01	♋	15	41	♊	13	53 R	♒	20	54	♒	6	2	♐	13	46
15.11.01	♋	15	26 R	♊	12	57 R	♒	21	0	♒	6	12	♐	14	15
01.12.01	♋	14	22 R	♊	11	41 R	♒	21	19	♒	6	31	♐	14	52
15.12.01	♋	12	53 R	♊	10	33 R	♒	21	45	♒	6	53	♐	15	24

Datum	Jupiter			Saturn			Uranus			Neptun			Pluto		
	Z	°	'	Z	°	'	Z	°	'	Z	°	'	Z	°	'
01.01.02	♋	10	40 R	♊	9	19 R	♒	22	27	♒	7	26	♐	16	2
15.01.02	♋	8	49 R	♊	8	34 R	♒	23	9	♒	7	57	♐	16	30
01.02.02	♋	6	57 R	♊	8	4 R	♒	24	5	♒	8	35	♐	17	0
15.02.02	♋	5	58 R	♊	8	4	♒	24	53	♒	9	7	♐	17	18
01.03.02	♋	5	37 R	♊	8	26	♒	25	41	♒	9	36	♐	17	31
15.03.02	♋	5	54	♊	9	9	♒	26	27	♒	10	3	♐	17	37
01.04.02	♋	7	4	♊	10	25	♒	27	18	♒	10	29	♐	17	35 R
15.04.02	♋	8	37	♊	11	44	♒	27	53	♒	10	45	♐	17	27 R
01.05.02	♋	10	55	♊	13	30	♒	28	23	♒	10	56	♐	17	11 R
15.05.02	♋	13	18	♊	15	11	♒	28	41	♒	10	58 R	♐	16	52 R
01.06.02	♋	16	34	♊	17	21	♒	28	50	♒	10	53 R	♐	16	26 R
15.06.02	♋	19	27	♊	19	10	♒	28	46 R	♒	10	42 R	♐	16	4 R
01.07.02	♋	22	56	♊	21	13	♒	28	31 R	♒	10	24 R	♐	15	39 R
15.07.02	♋	26	2	♊	22	56	♒	28	10 R	♒	10	4 R	♐	15	21 R
01.08.02	♋	29	50	♊	24	51	♒	27	36 R	♒	9	36 R	♐	15	4 R
15.08.02	♌	2	54	♊	26	15	♒	27	3 R	♒	9	14 R	♐	14	56 R
01.09.02	♌	6	29	♊	27	37	♒	26	23 R	♒	8	49 R	♐	14	54
15.09.02	♌	9	15	♊	28	26	♒	25	52 R	♒	8	31 R	♐	15	0
01.10.02	♌	12	7	♊	28	59	♒	25	22 R	♒	8	18 R	♐	15	14
15.10.02	♌	14	16	♊	29	4 R	♒	25	4 R	♒	8	12 R	♐	15	33
01.11.02	♌	16	20	♊	28	42 R	♒	24	54 R	♒	8	14	♐	16	2
15.11.02	♌	17	29	♊	28	2 R	♒	24	57	♒	8	22	♐	16	31
01.12.02	♌	18	5	♊	26	56 R	♒	25	12	♒	8	40	♐	17	6
15.12.02	♌	17	55 R	♊	25	49 R	♒	25	36	♒	9	1	♐	17	38

Datum	Jupiter Z	°	'	Saturn Z	°	'	Uranus Z	°	'	Neptun Z	°	'	Pluto Z	°	'
01.01.03	♌	16	53 R	♊	24	27 R	♒	26	15	♒	9	33	♐	18	16
15.01.03	♌	15	27 R	♊	23	26 R	♒	26	55	♒	10	3	♐	18	45
01.02.03	♌	13	17 R	♊	22	33 R	♒	27	50	♒	10	42	♐	19	15
15.02.03	♌	11	27 R	♊	22	11 R	♒	28	38	♒	11	13	♐	19	35
01.03.03	♌	9	51 R	♊	22	10	♒	29	26	♒	11	43	♐	19	48
15.03.03	♌	8	42 R	♊	22	32	♓	0	13	♒	12	11	♐	19	56
01.04.03	♌	8	4 R	♊	23	25	♓	1	5	♒	12	38	♐	19	55 R
15.04.03	♌	8	14	♊	24	29	♓	1	42	♒	12	55	♐	19	48 R
01.05.03	♌	9	9	♊	26	1	♓	2	15	♒	13	7	♐	19	33 R
15.05.03	♌	10	31	♊	27	33	♓	2	36	♒	13	11	♐	19	16 R
01.06.03	♌	12	46	♊	29	36	♓	2	48	♒	13	7 R	♐	18	50 R
15.06.03	♌	15	1	♋	1	23	♓	2	47 R	♒	12	57 R	♐	18	28 R
01.07.03	♌	17	56	♋	3	28	♓	2	36 R	♒	12	39 R	♐	18	3 R
15.07.03	♌	20	42	♋	5	16	♓	2	16 R	♒	12	20 R	♐	17	44 R
01.08.03	♌	24	16	♋	7	21	♓	1	44 R	♒	11	53 R	♐	17	26 R
15.08.03	♌	27	17	♋	8	56	♓	1	13 R	♒	11	30 R	♐	17	17 R
01.09.03	♍	0	59	♋	10	36	♓	0	32 R	♒	11	4 R	♐	17	14
15.09.03	♍	4	0	♋	11	44	♓	0	0 R	♒	10	46 R	♐	17	18
01.10.03	♍	7	20	♋	12	39	♒	29	29 R	♒	10	32 R	♐	17	31
15.10.03	♍	10	4	♋	13	7	♒	29	8 R	♒	10	25 R	♐	17	49
01.11.03	♍	13	4	♋	13	12 R	♒	28	55 R	♒	10	25	♐	18	17
15.11.03	♍	15	11	♋	12	52 R	♒	28	54	♒	10	33	♐	18	45
01.12.03	♍	17	7	♋	12	5 R	♒	29	6	♒	10	49	♐	19	19
15.12.03	♍	18	16	♋	11	7 R	♒	29	27	♒	11	10	♐	19	51

	Jupiter			Saturn			Uranus			Neptun			Pluto		
Datum	Z	°	'	Z	°	'	Z	°	'	Z	°	'	Z	°	'
01.01.04	♍	18	53	♋	9	45 R	♓	0	4	♒	11	41	♐	20	29
15.01.04	♍	18	42 R	♋	8	37 R	♓	0	42	♒	12	10	♐	20	59
01.02.04	♍	17	40 R	♋	7	25 R	♓	1	35	♒	12	48	♐	21	30
15.02.04	♍	16	15 R	♋	6	43 R	♓	2	22	♒	13	20	♐	21	50
01.03.04	♍	14	23 R	♋	6	19 R	♓	3	14	♒	13	53	♐	22	5
15.03.04	♍	12	34 R	♋	6	20	♓	4	1	♒	14	20	♐	22	13
01.04.04	♍	10	39 R	♋	6	49	♓	4	54	♒	14	48	♐	22	14 R
15.04.04	♍	9	32 R	♋	7	36	♓	5	32	♒	15	6	♐	22	7 R
01.05.04	♍	8	56 R	♋	8	51	♓	6	8	♒	15	19	♐	21	53 R
15.05.04	♍	9	3	♋	10	12	♓	6	30	♒	15	23	♐	21	36 R
01.06.04	♍	9	58	♋	12	5	♓	6	45	♒	15	20 R	♐	21	11 R
15.06.04	♍	11	18	♋	13	47	♓	6	47 R	♒	15	11 R	♐	20	48 R
01.07.04	♍	13	21	♋	15	49	♓	6	38 R	♒	14	54 R	♐	20	24 R
15.07.04	♍	15	31	♋	17	38	♓	6	20 R	♒	14	34 R	♐	20	4 R
01.08.04	♍	18	33	♋	19	49	♓	5	50 R	♒	14	8 R	♐	19	46 R
15.08.04	♍	21	17	♋	21	31	♓	5	19 R	♒	13	45 R	♐	19	36 R
01.09.04	♍	24	48	♋	23	24	♓	4	39 R	♒	13	19 R	♐	19	32
15.09.04	♍	27	48	♋	24	46	♓	4	6 R	♒	13	1 R	♐	19	36
01.10.04	♎	1	15	♋	26	1	♓	3	33 R	♒	12	45 R	♐	19	48
15.10.04	♎	4	14	♋	26	47	♓	3	11 R	♒	12	38 R	♐	20	5
01.11.04	♎	7	45	♋	27	17	♓	2	55 R	♒	12	37	♐	20	32
15.11.04	♎	10	26	♋	27	18 R	♓	2	52	♒	12	44	♐	20	59
01.12.04	♎	13	13	♋	26	52 R	♓	3	1	♒	12	60	♐	21	34
15.12.04	♎	15	19	♋	26	8 R	♓	3	20	♒	13	20	♐	22	5

	Jupiter			Saturn			Uranus			Neptun			Pluto		
Datum	Z	°	'	Z	°	'	Z	°	'	Z	°	'	Z	°	'
01.01.05	♎	17	17	♋	24	56 R	♓	3	54	♒	13	50	♐	22	43
15.01.05	♎	18	21	♋	23	47 R	♓	4	31	♒	14	20	♐	23	12
01.02.05	♎	18	51	♋	22	26 R	♓	5	23	♒	14	58	♐	23	44
15.02.05	♎	18	36 R	♋	21	29 R	♓	6	9	♒	15	29	♐	24	4
01.03.05	♎	17	44 R	♋	20	48 R	♓	6	58	♒	16	0	♐	24	19
15.03.05	♎	16	23 R	♋	20	26 R	♓	7	45	♒	16	28	♐	24	28
01.04.05	♎	14	19 R	♋	20	29	♓	8	40	♒	16	57	♐	24	30 R
15.04.05	♎	12	32 R	♋	20	54	♓	9	20	♒	17	16	♐	24	25 R
01.05.05	♎	10	44 R	♋	21	48	♓	9	57	♒	17	30	♐	24	12 R
15.05.05	♎	9	36 R	♋	22	53	♓	10	22	♒	17	35	♐	23	55 R
01.06.05	♎	8	57 R	♋	24	32	♓	10	41	♒	17	34 R	♐	23	31 R
15.06.05	♎	9	4	♋	26	5	♓	10	46 R	♒	17	25 R	♐	23	9 R
01.07.05	♎	9	53	♋	28	1	♓	10	39 R	♒	17	9 R	♐	22	44 R
15.07.05	♎	11	10	♋	29	48	♓	10	25 R	♒	16	51 R	♐	22	24 R
01.08.05	♎	13	18	♌	1	59	♓	9	56 R	♒	16	24 R	♐	22	5 R
15.08.05	♎	15	28	♌	3	46	♓	9	27 R	♒	16	2 R	♐	21	54 R
01.09.05	♎	18	30	♌	5	49	♓	8	47 R	♒	15	35 R	♐	21	49 R
15.09.05	♎	21	14	♌	7	22	♓	8	14 R	♒	15	16 R	♐	21	52
01.10.05	♎	24	33	♌	8	54	♓	7	40 R	♒	14	60 R	♐	22	2
15.10.05	♎	27	34	♌	9	58	♓	7	15 R	♒	14	51 R	♐	22	18
01.11.05	♏	1	16	♌	10	53	♓	6	56 R	♒	14	49	♐	22	44
15.11.05	♏	4	17	♌	11	15	♓	6	50 R	♒	14	55	♐	23	10
01.12.05	♏	7	36	♌	11	14 R	♓	6	56	♒	15	9	♐	23	44
15.12.05	♏	10	19	♌	10	50 R	♓	7	12	♒	15	28	♐	24	15

	Jupiter			Saturn			Uranus			Neptun			Pluto		
Datum	Z	°	'	Z	°	'	Z	°	'	Z	°	'	Z	°	'
01.01.06	♏	13	17	♌	9	55 R	♓	7	43	♒	15	58	♐	24	53
15.01.06	♏	15	22	♌	8	54 R	♓	8	17	♒	16	27	♐	25	22
01.02.06	♏	17	19	♌	7	32 R	♓	9	7	♒	17	5	♐	25	54
15.02.06	♏	18	22	♌	6	26 R	♓	9	53	♒	17	37	♐	26	16
01.03.06	♏	18	50	♌	5	29 R	♓	10	41	♒	18	8	♐	26	32
15.03.06	♏	18	42 R	♌	4	47 R	♓	11	29	♒	18	36	♐	26	41
01.04.06	♏	17	44 R	♌	4	23 R	♓	12	25	♒	19	6	♐	26	45 R
15.04.06	♏	16	23 R	♌	4	27	♓	13	6	♒	19	26	♐	26	41 R
01.05.06	♏	14	27 R	♌	4	57	♓	13	46	♒	19	41	♐	26	29 R
15.05.06	♏	12	41 R	♌	5	44	♓	14	13	♒	19	48	♐	26	13 R
01.06.06	♏	10	47 R	♌	7	4	♓	14	35	♒	19	47 R	♐	25	50 R
15.06.06	♏	9	39 R	♌	8	25	♓	14	43	♒	19	40 R	♐	25	28 R
01.07.06	♏	9	1 R	♌	10	11	♓	14	40 R	♒	19	25 R	♐	25	3 R
15.07.06	♏	9	5	♌	11	52	♓	14	28 R	♒	19	7 R	♐	24	43 R
01.08.06	♏	9	56	♌	14	0	♓	14	2 R	♒	18	41 R	♐	24	23 R
15.08.06	♏	11	13	♌	15	48	♓	13	34 R	♒	18	19 R	♐	24	11 R
01.09.06	♏	13	23	♌	17	56	♓	12	55 R	♒	17	52 R	♐	24	5 R
15.09.06	♏	15	36	♌	19	37	♓	12	22 R	♒	17	32 R	♐	24	6
01.10.06	♏	18	29	♌	21	21	♓	11	46 R	♒	17	15 R	♐	24	15
15.10.06	♏	21	16	♌	22	40	♓	11	20 R	♒	17	5 R	♐	24	30
01.11.06	♏	24	52	♌	23	56	♓	10	58 R	♒	17	2	♐	24	54
15.11.06	♏	27	56	♌	24	39	♓	10	49 R	♒	17	6	♐	25	20
01.12.06	♐	1	30	♌	25	2	♓	10	51	♒	17	19	♐	25	53
15.12.06	♐	4	35	♌	24	60 R	♓	11	4	♒	17	38	♐	26	23

	Jupiter			Saturn			Uranus			Neptun			Pluto		
Datum	Z	°	'	Z	°	'	Z	°	'	Z	°	'	Z	°	'
01.01.07	♐	8	11	♌	24	27 R	♓	11	32	♒	18	6	♐	27	1
15.01.07	♐	10	57	♌	23	40 R	♓	12	4	♒	18	35	♐	27	31
01.02.07	♐	13	59	♌	22	26 R	♓	12	52	♒	19	12	♐	28	3
15.02.07	♐	16	7	♌	21	18 R	♓	13	37	♒	19	44	♐	28	25
01.03.07	♐	17	49	♌	20	12 R	♓	14	24	♒	20	15	♐	28	42
15.03.07	♐	19	1	♌	19	16 R	♓	15	12	♒	20	44	♐	28	53
01.04.07	♐	19	44	♌	18	28 R	♓	16	9	♒	21	15	♐	28	58 R
15.04.07	♐	19	39 R	♌	18	10 R	♓	16	52	♒	21	36	♐	28	55 R
01.05.07	♐	18	49 R	♌	18	16	♓	17	34	♒	21	52	♐	28	44 R
15.05.07	♐	17	33 R	♌	18	42	♓	18	4	♒	22	0	♐	28	29 R
01.06.07	♐	15	32 R	♌	19	40	♓	18	29	♒	22	1 R	♐	28	6 R
15.06.07	♐	13	46 R	♌	20	46	♓	18	39	♒	21	55 R	♐	27	45 R
01.07.07	♐	11	56 R	♌	22	18	♓	18	40 R	♒	21	41 R	♐	27	20 R
15.07.07	♐	10	44 R	♌	23	51	♓	18	30 R	♒	21	24 R	♐	27	0 R
01.08.07	♐	9	59 R	♌	25	52	♓	18	8 R	♒	20	58 R	♐	26	39 R
15.08.07	♐	10	1	♌	27	38	♓	17	41 R	♒	20	36 R	♐	26	26 R
01.09.07	♐	10	52	♌	29	47	♓	17	3 R	♒	20	8 R	♐	26	18 R
15.09.07	♐	12	9	♍	1	32	♓	16	30 R	♒	19	48 R	♐	26	19
01.10.07	♐	14	13	♍	3	25	♓	15	53 R	♒	19	30 R	♐	26	26
15.10.07	♐	16	27	♍	4	55	♓	15	25 R	♒	19	19 R	♐	26	40
01.11.07	♐	19	36	♍	6	29	♓	15	0 R	♒	19	15	♐	27	3
15.11.07	♐	22	27	♍	7	28	♓	14	48 R	♒	19	18	♐	27	28
01.12.07	♐	25	56	♍	8	14	♓	14	47	♒	19	30	♐	28	0
15.12.07	♐	29	6	♍	8	33	♓	14	57	♒	19	47	♐	28	30

	Jupiter			Saturn			Uranus			Neptun			Pluto		
Datum	Z	°	'	Z	°	'	Z	°	'	Z	°	'	Z	°	'
01.01.08	♑	3	0	♍	8	25 R	♓	15	22	♒	20	15	♐	29	8
15.01.08	♑	6	11	♍	7	56 R	♓	15	52	♒	20	43	♐	29	38
01.02.08	♑	9	54	♍	6	57 R	♓	16	37	♒	21	20	♑	0	10
15.02.08	♑	12	47	♍	5	55 R	♓	17	21	♒	21	51	♑	0	33
01.03.08	♑	15	35	♍	4	43 R	♓	18	11	♒	22	25	♑	0	52
15.03.08	♑	17	53	♍	3	38 R	♓	18	59	♒	22	55	♑	1	3
01.04.08	♑	20	7	♍	2	33 R	♓	19	56	♒	23	26	♑	1	9
15.04.08	♑	21	26	♍	1	58 R	♓	20	40	♒	23	47	♑	1	6 R
01.05.08	♑	22	15	♍	1	41 R	♓	21	24	♒	24	4	♑	0	56 R
15.05.08	♑	22	19 R	♍	1	48	♓	21	55	♒	24	13	♑	0	42 R
01.06.08	♑	21	35 R	♍	2	24	♓	22	23	♒	24	14 R	♑	0	20 R
15.06.08	♑	20	23 R	♍	3	14	♓	22	36	♒	24	9 R	♐	29	59 R
01.07.08	♑	18	32 R	♍	4	30	♓	22	39 R	♒	23	56 R	♐	29	34 R
15.07.08	♑	16	45 R	♍	5	51	♓	22	31 R	♒	23	39 R	♐	29	13 R
01.08.08	♑	14	43 R	♍	7	44	♓	22	11 R	♒	23	14 R	♐	28	52 R
15.08.08	♑	13	27 R	♍	9	24	♓	21	46 R	♒	22	51 R	♐	28	39 R
01.09.08	♑	12	37 R	♍	11	31	♓	21	9 R	♒	22	24 R	♐	28	30 R
15.09.08	♑	12	36	♍	13	17	♓	20	36 R	♒	22	4 R	♐	28	30
01.10.08	♑	13	21	♍	15	15	♓	19	58 R	♒	21	45 R	♐	28	37
15.10.08	♑	14	37	♍	16	52	♓	19	29 R	♒	21	33 R	♐	28	50
01.11.08	♑	16	50	♍	18	37	♓	19	2 R	♒	21	28 R	♐	29	12
15.11.08	♑	19	7	♍	19	50	♓	18	48 R	♒	21	30	♐	29	36
01.12.08	♑	22	10	♍	20	54	♓	18	44	♒	21	42	♑	0	8
15.12.08	♑	25	6	♍	21	30	♓	18	52	♒	21	58	♑	0	38

Datum	Jupiter Z	°	'	Saturn Z	°	'	Uranus Z	°	'	Neptun Z	°	'	Pluto Z	°	'
01.01.09	♑	28	55	♍	21	46 R	♓	19	14	♒	22	26	♑	1	15
15.01.09	♒	2	10	♍	21	35 R	♓	19	42	♒	22	53	♑	1	45
01.02.09	♒	6	11	♍	20	54 R	♓	20	26	♒	23	30	♑	2	18
15.02.09	♒	9	28	♍	20	3 R	♓	21	8	♒	24	1	♑	2	40
01.03.09	♒	12	40	♍	19	0 R	♓	21	55	♒	24	33	♑	2	58
15.03.09	♒	15	42	♍	17	53 R	♓	22	43	♒	25	3	♑	3	11
01.04.09	♒	19	5	♍	16	37 R	♓	23	40	♒	25	35	♑	3	17
15.04.09	♒	21	33	♍	15	46 R	♓	24	25	♒	25	57	♑	3	16 R
01.05.09	♒	23	55	♍	15	8 R	♓	25	11	♒	26	15	♑	3	7 R
15.05.09	♒	25	29	♍	14	55 R	♓	25	44	♒	26	25	♑	2	54 R
01.06.09	♒	26	41	♍	15	6	♓	26	15	♒	26	28 R	♑	2	32 R
15.06.09	♒	27	1 R	♍	15	37	♓	26	30	♒	26	24 R	♑	2	12 R
01.07.09	♒	26	37 R	♍	16	35	♓	26	37 R	♒	26	12 R	♑	1	47 R
15.07.09	♒	25	39 R	♍	17	42	♓	26	33 R	♒	25	56 R	♑	1	26 R
01.08.09	♒	23	50 R	♍	19	21	♓	26	15 R	♒	25	31 R	♑	1	4 R
15.08.09	♒	22	2 R	♍	20	53	♓	25	52 R	♒	25	9 R	♑	0	51 R
01.09.09	♒	19	53 R	♍	22	54	♓	25	17 R	♒	24	41 R	♑	0	41 R
15.09.09	♒	18	27 R	♍	24	38	♓	24	44 R	♒	24	20 R	♑	0	39
01.10.09	♒	17	25 R	♍	26	38	♓	24	6 R	♒	24	1 R	♑	0	45
15.10.09	♒	17	10	♍	28	19	♓	23	35 R	♒	23	48 R	♑	0	56
01.11.09	♒	17	45	♎	0	14	♓	23	5 R	♒	23	41 R	♑	1	18
15.11.09	♒	18	54	♎	1	38	♓	22	49 R	♒	23	43	♑	1	41
01.12.09	♒	20	54	♎	2	59	♓	22	42 R	♒	23	53	♑	2	12
15.12.09	♒	23	8	♎	3	51	♓	22	46	♒	24	8	♑	2	41

Datum	Jupiter Z	°	'	Saturn Z	°	'	Uranus Z	°	'	Neptun Z	°	'	Pluto Z	°	'
01.01.10	♒	26	21	♎	4	30	♓	23	5	♒	24	35	♑	3	18
15.01.10	♒	29	18	♎	4	39 R	♓	23	30	♒	25	1	♑	3	48
01.02.10	♓	3	10	♎	4	21 R	♓	24	12	♒	25	38	♑	4	21
15.02.10	♓	6	29	♎	3	44 R	♓	24	53	♒	26	9	♑	4	44
01.03.10	♓	9	51	♎	2	52 R	♓	25	38	♒	26	41	♑	5	3
15.03.10	♓	13	13	♎	1	50 R	♓	26	26	♒	27	11	♑	5	16
01.04.10	♓	17	14	♎	0	30 R	♓	27	24	♒	27	44	♑	5	24
15.04.10	♓	20	24	♍	29	29 R	♓	28	10	♒	28	7	♑	5	24 R
01.05.10	♓	23	46	♍	28	34 R	♓	28	57	♒	28	26	♑	5	16 R
15.05.10	♓	26	27	♍	28	2 R	♓	29	33	♒	28	37	♑	5	4 R
01.06.10	♓	29	14	♍	27	50	♈	0	6	♒	28	42 R	♑	4	43 R
15.06.10	♈	1	5	♍	28	1	♈	0	25	♒	28	39 R	♑	4	23 R
01.07.10	♈	2	35	♍	28	38	♈	0	35	♒	28	28 R	♑	3	58 R
15.07.10	♈	3	17	♍	29	30	♈	0	33 R	♒	28	12 R	♑	3	37 R
01.08.10	♈	3	17 R	♎	0	52	♈	0	19 R	♒	27	49 R	♑	3	15 R
15.08.10	♈	2	35 R	♎	2	14	♓	29	58 R	♒	27	26 R	♑	3	1 R
01.09.10	♈	0	59 R	♎	4	7	♓	29	24 R	♒	26	59 R	♑	2	50 R
15.09.10	♓	29	15 R	♎	5	46	♓	28	52 R	♒	26	37 R	♑	2	47
01.10.10	♓	27	8 R	♎	7	44	♓	28	14 R	♒	26	17 R	♑	2	51
15.10.10	♓	25	28 R	♎	9	27	♓	27	42 R	♒	26	3 R	♑	3	2
01.11.10	♓	24	2 R	♎	11	28	♓	27	10 R	♒	25	55 R	♑	3	22
15.11.10	♓	23	31 R	♎	13	0	♓	26	51 R	♒	25	56	♑	3	44
01.12.10	♓	23	45	♎	14	33	♓	26	41 R	♒	26	4	♑	4	14
15.12.10	♓	24	39	♎	15	40	♓	26	42	♒	26	18	♑	4	43

ANHANG

Der 360-Grad-Kreis zum Fotokopieren

Tragen Sie in die Kopie Ihre Geburtssonne und Ihren Geburtsmond ein. Bitte beachten Sie dabei, dass der Verlauf des Tierkreises und der Gradzählungen *gegen* den Uhrzeigersinn ist! Tragen Sie nun, am besten mit einer anderen Farbe, den oder die Transitplaneten ein. Nun können Sie sich einfach ausrechnen, wie viel Grad Abstand bestehen und ob tatsächlich von einem Transit die Rede sein kann.

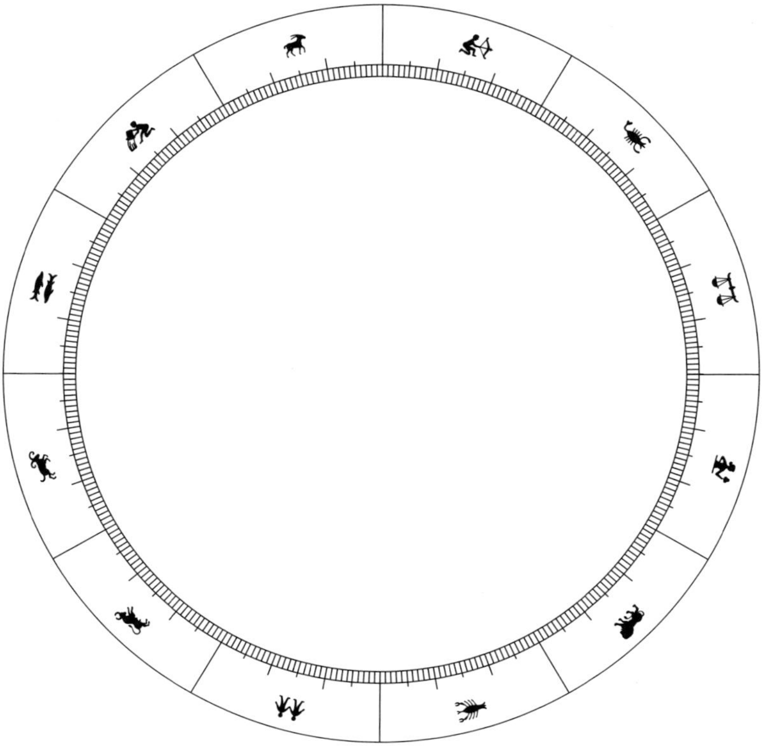

Die Symbole der Tierkreiszeichen

♈	Widder	♎	Waage
♉	Stier	♏	Skorpion
♊	Zwillinge	♐	Schütze
♋	Krebs	♑	Steinbock
♌	Löwe	♒	Wassermann
♍	Jungfrau	♓	Fische

Bitte achten Sie beim Lesen der Tabellen darauf, dass Sie die Symbole der Tierkreiszeichen nicht miteinander verwechseln. Widder (♈), Stier (♉) und Steinbock (♑) unterscheiden sich durch kleine Details voneinander, ebenso Krebs (♋) und Skorpion (♏).

Astrologische Fachbegriffe

Aspekt	Winkelbeziehung zwischen zwei Planeten. Im Falle unseres Themas die Winkelbeziehung zwischen Transitplanet einerseits und dem Stand von Sonne und Mond im Geburtshoroskop andererseits.
Ephemeride	Planetentabelle
Konjunktion	0-Grad-Winkel
Opposition	180-Grad-Winkel
Orbis	Spielraum, innerhalb dessen ein Aspekt zwischen zwei Planeten gültig ist. Hier der Spielraum, innerhalb dessen die „heiße Phase“ des Transits stattfindet, also 1 Grad vor und 1 Grad nach der exakten Aspektbildung.
Quadrat	90-Grad-Winkel
Sextil	60-Grad-Winkel
Trigon	120-Grad-Winkel

Literaturempfehlungen

Als Einstiegslektüre für diejenigen, die sich näher mit Astrologie beschäftigen wollen:

Hajo Banzhaf/Anna Haebler: *Schlüsselworte zur Astrologie.* München, Hugendubel Verlag (Kailash) 1994

Brigitte Hamann: *Die zwölf Archetypen.* Tierkreis und Persönlichkeitsstruktur. München, Knaur Taschenbuch 1991

Markus Jehle: *Wenn der Mond im siebten Hause steht* ... Kreative Astrologie für Einsteiger. Freiburg, Ebertin Verlag 1996

Für Fortgeschrittene, die sich näher mit dem Thema Transite oder Prognose befassen wollen:

Markus Jehle: *Wenn Jupiter auf Mars zugeht* ... Kreative Astrologie für Fortgeschrittene. Freiburg, Ebertin Verlag 1997

Ernst Ott: Kreative astrologische Prognose. In: *Meridian* 1/1990

Howard Sasportas: *Uranus, Neptun, Pluto im Transit.* (Zuerst erschienen unter dem Titel „Götter des Wandels".) München, Knaur Taschenbuch 1991

Für diejenigen, die sich ein profunderes astrologisches Wissen aneignen wollen:

Anita Cortesi: *Kinder-Horoskope deuten und verstehen.* Astrologie als Schlüssel zum Kinderherzen. Freiburg, Ebertin Verlag 1997

Liz Greene: *Kosmos und Seele.* Wege zur Partnerschaft. Ein astro-psychologischer Ratgeber. Frankfurt/M., S. Fischer Verlag 1983

Liz Greene/Howard Sasportas: *Sonne und Mond.* Die Bedeutung der großen Lichter im Horoskop. München, Hugendubel Verlag (Kailash) 1994

Peter Niehenke: *Astrologie.* Eine Einführung. Stuttgart, Reclam Verlag 1994

Die Planetentabellen (0 Uhr mitteleuropäische Zeit) wurden erstellt von:

Robert von Heeren, München
(im Internet unter http://www.online.de/home/robvonheeren)